客房服务实务

主编◎平文英 邱桂梅

经济管理出版社

ECONOMY & MANAGEMENT PUBLISHING HOUSE

图书在版编目（CIP）数据

客房服务实务/平文英，邱桂梅主编. —北京：经济管理出版社，2014.3
ISBN 978-7-5096-3286-4

Ⅰ.①客… Ⅱ.①平… ②邱… Ⅲ.①客房—商业服务—中等专业学校—教材 Ⅳ.①F719.2

中国版本图书馆 CIP 数据核字（2014）第 174698 号

组稿编辑：魏晨红
责任编辑：魏晨红　周晓东
责任印制：黄章平
责任校对：超　凡

出版发行：经济管理出版社
　　　　　（北京市海淀区北蜂窝 8 号中雅大厦 A 座 11 层　100038）
网　　　址：www. E-mp. com. cn
电　　话：(010) 51915602
印　　刷：三河市延风印装厂
经　　销：新华书店
开　　本：889mm×1194mm/16
印　　张：13.75
字　　数：361 千字
版　　次：2014 年 3 月第 1 版　2014 年 10 月第 2 次印刷
书　　号：ISBN 978-7-5096-3286-4
定　　价：38.00 元

国家级中等职业改革示范校系列教材
编 委 会

序

为深入推进国家中等职业教育改革发展示范学校建设，努力适应经济社会快速发展和中等职业学校课程教学改革的需要，贵州省商业学校作为"国家中等职业教育改革发展示范学校建设计划"第二批立项建设学校，按照"市场需求，能力为本，工学结合，服务三产"的要求，针对当前中职教材建设和教学改革需要，在广泛调研、吸纳各地中职教育教研成果的基础上，经过认真讨论，多次修改，我们编写了这套系列教材。

这套系列教材内容涵盖"电子商务"、"酒店服务与管理"、"会计电算化"、"室内艺术设计与制作"4个中央财政重点支持专业及德育实验基地特色项目建设有关内容，包括《基础会计》、《财务会计》、《成本会计》、《会计电算化》、《电子商务实务》、《网络营销实务》、《电子商务网站建设》、《商品管理实务》、《餐厅服务实务》、《客房服务实务》、《前厅服务实务》、《AutoCAD室内设计应用》、《3Ds Max室内设计与应用》、《室内装饰施工工艺与结构》、《室内装饰设计》、《贵州革命故事人物选》、《多彩贵州民族文化》、《青少年犯罪案例汇编》、《学生安全常识与教育》共19本教材。这套教材针对性强，学科特色突出，集中反映了我校国家改革示范学校的建设成果，融实用性与创新性、综合性与灵活性、严谨性与趣味性为一体，便于学生理解、掌握和实践。

编写这套系列教材，是建设国家示范学校的需要，是促进我校办学规范化、现代化和信息化发展的需要，是全面提高教学质量、教育水平、综合管理能力的需要，是学校建设职业教育改革创新示范、提高质量示范和办出特色示范的需要。这套教材紧密结合贵州省经济社会发展状况，弥补了国家教材在展现综合性、实践性与特色教学方面的不足，在中职学校中起到了示范、引领和辐射作用。

目 录

客房迎送客服务

　　客房的接待服务是酒店服务的主体。客人住进酒店后，绝大部分的接待服务工作都是在楼面完成的。楼面接待服务，不仅要以整洁、舒适、安全和具有魅力的客房迎接客人，而且还要随时用主动、热情、耐心和周到的服务，使客人"来得高兴、住得满意、走得愉快"。

　　客人离店前后的服务是楼面接待的最后一个环节。客人住店期间，客房工作人员千方百计地为客人提供了热情、周到的服务，如果在最后一个环节遭到破坏，那就会损害客人对整个酒店已有的好印象。只有用迎客时的热情做好送客服务工作，才能争取更多的"回头客"，使酒店的声誉与日俱增。

项目导图

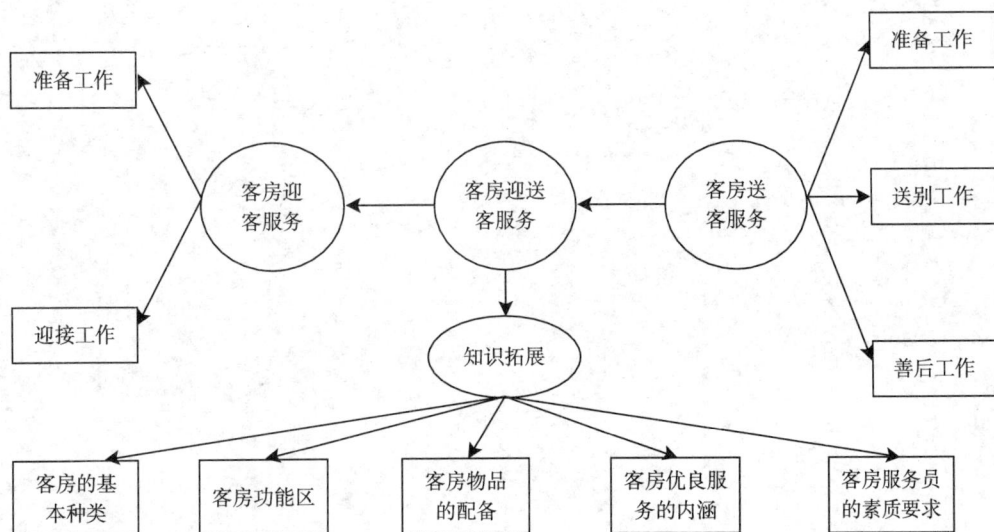

学习目标

知识目标

（1）了解客房的基本种类和客房功能区。

（2）掌握客房物品的配备及这些物品在客房中的摆放位置。

技能目标

（1）具有用计算机查询客房信息的能力。

（2）具有迎候宾客、正确引领宾客进房的能力。

（3）具有布置各种类型客房的能力。

（4）具有向客人介绍饭店各项服务以及特点的能力。

任务一　客房迎客服务

任务目标

通过本次任务实训，让学生掌握迎接客人的基本技能，培养学生对客服务的能力。

项目任务书

任务名称	客房迎客服务	任务编号		时间要求	
训练要求	1. 能够为迎接客人做好各种准备工作 2. 能做好到店客人的迎接工作 3. 提高学生对客服务的意识				
培养能力	1. 了解客情，能用计算机查询客房信息 2. 能按宾客的等级安排接待规格 3. 能布置各种类型的客房 4. 迎候宾客，能正确引领宾客进房，能向客人介绍客房所有设备的使用方法，能向客人介绍饭店各项服务以及特点				
涉及知识	掌握客房迎接客人的原则、流程。了解并掌握客房服务员所具备的对客服务的意识，掌握 VIP 客人接待的技巧和内容				
教学地点	教室、实训室	参考资料			
教学设备	客房标准间				
训练内容					
客房迎接客人服务					

实训成果评价标准

1. 能正确引领宾客进房，能准确向客人介绍客房所有设备的使用方法，能全面向客人介绍饭店各项服务以及特点。引领客人时动作自然、姿势标准，普通话流利

2. 能较正确地引领宾客进房，能向客人介绍客房所有设备的使用方法，能向客人介绍饭店各项服务以及特点。引领客人时动作较自然、姿势较标准，普通话较流利

3. 能引领宾客进房，能向客人介绍客房部分设备的使用方法，能向客人介绍饭店部分服务以及特点。引领客人时动作较自然、姿势较标准，普通话流利程度一般

4. 不能引领宾客进房，不能向客人介绍客房设备的使用方法，不能向客人介绍饭店服务以及特点。引领客人时动作不自然，普通话流利程度差

符合上述标准 1，成绩为优秀，可得 90~100 分；符合标准 2，成绩为良好，可得 70~80 分；符合标准 3，成绩及格，可得 60~70 分；符合标准 4，成绩为不及格，得分 60 分以下；介于这几种标准之间的，可酌情增减分

引导案例（情景导入）

多余的话

服务员小韬第一天上班，被分在酒店主楼 12 层做值台，由于她刚经过三个月的岗位培训，

对做好这项工作充满信心，自我感觉良好。一个上午的接待工作确也颇为顺手。午后，电梯门被打开，走出两位港客，小韬立刻迎上前去，微笑着说："先生，你们好！欢迎入住本酒店。"她看过客人的房卡，然后接过他们的行李，一边说："请跟我来。"一边领他们走进客房，接着她用手示意，一一介绍客房设备设施："这是床头控制柜，这是空调开关……"这时，其中一位客人打断她的话，说："知道了。"但小韬仍然继续说："这是电冰箱，桌上文件夹内有'入住须知'和'电话指南'……"未等她说完，另一位客人又从钱包抽出一张20元的人民币不耐烦地给她。霎时，小韬愣住了，一片好意被拒绝甚至误解，使她感到既沮丧又委屈，她涨红着脸对客人说："对不起，先生，我们不收小费，谢谢您！如果没有别的事，那我就告退了。"说完便退出房间回到服务台。此刻，小韬心里很不是滋味，她实在想不通，自己按服务规程给客人耐心介绍客房设备设施，为什么会不受客人欢迎。

思考：小韬的做法有何问题？

知识链接

一、服务人员准备工作

服务人员的仪表包括服饰、仪容、仪态和举止等。

（一）服饰

（1）上班时间穿规定制服，保持整洁、挺括。

（2）将制服所有纽扣扣好，拉链拉好。

（3）皮鞋光亮干净，以黑色为宜。

（4）上班时间不要佩戴饰物。

（5）要按规定将胸牌佩戴在左胸上方。

（二）仪容

（1）头发清洁整齐，女服务员长发必须束起。

（2）不留长指甲，不涂指甲油。

（3）男士常刮胡子，不留鬓角。

（4）勤洗澡，勤换衣。

（5）女士化淡妆。

（三）仪态和举止

（1）和蔼可亲，面带笑容，精神饱满，充满活力。

（2）站立时不可叉腰、弯腿和靠墙。

（3）就座时双腿合拢。

（4）步伐轻盈平稳，力求自然。

（5）谈吐大方有理，音量适度。

二、具体操作

（一）迎客准备工作

（1）了解客人的情况。

（2）清理好房间，为客人准备好各种生活用品。

（3）检查设备和用品。

（二）客人到店迎接工作

梯口迎客
用服务站姿站好，对前来入住的客人，应说："欢迎光临！"对本楼的住客，应有称呼："早上好（您好）！×先生/女士。"

介绍客房
服务员进房后首先应拉开窗帘，然后向客人简单介绍房内设备等

客房房态表

HK—012

___年___月___日___时   主管/领班签名：

房号	房态	房号	房态	房号	房态	……	……

房态	代号
空房	VC
走房	VD
住房	OC
预退	ED
坏房	OOO
无行李	NB
少行李	LB
没过夜	SO
请勿打扰	DND
不需要服务	NNS

填写房态表
即填写客房状态表，将房态填写为"住客房"

差异情况：

注：①此表由客房主管/领班填写。②每天两次交此表给前台值班经理。③核对后，发现差异及时核查。④此表需存档，以备查询。

退出房间
离开客人房间时，应面对客人退后一步，转身走到门口，面对客人轻轻关上门

步骤：

```
          ┌──────────┐
          │   站位   │
          └────┬─────┘
               │
          ┌────▼─────┐      ┌──────────────┐
          │   迎客   │─────▶│   核对住房卡   │
          └────┬─────┘      └──────────────┘
               │
          ┌────▼─────┐
          │   引领   │
          └────┬─────┘
               │
          ┌────▼─────┐      ┌────────────────────────┐
          │   介绍   │─────▶│ 第一次住店与常住客介绍不同内容 │
          └────┬─────┘      └────────────────────────┘
               │
          ┌────▼─────┐
          │ 退出房间 │
          └────┬─────┘
               │
          ┌────▼─────┐      ┌──────────────┐
          │   送客   │─────▶│ 打开电梯门，道别 │
          └──────────┘      └──────────────┘
```

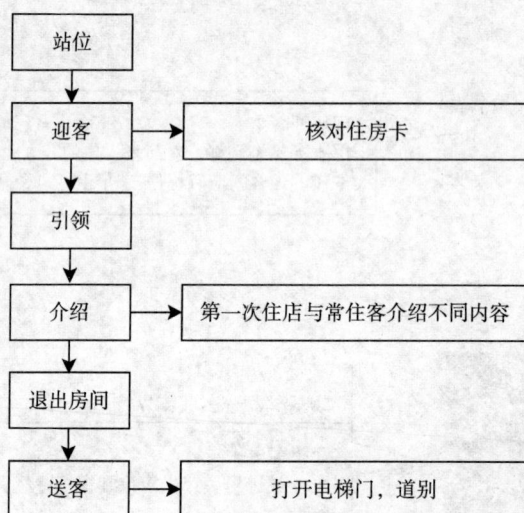

三、VIP 客人接待程序

（一）优良服务的内涵

真诚、效率、随时、礼貌、可见、全员。

（二）客房服务员的素质要求

（1）要讲究礼节礼貌。

（2）具有强烈的服务意识。

（3）具有娴熟的服务技能。

（4）具有较高的应变能力。

（三）VIP 接待

（1）了解 VIP 客人的情况。

（2）检查房间设备是否完好。

（3）物品是否配备齐全，卫生是否彻底干净。

（4）根据气候调节室温，适时开窗换气。

（5）备好冷热饮用水。

（6）按照接待规格配备水果、礼品及总经理名片等。

（7）注意客人忌讳和特殊要求。

（8）较长时间未用过的房间还应更换床单、毛巾。

（9）将卫生间的水放至清水为止。

（10）如客人晚上到达，应做好夜床。

服务流程

1. 迎客准备工作服务流程

了解客情→准备物品→检查设备和用品。

2. 客人到店迎接服务流程

梯口迎客→引领客人→介绍客房→退出房间→填写房态。

应用案例

到底是谁的错？

一天，住在 1212 房间的 VIP 客人中午从外面回到酒店客房内，发现房内卫生还没有打扫。客人有些不满意地找到了 12 楼的服务员说："我都出去半天了，怎么还没有给我的房间打扫卫生？"服务员对 VIP 客人说："您出去的时候没有将'请即打扫'的牌子挂在门外。"VIP 客人说："看来倒是我的责任了。那么现在就打扫卫生吧，过一会儿我还要休息。"服务员马上为 1212 房间打扫卫生。第二天早晨，VIP 客人从房间出去时，挂出了"请即打扫"的牌子。中午 VIP 客人回来后，客房卫生仍然没有打扫。这位 VIP 客人又找到这名服务员问清缘由。这名服务员解释说："一名服务员一天要清扫十几间房，得一间一间地清扫，由于比较忙，没注意到挂了'请即打扫'的牌子。"VIP 客人很生气地说："你工作忙，跟我有什么关系，挂'请即打扫'的牌子还有什么意义？"服务员还要向 VIP 客人解释。VIP 客人转身向电梯走去，找到大堂经理投诉。事后，这名服务员受到了客房部的处罚。

阅读上述案例，思考到底是谁的错？

名人名言

人的生命是有限的，可是，为人民服务是无限的，我要把有限的生命，投入到无限的为人民服务之中去。

——雷锋

知识拓展

一、客房服务与接待

(一) 迎前准备工作

客人到达前的准备工作一定要充分、周密，要求做到以下两点：

1. 了解客人情况

楼层服务台接到总台传来的接待通知单后，应详细了解客人的人数、国籍、抵离店时间、宗教信仰、风俗习惯和接待单位对客人生活标准要求、付费方式、活动日程等信息，做到情况明、任务清。

2. 布置房间

要根据客人的风俗习惯、生活特点和接待规格，调整家具设备，配备齐日用品，补充小冰箱的食品饮料。对客人宗教信仰方面忌讳的用品要暂时撤换，以示对客人的尊重。房间布置完，还要对室内家具、水电设备及门锁等再进行一次全面检查，发现有损坏失效的，要及时保修更换。

(二) 客人到店的迎接工作

客房服务的迎接工作是在客人乘电梯上楼进房间时进行的。客人经过长途跋涉，抵达后一般比较疲惫，需要尽快妥善安顿，以便及时用膳或休息。

因此，这个环节的工作必须热情礼貌、服务迅速，分送行李准确，介绍情况简明扼要。

1. 迎接宾客

客人步出电梯，服务员应微笑问候。无行李员引领时，服务员应帮助客人提拿行李至客房，介绍房内设施设备的使用方法。

2. 分送行李

主要指的是团体客人的行李。由于团体客人的行李常常是先于或后于客人到达饭店，因此行李的分送方式有所不同。先到的行李由行李员送到楼层，排列整齐，由楼层服务员核实件数，待客人临近到达，再按行李标签上的房号逐一分送。如发现行李标签失落或房号模糊不清时，应暂时存放。待客人到来时，陪同客人认领。后到或随客人到的行李，则由行李员负责分送到房间。

二、客房优质服务

1. 常规服务

常规服务是指岗位职责中明确的服务要求，具有标准化、制度化、程序化等特点，要求做到认真、仔细、完好，它是服务的基础。

2. 个性化服务

个性化服务是指在常规服务的基础上，根据服务对象的不同需要服务方法灵活运用，以同样的人员、物资获得最大的服务效果，使客人获得尽可能的满意。

3. 两者的关系

前者是服务的基础，是客人满意的基本保证。后者是服务的提高，是高水平服务质量的体现，是使客人获得非常满意的核心因素。

案例：瑞吉红塔的 24 小时管家服务

上海瑞吉红塔大酒店令人印象最深刻的服务之一就是标志性的专职管家服务，其服务可以为每一位客人提供全天候的 24 小时贴身服务。专职管家将在尊重宾客私人空间的同时随时随地地为宾客提供所有细致入微的关注，努力满足客人的需求。同时，专职管家能按照宾客的特殊喜好与品位，为宾客提供量身定做的服务。

服务类别说明

M.I.C.E 专职管家服务（开始于 2003 年 5 月）：宾客在会议期间若有任何需要可以联系专职管家。

生活型专职管家服务（开始于 2006 年 5 月）：为宾客的个性化私人旅游活动提供陪同服务。上海瑞吉红塔大酒店为宾客提供由专职管家陪同的独特的艺术探寻项目，项目包括与本地艺术家的私人会面，参观艺术家工作室和不对公众开放的私人博物馆。

E 专职管家服务（开始于 2006 年 6 月）：不论宾客处于何地，都可以电子邮件方式把需求告知其专职管家。因商务会谈的延迟，宾客可通过电子邮件通知专职管家预订晚餐或相关演出门票，确认信息将通过电子邮件回复宾客。

专职管家工作描述：为宾客建立详细的资料信息，加以维护并不断更新。这些资料可以通过先进的客人信息系统对客人的每次入住进行跟踪。客人资料信息将绝对保密，且谨慎对待。

接待贵宾：贵宾是指有较高身份地位或因各种原因对饭店有较大影响力的客人，在接待中应得到饭店较高礼遇。

（一）贵宾范围

各饭店对于贵宾范围规定不一，大致包括以下几类：

（1）对饭店的业务发展有极大帮助，或者可能给饭店带来业务者。

（2）知名度很高的政界要人、外交家、艺术家、学者、经济界人士、影视明星、社会名流。

（3）本饭店系统的高级职员。

（4）其他饭店的高级负责人。

（5）饭店董事会高级成员。

对贵宾的接待，从客房布置、礼品的提供，到客房服务的规格内容，都要高出普通客人，使其感到饭店对自己确实特别关照。

（二）贵宾服务

客房部接待贵宾要提前做好充分准备：

（1）接到贵宾接待通知书后，要选派经验丰富的服务员将房间彻底清扫，按规格配备各种物品，并在客房内摆放有总经理签名的欢迎信、摆放饭店的赠品，如鲜花、果篮、饮料等。

（2）房间要由客房部经理或主管严格检查，然后由大堂经理最后检查认可。

（3）贵宾在饭店有关人员陪同抵达楼面时，客房部主管、服务员要在梯口迎接问候。

VIP 客人接待程序

操作项目	操作标准及要求	操作细则
（一）电梯口迎接客人	1. 接到前台 VIP 客人到达通知后，在 2 分钟之内到达客人所在楼层电梯口等候客人	1. 接到前台 VIP 客人到达通知时，应了解客人房号、姓名、性别及到店次数
	2. 双手交差，站在电梯口的左侧，面向电梯	2. 为乘坐电梯的所有客人提供叫梯服务
	3. 随时观察到达的电梯	
	4. 客人出现时主动向前迎接客人	3. 表情始终保持微笑的状态
	5. 主动问候客人："您好！先生/女士，欢迎光临我们的行政楼层。"	
	6. 主动引领客人进客房	4. 接过客人的行李/衣服，引领客人到所在房间；行走过程中始终在客人的右前方适当距离；在行走过程中与客人亲切交谈；到达房间后让客人先进入房间
（二）楼道中迎接客人	1. 接到前台 VIP 客人到达通知后，在 2 分钟之内到达客人所在楼层	1. 接到前台 VIP 客人到达通知时，应了解客人房号、姓名、性别及到店次数
	2. 遇到已经下电梯在楼道中行走的客人，应主动问好。引领客人到房间	2. 接过客人的行李/衣服，引领客人到所在房间；行走过程中始终在客人的右前方适当距离；在行走过程中与客人亲切交谈；到达房间后让客人先进入房间
（三）迎接已经进入房间的客人	1. 接到前台 VIP 客人到达通知后，在 2 分钟之内到达客人所在楼层	1. 接到前台 VIP 客人到达通知时，应了解客人房号、姓名、性别及到店次数
	2. 客人已经进入房间，应敲门报明身份，主动问候客人，询问客人有什么特殊要求	2. 与客人交谈时要目光对着客人，始终面带微笑

职业能力训练

1. 单选题

不属于客人到店时迎接工作内容的是（　　）。

A. 梯口迎客　　　　B. 引领客人　　　　C. 介绍客房　　　　D. 行前准备工作

2. 多选题

（1）客房工作人员当看见客人行动不便时，应（　　）。

A. 主动上前，随时准备提供帮助　　　　B. 请行李员搀扶或提供轮椅给客人

（2）当你遇有急事，需超越客人行走时，应（　　）。

A. 先礼貌地对客人说："对不起，先生（小姐）请问能让一下吗？"然后超越

B. 有两位客人同行时，切忌从客人中间穿行

C. 超越后，应回头向客人点头表示谢意

3. 填空题

（1）服务员进入客房前，先用食指或中指轻敲房门（　　）下，敲（　　）次，每次间隔（　　）秒。

（2）客房接待服务的内容和程序包括（　　）和（　　）。

观念应用训练

1. 王先生和王太太住在酒店的这段时间，受到了客房服务员小贾的热情接待和周到服务，离店前给了小贾 200 元钱的小费，无论小贾怎么拒绝，王先生夫妇执意要给，以表达他们的感激之情。

回答问题：当客人对我们服务工作满意，赠送小费或小礼品时，我们该怎么办？

2. 在酒店客房工作中，客房工作人员如果遇到没有礼貌的客人时，应该怎么办？

情景模拟训练

无礼的超越

某酒店的客房区域，酒店的常住客人李先生和他的太太从房间出来，边说话边向电梯厅走去。李先生是一家合资酒店的外方总经理，由于职业的因素，李先生对酒店的服务以及服务员的行为举止等非常在意。这时，一名客房服务员急匆匆地从客人后面走来，从李先生夫妇的中间穿过，并且连一点示意也没有。李先生看着超越自己的客房服务员皱起了

眉头，叫住那名服务员，对服务员说："你这样做是不对的，这不像酒店的服务员。"服务员意识到了自己的问题，马上说："对不起，李先生，我有点儿急事。"李先生说："你有急事可以超越我们，但你知不知道应该怎样超越？"在楼层巡视工作的客房主管看到了刚刚发生的事情，就走了过来，向李先生道歉说："对不起，这是我们的错，我们会加强对员工的教育。"李先生诚恳地说："我只是觉得我们做服务的人，应处处体现出严谨和规范，应当时时有一种好的精神面貌、礼节礼貌修养和宾客意识。"

要提高客房服务员的礼节礼貌，你认为应该从哪几个方面去做呢？

思维拓展训练

谁来打扫？

某日，1608 房的客人外出回到房间，看到房间没有打扫，生气地打电话到管家部投诉："我早上就打电话通知你们打扫房间，怎么到现在都没人来清洁，五星级酒店就是这样的工作效率吗？"文员连忙向客人表示歉意并向主管报告了情况。主管将打扫房间的事情安排完毕之后，对客人投诉进行了调查。原来早上客人曾经打过电话要求清理房间，文员在接到电话之后通知了 16 楼服务员小刘，由于不是小刘打扫这间房，应该打扫 1608 的小王去了 15 楼，小刘收到通知后，又告知 15 楼的另一名服务员小张，让他去通知小王马上去打扫 1608 房。可是小张去找小王时，小王吃饭去了，小张没有找到人，也没及时回复小刘。三名服务员都没有想到 1608 房一直没有人去打扫，两个半小时过去了，客人回来了，于是发生了之前客人投诉的一幕。

试分析为什么会出现案例中的情况，客房服务员如何才能避免类似情况的发生？

任务二　客房送客服务

任务目标

通过本次任务实训，能让学生按照正确、规范的要求完成送客服务，在客人离开查房等工作，要求学生完全熟悉送客礼仪，明确查房的步骤，以此培养工作能力。

项目任务书

任务名称	客房送客服务	任务编号		时间要求	
训练要求	1. 能按照正确、规范的要求完成送客服务 2. 在客人离开后完成查房工作				
培养能力	1. 掌握送客服务工作的内容、流程和规范的服务技巧 2. 熟练掌握查房工作流程、服务礼仪 3. 能正确处理客人遗留物品等问题				
涉及知识	送客服务流程、服务接待礼仪、查房流程				
教学地点	教室、实训室	参考资料			
教学设备	客房标准间				
训练内容					
客房送客服务，送客后查房					
实训成果评价标准					

1. 能正确地送客，主动征求客人意见，送客人至电梯处，致临别祝愿，细心检查房间设施状况，清点商品，房间有无遗留物品。服务态度亲切自然，姿势标准，普通话流利
2. 能较正确地送客，听取客人意见，送客人至电梯处，致临别祝愿，检查房间设施状况，清点商品，房间有无遗留物品。服务态度较自然，姿势较标准，普通话较流利
3. 能送客，能听取客人意见，送客人出门，致临别祝愿，能检查房间设施状况，清点商品，房间有无遗留物品。服务态度较自然，姿势较标准，普通话一般
4. 不能送客，不能听取客人意见，不能送客人出门，致临别祝愿，不能检查房间设施状况，清点商品，房间有无遗留物品。服务态度不自然，普通话程度差
符合上述标准 1，成绩为优秀，可得 90~100 分；符合标准 2，成绩为良好，可得 70~80 分；符合标准 3，成绩及格，可得 60~70 分；符合标准 4，成绩为不及格，得分 60 分以下；介于这几种标准之间的，可酌情增减分

引导案例（情景导入）

星级的服务

孙小姐和她的朋友乘坐的出租车刚刚停在国际大酒店的门口，门童就面带微笑地迎上去，并且躬身开门问候道："欢迎光临！"孙小姐和她的朋友谈笑风生地下了车，正在门童准备关门时发现后座遗留了一部手机，于是对正准备进酒店的孙小姐说："小姐，您是否遗落了手机？"

孙小姐一看果然是自己的，门童便将手机递给孙小姐，同时写了小条，上面写着出租车号码。然后迅速地引领她们进入酒店大堂。

来到前厅，接待员礼貌地问候："你们好，这里是国际大酒店，请问有没有预订"。孙小姐早已预订，随即出示了证件，接待员熟练地查阅预订，立即为客人填写入住登记表上的相关内容，并请孙小姐预付了押金和签名，最后说："小姐，你们住在 3001 房，这是你们的房卡和钥匙，祝你们入住愉快！"

在孙小姐办理入住登记手续时，行李员早已站在她们身后，为她们看护行李。行李员带领她们来到 3001 房门口，客房服务员便迅速走了过来，笑容满面地问候："您好，欢迎光临，请这边走！"来到 3001 房门口，敲门并报"Housekeeping，Housekeeping，Housekeeping"。孙小姐诧异地问道："不是没有人吗？""这是我们的服务规范。"打开门后，客房服务员细心地介绍客房设施与服务，行李员将她们的行李挂进壁橱。客房服务员和行李员问道："您还需要什么帮助吗？"孙小姐高兴地说道："不用了，谢谢。""祝您在本酒店居住愉快！"客房服务员和行李员微笑地说。

经过一天的旅行已经很疲惫了，躺在床上回忆着进入酒店的整个过程，孙小姐满意地对她的朋友说："这才是星级酒店的服务啊！"

思考：如何才能做好星级酒店服务？

知识链接

一、送客服务流程

（1）掌握客人离店时间，问清客人是否需要叫醒服务、是否在房间用餐。

（2）如客人次日离店，团队房要根据行李多少，安排行李员。

（3）要检查客人衣物情况、各种账单及各项委托代办事项是否办好。

（4）客人临行前，服务员应利用房间服务的机会，检查各种物品及设备有无损坏。

（5）临行前，应主动征求客人的意见，提醒客人有无遗漏个人物品。

（6）主动为客人按电梯，主动提行李，主动搀扶老弱病残客人，送至电梯口，并致临别祝愿。

（7）检查客人有无遗留物品。

（8）检查房间设施设备有无损坏，有无消费项目。

二、送客服务工作

1. 行前准备工作

服务员应掌握客人离店的准确时间，检查客人洗烫衣物是否送回，交办的事是否完成。要主动征询客人意见，提醒客人收拾好行李物品并仔细检查，不要遗忘在房间。送别团体客人时，要按规定时间集中行李，放到指定地点，清点数量，并协同接待部门核实件数，以防遗漏。

2. 送别

客人离房时要送到电梯口热情道别。对老弱病残客人，要护送下楼至大门或上车。

3. 善后工作

客人下楼后，服务员要迅速进房检查，主要查看有无客人遗留物品。发现遗留物品要通知总台转告客人。若发现客房设备有损坏、物品有丢失的，也要立即通知总台收银处请客人付账或赔偿。最后做好客人离房记录，更新房态。有的客人因急事提前退房，委托服务员代处理未尽事宜，服务员承接后要做记录并必须履行诺言，不要因工作忙而丢在一边。

三、客房服务员查房职责详解

查房是每个服务员在工作过程中必须掌握的一项基本技能，必须要做到细心，有责任心，对房间内的设施设备及物品有详细的了解和爱护的心理。

检查退房流程：

（1）准备（根据《住客报表》将预退房找出，并调试随身携带的对讲机）。

（2）接报（前台通知客房查房）。

（3）检查房间。

（4）通知前台。

迅速报前台查房结果，如"前台，203 查房完毕"；"前台，请 203 房间客人稍等"。对有问题的房间可使用房内电话避免报告内容影响客人。

（5）更改房态。

首先，查看房间内设施设备是否齐全，有无损坏。其次，检查房间内有无客人遗留物品，无论大小一律及时通知前台告知客人处理。再次，检查客人房间是否有消费，及时与前台联系告知。最后，检查客房单被是否污染或损坏。

查房报退时，全部无缺可用对讲机报退："前台收到请讲。""×××房间无缺，正常退房，谢谢。"除无缺情况以外，一律用房间电话报退："你好，×××房间客人消费……客人遗留了……在房间，请通知客人，其他无缺，谢谢。"

需要特别注意的是，如发现查房时未发现的客人遗留物品时，一定要第一时间送往前台，做好遗留物品登记工作，以备客人问起时有据可查。

> **小贴士**：住客房间打扫时，除必需的日常垃圾外，不可擅自处理住客房间内的任何物品（包括茶杯、纸条等）。客房内有小部件或药品时，更需注意，摆放在原处或较为明显处。

四、客人遗留物品的处理程序

（一）发现客人遗留物品时，及时报告

（1）在客房范围内，无论在何地拾到客人的物品，都必须尽快交到服务中心；

（2）如服务员在检查走客房时发现了客人遗留物品，应及时与总台联系，将物品交还给客人；如客人已经离开，则应及时上缴楼层领班；

（3）服务中心服务员在收到客人遗留物品时，都应记录在"客人遗留物品登记表"上，写明日期、房号、拾到地点、物品名称、拾物人姓名和班组。

（二）分类

（1）贵重物品：珠宝、信用卡、支票、现金、相机、手表、商务资料、身份证、回乡证、护照等；

（2）非贵重物品：眼镜、日常用品等。

（三）保存

（1）所有遗留物品都必须保存在失物储藏柜里；

（2）贵重物品与非贵重物品分开存放，贵重物品应专人管理；

（3）贵重物品存放时间为一年半，非贵重物品保留时间为半年，开启的食物、饮料及药品保留时间为三天；

（4）超过保留期的物品，由客房部经理会同有关部门一同处理。

（四）认领

（1）认领方式：①直接认领；②请人代为认领。

（2）问清有关问题，无误后，请认领人签字，并留下联系电话和地址。

名人名言

成熟的和真正的公民意识，就把为社会服务看作一个人最主要的美德。

——苏霍姆林斯基

服务流程

接到客人离店通知→检查客房物品→处理遗留物品→送客人至电梯，说祝福语。

知识拓展

一、酒店服务的礼仪要求

1. 着装规范

上班时按规定着工作制服，男女员工都应做到端庄大方，切忌奇装异服和出格打扮。

2. 语言恰当

用语谦恭，语调亲切，言辞简洁，根据不同对象恰当使用语言。对内宾使用普通话，对外宾使用外语，尽量做到听懂方言。

3. 礼貌迎送

客到有请、客问必答、客走道别。在迎送客人或与客人交流时，面带微笑，真诚礼貌，恰当地使用尊称和各种手势。

4. 主随客便

对需要特殊照顾，特别是有不同的宗教信仰和民族习惯的客人，尽量满足他们的要求。接待客人预订事项主动热情、有条不紊，在办理入住、用餐等手续时，准确填写、认真核实，以符合客人要求。提供整理房间等服务时先敲门，得到客人同意后才能进入，如遇客房门口显示"请勿打扰"，不得随意进入。

5. 尊重私密

不能对外泄露客人的任何信息；不能乱动、乱翻客人的物品；不私自使用专供客人使用的电话、电梯、洗手间等设施。

面对客人的投诉，应态度诚恳，按规章热心帮助客人解决问题，切忌急躁、争辩、怠慢，推卸责任。因故不能完成服务的，要耐心向客人解释并道歉。

当发生火警、电梯事故、客人突发疾病或受伤、恐怖爆炸等紧急事故时，应沉着冷静，按照应急预案及时、得当地进行处理。

拾到客人的遗忘物品应及时还给客人或上缴，不能私自存留，也不能使用客人的遗弃物品。

二、着装的礼仪

着装六戒如下：

1. 脏

在工作岗位上，着装应干净整洁。

2. 乱

工作时间，应力求庄重、素雅而大方，花色不要过于鲜艳抢眼，不要让人产生"抢顾客的风头"的错觉。

3. 奇

绝对不应当在款式上过分奇特，也不应在搭配上过于特殊。

4. 短

衣着过分肥大或短小，都是不得体的。在庄重严肃的场合，不允许穿西装短裤、超短裙等过"短"的服装，那样既不文明，也不美观。

5. 紧

如是女性，还应避免使自己的正装过于紧身。服装过分紧身，只会产生两种效果：要么过度地展示个人的线条；要么会使自己内衣的轮廓不雅地外现。它们都会破坏服装的美感，把自己的"美中不足"暴露在别人面前。

6. 露

工作场合，着装不允许过分暴露或太透明。特别是女性，胸、肩、背、腰、脚趾、脚跟不可以外露。

👍 职业能力训练

1. 单选题

不属于查房时的步骤的是（　　）。

A. 查房时首先查看房间内设施设备是否齐全，有无损坏

B. 检查客房单被是否污染或损坏

C. 检查房间内有无客人遗留物品，无论大小一律及时通知前台告知客人处理

D. 为客人介绍客房设施和服务

2. 多选题

（1）送客时需要（　　）。

A. 服务员应利用房间服务的机会，检查各种物品及设备有无损坏或欠缺

B. 临行前，应主动征求客人的意见，提醒客人有无遗漏个人物品

C. 主动为客人按电梯，主动提行李，主动搀扶老弱病残客人，送至电梯口，并致临别祝愿

D. 检查房间设施设备有无损坏，有无消费项目

（2）客人若遗漏了物品应（　　）。

A. 自己使用

B. 通知前台

C. 直接还给客人

D. 转赠他人

3.填空题

（1）客人离店时应需要进行（　　）和（　　）两步。

（2）当发现客人遗漏物品，而客人已经退房离开的时候，正确的处理步骤是（　　）、（　　）、（　　）、（　　）。

👍 观念应用训练

小李在201房客人退房后，按照往常进房检查，刚检查到商品都没有动过，却在这时肚子疼，想着应该不会有什么事就去了厕所，通知了前台后客人退了房，却不想到再度检查时才发现，床单上被烫一个大洞，而此时客人早走了。

如果在查房过程中，遇到床单、被褥或是其他物品损坏，而此时客人却已经走了，该怎么办？

👍 情景模拟训练

无理的退房

某日，408房的客人要求将此房退掉并免收房费。客人称，他开房后不到十分钟就提出退房，并告诉了4楼的服务员。经大堂经理了解，前台并未接到服务员退房的消息，现在距开房有一个小时左右，经与客人交涉，收取了50元手续费。

阅读以上材料，回答下列问题：

1.问题出在哪个环节？

2.如果你是4楼的那位服务员，客人提出退房的要求，你会如何处理？

👍 思维拓展训练

失而复得的戒指

某日将近晚上十点，锦都某宾馆客房部的小王正在楼层值班，服务台内骤然响起电话铃声。她接起电话，听筒里传来经理急促的声音："今天上午退房的234房客人从上海打来电话，说她遗留了一枚铂金戒指在房内，让我们赶快去找一下，她还在等消息。"

放下电话，小王迅速行动起来，此时服务员赵姐和小黄已经等在234房内了，小黄简短地说了下情况，查房打扫时均未发现有遗留戒指。

众人打开房门后便迅速在房间里翻找起来，行李柜、床头柜、梳妆台、抽屉内的每一个角落几乎都翻遍了，却仍不见戒指的踪影。

正当大家准备放弃时，小王接到消息说客人当时将戒指包在了卫生纸里面，可能随手扔到垃圾桶里了。

三个人立即走到了垃圾井处，打开门，阵阵刺鼻的臭味散发，想到客人焦急的心情，都不约而同地戴上手套开始翻找起来。垃圾袋中的垃圾被倒在地上，橘子皮、污水、香烟……垃圾越堆越多，戒指却仍不见踪影。就在大家想要放弃的时候，赵姐忽然恍然大悟，提出意见说："会不会扔垃圾时小东西掉到大垃圾袋中了。"小王立马表示赞同："对！我们现在找找大垃圾袋！"

"找到了，找到了！"小黄欢呼雀跃，赵姐擦了擦汗，方才露出笑容，"走，给客人回电话去。"

看完上述故事，你认为如何才能做到五星级饭店的服务？

项目二

客房清扫服务

　　随着人们生活水平的日益提高，住店客人不仅仅满足于酒店客房的奢侈豪华，更看重的是酒店客房的干净与整洁。客房必须是舒适、清洁、安全和卫生的。因此，每位客房服务员必须要站在宾客的立场上，以严格的操作流程和业务规范来做好客房的清洁工作。

　　"站在宾客的立场考虑问题"，这是所有服务工作的总方针。它要求我们能设身处地去想去做，有时我们也可以把自己设定为住客。

 **项目导图**

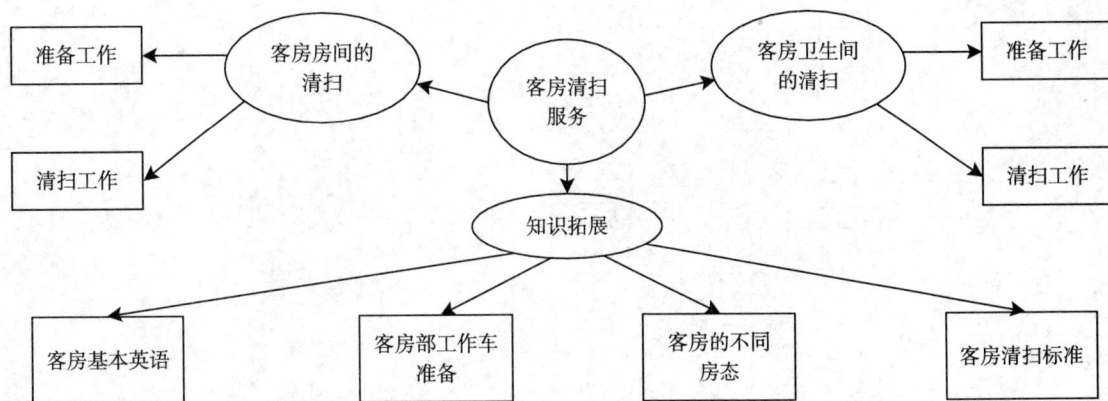

 **学习目标**

知识目标

通过学习，使学生了解客房清扫方法、程序、规定和要求，并能按要求完成客房清扫。

技能目标

（1）熟悉客房工作车的准备工作。

（2）根据不同种类的房态，掌握清扫客房的顺序。

（3）掌握客房清扫的正确方法和程序。

（4）掌握中、西式铺床的程序和标准。

（5）能用正确的方法对房间及物品进行消毒。

任务一 客房房间的清扫

任务目标

通过本次任务实训，让学生掌握客房清扫的基本规定，学会进房敲门的程序和方法，并具有一定的应变能力和服务意识。

项目任务书

任务名称	客房房间的清扫	任务编号		时间要求	
训练要求	1. 在规定时间内按要求完成空房和住客房的清扫工作 2. 在规定时间内按要求完成走客房的清扫工作 3. 在规定时间内完成工作车的准备工作				
培养能力	1. 掌握空房和住客房的清扫程序和标准 2. 掌握走客房的清扫程序和标准				
涉及知识	熟悉客房工作车的准备工作；根据不同种类的房态，掌握清扫客房的顺序；掌握客房清扫的正确方法和程序				
教学地点	教室、机房	参考资料			
教学设备	客房标准间				
训练内容					
客房清扫服务，客房工作车的准备工作					
实训成果评价标准					

1. 能在规定时间内完成客房清扫，能完成工作车的准备工作，客房清扫细致全面
2. 能完成客房清扫，能完成工作车的准备，客房清扫细致全面
3. 能完成客房清扫，能完成工作车的准备，客房清扫基本细致但不全面
4. 不能够完成客房清扫，不能完成工作车的准备，客房清扫不细致不全面

符合上述标准 1，成绩为优秀，可得 90~100 分；符合标准 2，成绩为良好，可得 70~80 分；符合标准 3，成绩及格，可得 60~70 分；符合标准 4，成绩为不及格，得分 60 分以下；介于这几种标准之间的，可酌情增减分

引导案例（情景导入）

遗失的资料

李先生入住在酒店，早上 8:00 结账离店，原来的房间已出租给了黄先生。10:00 时李先生急匆匆地回到酒店，找到楼层服务员小张，说自己有一份资料忘在房间里了。小张看他很着急，也没有多想，就用楼层万能钥匙为他开了门。李先生急忙进去找到了自己的资料。这时，新入住的黄先生正好外出归来，看到小张带着李先生在自己房间里找东西，很是恼火。就电话投诉到总经理办公室。总经理办公室派小宋来解决客人的投诉。小宋到后，一言不发，耐心地

倾听了黄先生的投诉，一直到黄先生没话讲了，才向黄先生道歉，并当着黄先生的面严肃地批评了小张，小张也向黄先生当面认了错，黄先生才满意。小宋、小张及李先生退出房间。

思考：

1. 小张应该怎样做？

2. 小宋运用了怎样的投诉处理技巧？

知识链接

一、客房清扫准备工作

（1）领取客房钥匙。

（2）准备客房工作车及所需物品。

（3）清洁工作车。

（4）挂好垃圾袋。

（5）准备干净棉织品。

（6）准备客房用品。

（7）准备清洁卫生桶（清洁剂、橡胶手套、各式尼龙刷）。

（8）准备吸尘器。

（9）检查着装。

二、客房工作车的准备工作

（一）标准

（1）按照8间标准房所需的客用日耗品和5~6间走房的布草数量配备。

（2）轻物在上，重物在下，以平衡车身。

（3）高物在后，低物在前，以方便拿取。

（4）贵重物品放在隐蔽处，以防遗失。

（二）程序

（1）用半湿抹布将工作车内外擦净，抹干，并检查是否损坏。

（2）将垃圾袋套在垃圾桶上，将布草袋挂在吊钩上。

（3）按标准数量将布草配入工作车中，床单、枕套放在下层，毛巾类放在上层。

（4）将各种易耗品置于架顶，并按固定位置摆放整齐（注意茶叶不可与有异味的物品混合，以防串味）。

（5）将清洁用品放入清洁桶中，将桶放在车上（清洁用品一般有：清洁剂、消毒剂、马桶刷、浴缸刷、抹布、胶皮手套）。

（6）将工作车推到规定的摆放位置。

（7）工作车用后应及时清理，每班下班前要准备好工作车。

三、 客房清扫的有关规定

客人一旦进入房间，该客房就应看成是客人的私人空间。因此，任何客房服务员都不得擅自进入客人房间，都必须遵守相应的规定。

（一）清扫工作以不干扰客人为准

（1）例行的客房大清扫工作，一般应在客人不在房间时进行。

（2）客人在房间时，必须征得客人同意后方可进行，以不干扰客人的活动为准。

（二）养成进房前先思索的习惯

（三）注意房间挂的牌子

（四）养成进房前先敲门通报的习惯

（1）观察、站定位置。

（2）敲门通报、等候。

（3）第二次敲门通报、等候。

（4）开门、观察房内情况、再次通报。

（5）进入房间。

步骤如图 2-1 所示。

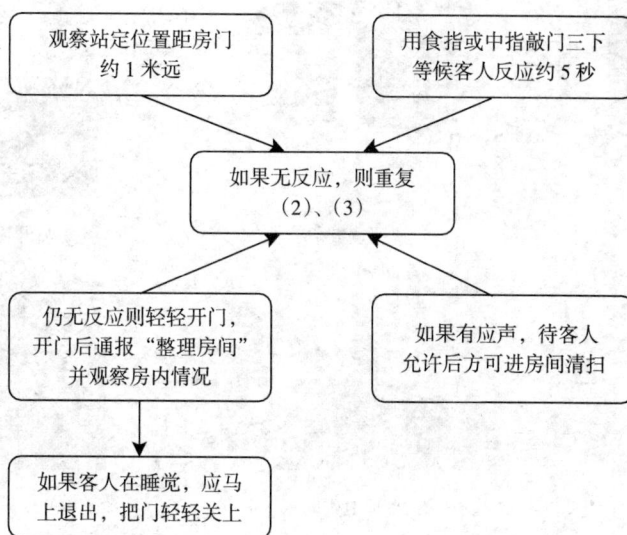

```
┌──────────────────┐        ┌──────────────────┐
│ 观察站定位置距房门  │        │ 用食指或中指敲门三下 │
│   约 1 米远        │        │ 等候客人反应约 5 秒  │
└──────────────────┘        └──────────────────┘
          │                           │
          └─────────┐       ┌─────────┘
                    ▼       ▼
              ┌──────────────────┐
              │ 如果无反应，则重复   │
              │    （2）、（3）     │
              └──────────────────┘
              ▲                  ▲
    ┌─────────┘                  └─────────┐
┌──────────────────┐        ┌──────────────────┐
│ 仍无反应则轻轻开门， │        │ 如果有应声，待客人   │
│ 开门后通报"整理房间" │        │ 允许后方可进房间清扫 │
│ 并观察房内情况      │        └──────────────────┘
└──────────────────┘
          │
          ▼
┌──────────────────┐
│ 如果客人在睡觉，应马 │
│ 上退出，把门轻轻关上 │
└──────────────────┘
```

图 2-1 进房间前的步骤

四、客房的清洁程序

（1）一般情况下应按以下次序清洁房间：VIP 房→挂牌清洁房→住房→走房→空房。

（2）开房较为紧张时，次序可稍作变动：VIP 房→挂牌清洁房→走房→住房→空房。

（3）VIP 房的卫生应在接到通知或客人离开后立即打扫。

（4）熟客房按客人要求的时间打扫。

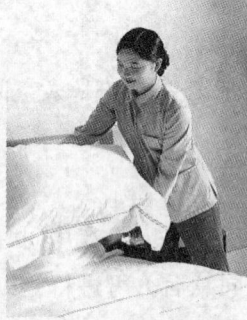

技能训练步骤如图 2-2 所示。

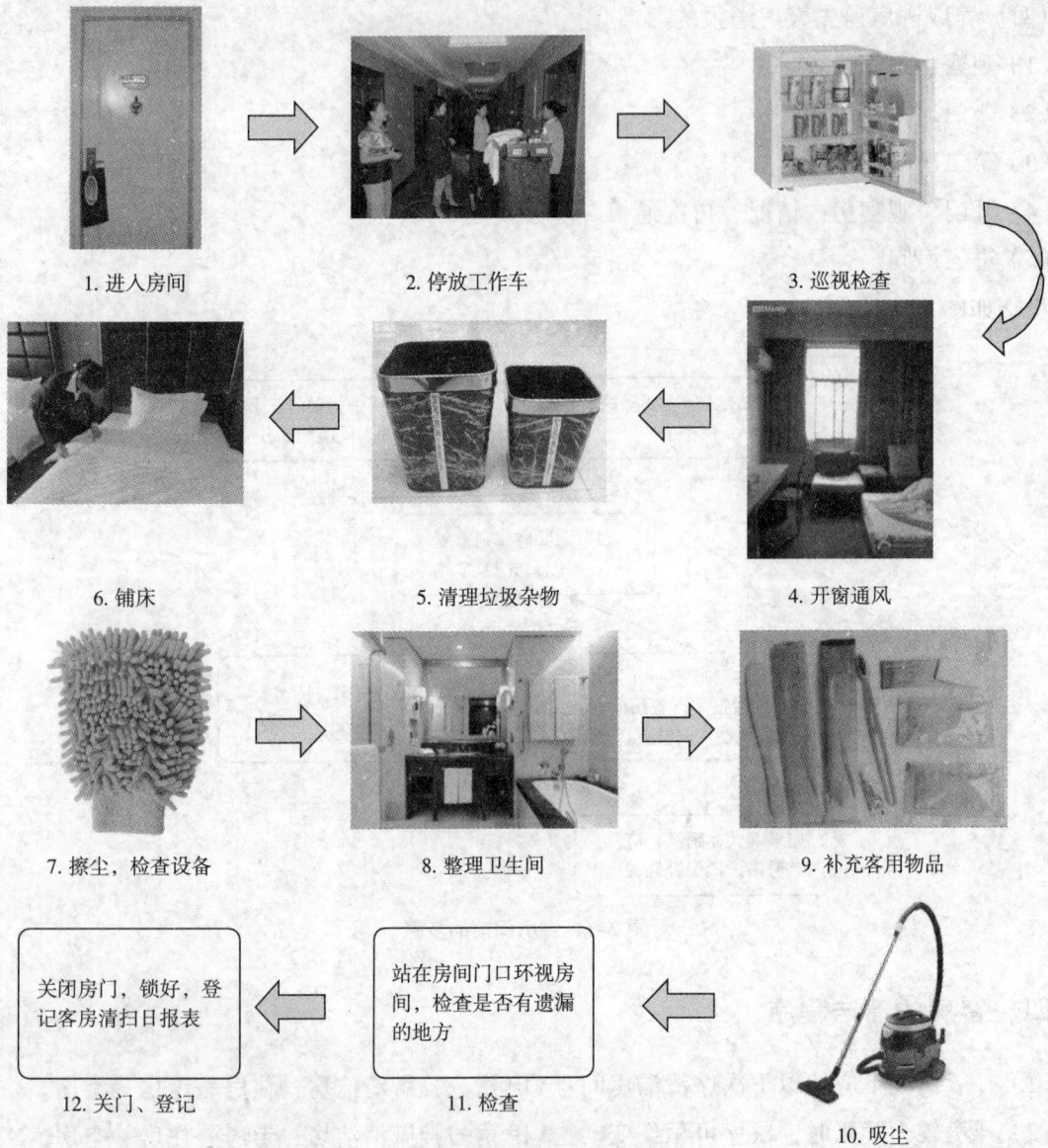

1. 进入房间　　　　　　2. 停放工作车　　　　　　3. 巡视检查

6. 铺床　　　　　　5. 清理垃圾杂物　　　　　　4. 开窗通风

7. 擦尘，检查设备　　　　8. 整理卫生间　　　　　9. 补充客用物品

关闭房门，锁好，登记客房清扫日报表

站在房间门口环视房间，检查是否有遗漏的地方

12. 关门、登记　　　　　11. 检查　　　　　　10. 吸尘

图 2-2　技能训练步骤

客房清洁的十字口诀：备、排、进、撤、铺、抹、洗、吸、补、查。

五、客房清扫顺序

1. 淡季

（1）总台指示要尽快打扫的房间。

（2）MUR。

（3）CO（V/D）。

（4）VIP ROOM。

（5）客人不在的住客房。

（6）客人在的住客房。

（7）V/C。

（8）常住房。

2. 旺季

（1）V/C。

（2）CO（V/D）。

（3）总台指示要尽快打扫的房间。

（4）MUR。

（5）VIP ROOM。

（6）客人不在的住客房。

（7）客人在的住客房。

（8）常住房。

服务流程

走客房清扫流程如图 2-3 所示。

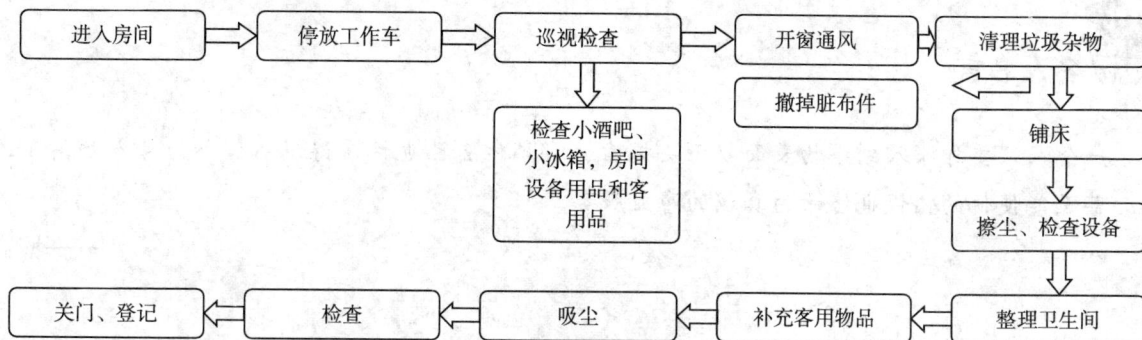

图 2-3　走客房清扫流程

住客房清扫流程如图 2-4 所示。

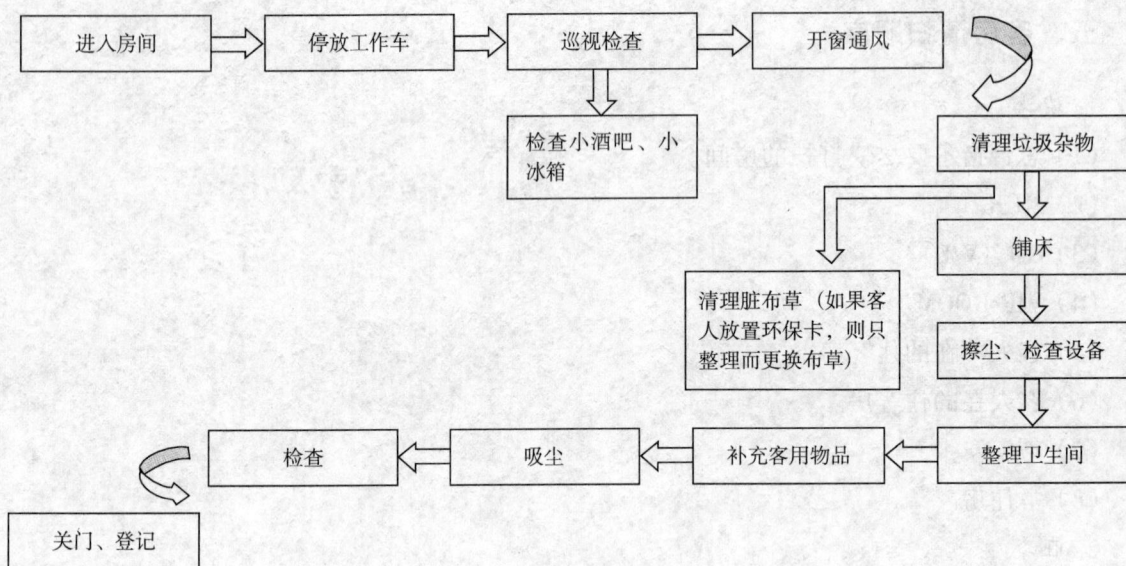

图 2-4　住客房清扫流程

应用案例

尴尬的相遇

某饭店客房卫生清扫员小王，推着工作车来到 808 号房间门口，顺手拿出工作钥匙打开房门，径直走进房间去开窗。不料房内一位男客人穿着内裤正在床上休息，见小王进来，已回避不及，既尴尬又生气，恼怒之下拿起电话向饭店投诉。

1. 这位服务员错在哪里呢？
2. 如果是你该怎么做？

名人名言

一个人只要肯深入到事物表面以下去探索，哪怕他自己也许看得不对，却为旁人扫清了道路，甚至能使他的错误也终于为真理的事业服务。

——博克

知识拓展

一、走客房的清扫

对当天结账离店客人房间的清扫，就是走客房的清扫。

走客房清扫程序可以用九个字来概括："进"、"撤"、"铺"、"洗"、"抹"、"补"、"吸"、"检"、"灯"。具体内容如下。

（一）进

（1）轻轻敲门三次，每次三下，报称"服务员或 Housekeeping"。

（2）缓缓地把门推开，把"正在清洁"牌挂于门锁把手上，房门打开着至工作结束为止。打开电灯，检查有无故障。

（3）把小垫毯放在卫生间门口的地毯上，清洁篮（或清洁小桶）放在卫生间云石台面一侧。

（4）打开窗户，让房间空气流通。

（5）把窗帘、窗纱拉开，使室内光线充足，便于清扫。

（二）撤

（1）放水冲掉马桶内的污物，接着用清洁剂喷洒"两缸"：面盆、马桶。然后，撤走客人用过的"三巾"（面巾、方巾、浴巾）。

（2）按次序检查衣柜、组合柜的抽屉，遗留物品应在第一时间交给前台。想方设法尽快交还给客人，并在卫生日报表上做好记录。

（3）用房间垃圾桶收垃圾，如果烟灰缸的烟头还没有熄灭，必须熄灭后方可倒进垃圾桶，以免引起火灾。

（4）撤掉用过的杯具、加床或餐具。

（5）清理床铺。将用过的床单撤走，放入清洁车一端的布草袋里。

（三）铺

铺床分中式铺床与西式铺床，中式铺床比较简单，西式铺床比较复杂，要求也比较高。为提高工作效率，目前本中心采取中式铺床，有条件的情况下，最好能掌握西式铺床的技巧。

床铺好以后，应该先打扫卫生间，以便留一定的时间，等因铺床而扬起的灰尘落下后，再用抹布除尘。

（四）洗

卫生间是客人最容易挑剔的地方，必须严格按操作规程进行，使之达到规定的卫生标准。清洗前要打开抽风机，戴上手套。

（1）用清洁剂再次喷洒"两缸"。

（2）处理纸篓垃圾。将旧剃刀片、碎肥皂、用过的浴液瓶、发液瓶、牙膏等扔进垃圾桶一起倒掉。

（3）洗烟灰缸、香皂碟。

（4）洗刷洗手盆，注意洗手盆水龙头上的污迹。

（5）用沐浴喷头放水冲洗墙壁。

（6）用有标记的毛球洗马桶、厕板和盖板。并要特别注意刷干净坐厕的出水口、入水口，厕内壁和底座等。

（7）用干抹布抹干烟灰缸、香皂碟、面巾纸盒、卫生间灯开关、插座、镜子、云石台、洗手盆及水龙头、面巾架、卷纸架（卫生纸架）、电话、墙壁、卫生间门板等。

（8）用另一抹布抹坐厕及其水箱。

（9）将抹干净的垃圾桶放回原位，将抹干净的烟灰缸摆回原处。

（10）用专用的抹地布将卫生间的地面抹净。清洁后的卫生间一定要做到整洁干净、干燥，无异味，无脏迹、皂迹和水迹。

（五）抹

（1）从门外开始抹起至门、门的内外，并注意门把手和门后的安全图的抹拭。

（2）按顺（或递）时针方向，从上到下，把房间的家具、物品抹一遍，并要注意家具的底部及边角位均要抹到。

（3）检查房内电器设备。在抹尘的过程中应注意检查电视机、音响、电话、灯泡等电器设备是否有毛病，一经发现立即报修，并做好记录。

（4）除干擦以外，房内设施、设备如有污迹或不光滑，还要借助于洗涤剂等对家具进行洗涤等项工作。

（5）区别干、湿抹布的使用。如对镜子、灯具、电视机等设备物品应用干布擦拭；家具、软面料上的灰尘要用专门的除尘器具；墙纸上的灰尘切忌用湿抹布擦拭。

（六）补

（1）补充卫生间内的用品，按统一要求整齐摆放。

（2）面巾纸、卷纸要折角，既美观又方便宾客使用。

（3）"三巾"按规定位置摆放整齐。

（4）补充房内物品，均需按酒店要求规格摆放整齐。

（5）补充杯具。

房间物品的补充要根据酒店规定的品种数量及摆放要求补充、补足、放好。注意商标面向客人。

（七）吸

先把吸尘器电线理顺，插上电源，把吸尘器拿进房间才开机。

（1）先从窗口吸起（有阳台的房间从阳台吸起）。

（2）吸地毯时要先逆纹，后顺纹方向推把。

（3）吸卫生间地板。要注意转换拖把的功能，使其适宜硬地板，地板有水的地方不能吸，防止漏电和发生意外。吸尘时要注意把藏在地板缝隙里的头发吸走。

（4）吸边角位时，有家具阻挡的地方，先移动家具，吸尘后复位。

（八）检

检就是自我检查。

房间清扫完毕，客房服务员应回顾一下房间，看打扫得是否干净，物品是否齐全，摆放是否符合要求，清洁用品或工具是否有留下。

最后，还须检查窗帘、窗纱是否拉上，空调开关有否拨到适当位置。

（九）灯（登）

（1）将房内的灯全部熄灭。

（2）将房门轻轻关上，取回"正在清洁"牌。

（3）登记进、离房的时间和"做房"的内容。

二、住客房的清扫

住客房与走客房的清洁程序基本相同，但由于住客房是客人仍然使用的房间，所以在清扫时有些环节要引起我们的特别注意。

（一）客人在房间时

（1）应礼貌地问好，询问客人是否可以清洁房间。

（2）操作要轻，不要与客人长谈。

（3）若遇到有来访客人，应询问是否继续进行清洁工作。

（4）清洁完毕，应询问客人是否有其他吩咐，然后向客人行礼退出房间，轻轻地关上房门。

（二）客人中途回房

在清洁工作中，遇到客人回房时，要主动向客人打招呼问好，征求意见是否继续打扫清洁，如未获允许应立即离开，待客人外出后再继续清扫。

（三）房间电话铃响时

房间电话是客人主要的通信工具，使用权属于客人，为了避免误会和不必要的麻烦，在清洁过程中，如电话铃响也不要去接听。

（四）损坏客人的物品时

进行住房清扫卫生工作时应该小心谨慎，不要随意移动客人的物品，必要时应轻拿轻放，清扫完毕要放回原位。如万一不小心损坏客人的物品，应如实向主管反映，并主动向客人赔礼道歉，如属贵重物品，应由主管陪同前往，并征求意见，若对方要求赔偿时，应根据具

体情况，由客房部出面给予赔偿。

清扫住客房时，还应注意以下事项：

（1）客人的文件、书报不要随便合上，不要移动位置，更不准翻看。

（2）不要触摸客人的手机、手提电脑、钱包以及手表、戒指等贵重物品。但搭在椅子上或乱堆在床上的衣服（包括睡衣、内衣、外套等）要替客人用衣架挂好，放进衣橱。

（3）查看一下客人是否有待洗衣物。清扫住客房时，要查看一下客人是否有待洗衣物，如有，要仔细审核洗衣单上填写的内容和所交付的衣服，然后将这些衣物装进洗衣袋，放在房门口（或清洁车上)。等待集中起来送交洗衣房清洗。

（4）对于常住房，清扫时应注意客人物品的摆放习惯。

（5）离开房间时，关门动作要轻。

三、空房清扫程序

（1）用房钥匙开门，并填写进房时间。

（2）把门打开，开始清扫，以检查为主。

（3）边抹尘，边检查窗纱、帘有无破损，床上用品是否受潮，电器、灯具是否能正常开关，地面有无虫类，用品是否齐全，物品位置是否有移动等。

如有问题及时更换，清扫或报修。

如走客房连续两三天空着，则要地面吸尘。

（4）如当天有预订，则应调好空调，自查后关门离房并填写出房时间。

四、"请勿打扰"房间的卫生清理规定

（1）挂有"请勿打扰"牌的房间下午14：00以前不要敲该房间的门，在工作单上记下房号及挂牌时间。

（2）工作或推车经过时，声音和操作要轻，以免影响客人休息。

（3）若在下午14：00以后，该房仍挂有"请勿打扰"牌服务员要马上通知楼层领班、前台部长或经理，再向前台了解该房的账务情况。

（4）注意观察该房的动向。下午15：00后敲门询问客人是否要清理卫生。

五、客房清扫注意事项

（1）敲门时，报Housekeeping。

（2）敞开房门。

（3）不得在客房内吸烟、吃东西、看报纸杂志。

（4）除维修检查外不得使用客房设施。

（5）准备脚垫。

（6）抹布的区分。

（7）做好房间检查工作（遗留物品和设备损坏情况）。

（8）不能随便处理垃圾。

（9）浴帘要充分透气通风。

（10）电镀部位要完全擦干。

（11）爱惜脏布草。

（12）注意摆位。

六、管理者确定服务员工作定额和进行客房定员的依据

（1）服务员体力的大小。

（2）服务员工作经验的多少。

（3）服务员劳动熟练程度的高低。

（4）服务员"做床"方法的科学与否。

（5）客房面积的大小。

（6）床的大小。

（7）客房状况的不同。

（8）客房类型的不同。

（9）住客素质的高低。

职业能力训练

1. 单选题

（1）每周对客房进行一次（　　）是客房进行预防性消毒的具体做法。

A. 通风换气　　　　B. 日光照射　　　　C. 清洁卫生　　　　D. 化学消毒灭菌

（2）木质家具受潮后，不会（　　）。

A. 霉变　　　　　　B. 开胶　　　　　　C. 脱漆　　　　　　D. 收缩

（3）控制（　　）是有效预防菌害的方法。

A. 日光　　　　　　B. 温度　　　　　　C. 气流　　　　　　D. 湿度

2. 多选题

（1）属于客房设备的是（　　）。

A. 床　　　　　　　B. 地毯　　　　　　C. 服务指南　　　　D. 茶叶

（2）属于客房"睡眠空间"的设施是（　　）。

A. 床　　　　　　　B. 电视机　　　　　C. 床头柜　　　　　D. 壁橱

（3）属于客房"书写和梳妆空间"的设施是（　　）。

A. 行李架　　　　　　B. 床　　　　　　　C. 写字台　　　　　D. 电视机柜

3. 填空题

（1）（　　　）是客房最基本的空间。

（2）（　　　）用品属于多次性消耗品。

（3）饭店客房中的烟灰缸不应放在（　　　）。

👍 观念应用训练

1. 如何在客房进行消灭虫害？

2. 当你进入客房准备清洁时，发现客人在休息，你应该怎么办？

👍 情景模拟训练

一天中午，1127 VIP 房间的 VIP 客人从外面回到饭店，进到客房内，发现客房的卫生还没有打扫。VIP 客人有些不满意地找到了 11 楼的服务员说："我都出去半天了，怎么还没有给我的房间打扫卫生？"服务员对 VIP 客人说："您出去的时候没有将'请即打扫'的牌子挂在门外。"VIP 客人说："看来倒是我的责任了。那么现在就打扫卫生吧，过一会儿我还要休息。"于是，服务员马上为 1127 房间打扫卫生。

第二天早晨，VIP 客人从房间出去时，把"请即打扫"的牌子挂在了门外的把手上。中午 VIP 客人回来后，客房卫生仍然没有打扫。这位 VIP 客人又找到这名服务员说："昨天中午我回来的时候我的房间还没有清扫，你说是因为我出去的时候没有把'请即打扫'的牌子挂上，今天我出去时把牌子挂上了，可是我现在回来了，还是没搞卫生。这又是什么原因呢？"这名服务员又用其他的理由解释，说什么：一名服务员一天要清扫十几间房，得一间一间地清扫，由于比较忙，没注意到挂了"请即打扫"的牌子……VIP 客人问："你工作忙，跟我有什么关系，挂'请即打扫'的牌子还有什么意义？"服务员还要向 VIP 客人解释。VIP 客人转身向电梯走去，找到大堂经理投诉。

事后，这名服务员受到了客房部的处罚。

阅读上述案例，思考服务员做错了什么？

👍 思维拓展训练

谁拿了我的衣服

本店的 VIP 常客×××公司的李先生气冲冲地跑到总台大声问道："谁进了我的房间，

我不是交代过没有我的同意任何人不得进入我的房间吗？"值班经理立刻迎上去了解事情经过。原来李先生是饭店的常住客，当天出门时送洗了衣服，晚上回来洗澡时发现，前一天送回来的衣服不见了，而早上送洗的衣服却已洗好放在房间，因此断定是服务员在未经客人同意下进入房间。值班经理向客人道歉后，找到楼层服务员了解情况。

经查事情的主要原因是服务员未按交接记录要求，擅自将当天的衣服送入房间，发觉错误后又想掩盖事实，又进入房间将衣服取出，却将前一天的衣服取出，这才引起客人投诉。第二天，李先生扔下一句话："我们公司的人以后都不来你们这里住了，一点安全感都没有"。

阅读以上案例，分析如果你遇到上述情况，你会怎么做？

任务二　客房卫生间的清扫

任务目标

通过本次任务实训，让学生能独立按要求完成卫生间的清扫工作，掌握卫生间清洁、消毒等技巧。

项目任务书

任务名称	客房卫生间的清扫	任务编号		时间要求	
训练要求	1. 掌握卫生间清扫的规范操作方法和程序 2. 掌握卫生间的消毒方法				
培养能力	1. 如何整理物品和垃圾及补充卫生间的用品 2. 怎样清洁脸盆和化妆台 3. 浴缸、马桶的清洁 4. 卫生间的清扫工作				
涉及知识	熟悉客房卫生间的清扫顺序；掌握客房卫生间清扫的方法和程序				
教学地点	教室、机房	参考资料			
教学设备	投影设备、投影幕布、能上网的电脑				

训练内容

1. 组织学生分组进行整理物品和垃圾及补充卫生间的用品、清洁脸盆和化妆台（云台）、清洁浴缸、清洁马桶的模拟操作表演。
2. 学生分组按要求进行卫生间清扫的模拟

实训成果评价标准

1. 能独立进行卫生间清洁、消毒工作，完成细致全面，无水迹，用品补充齐全
2. 能独立进行卫生间清洁、消毒工作，基本能完成，无水迹，用品补充齐全
3. 能进行卫生间清洁、消毒工作，无水迹，用品补充齐全
4. 不能进行卫生间清洁、消毒工作，完成不细致全面，有水迹，用品补充不齐全

符合上述标准1，成绩为优秀，可得90~100分；符合标准2，成绩为良好，可得70~80分；符合标准3，成绩及格，可得60~70分；符合标准4，成绩为不及格，得分60分以下；介于这几种标准之间的，可酌情增减分

引导案例（情景导入）

客人巾类丢失

2013年6月27日，451房的客人致电服务中心，反映她自己带的一条浴巾、两条中巾不见了，客人说她因有洁癖，用不惯酒店配备的巾类，所以自己带了几条出门用，现找不到自己的巾类，要求酒店调查此事并给其回复。

房务管家接到此投诉后，马上对此事展开调查，原来该楼层服务员小王当天在整理451房

时，将客人的巾类连同布草一起撤出送洗（客人自带的巾类和酒店客房的巾类颜色是一样的），后将此情况告知451房客人，客人的意见是，她的巾类混同酒店布草一起洗了她就不要了，酒店决定去外面超市买来给其赔偿，但客人又讲酒店买的她可能也不会满意，坚持要求照价赔偿，浴巾399港元一条、中巾199港元一条。经过对此事的调查，按照客人的要求给予现金赔偿，督导培训方面也负有连带责任，最后决定服务员小王赔偿100元，酒店房务部赔偿110元。

思考：此案例说明了什么问题？

知识链接

清洁卫生间培训流程及标准如下：

一、清洁卫生间培训流程

（1）卫生间清洁的重要性。
（2）卫生间操作标准。
（3）酒店卫生间洁具常识。
（4）卫生间清洁的注意事项。
（5）总结本次培训要点，抽查培训情况。

二、卫生间主要设备及保养要点

（一）卫生间主要设备

1. 洗面台

2. 浴缸

3. 便器

（二）保养要点

（1）洗面台、浴缸和便器既要保持清洁又要保持其原有的光泽。

（2）用中性洗涤剂清洗各种设备。

（3）所有金属设施每天要用干抹布擦净、擦亮。

（4）定期检查上下水道和水箱，及时处理隐患。

三、卫生间主要用品及一般配备要求

（一）棉织品

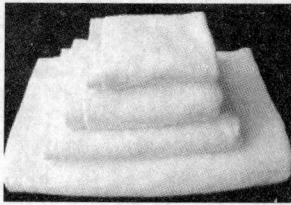

（二）洗漱用品

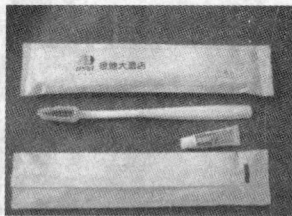

（三）其他用品

（1）卫生纸　　　　　　（2）面巾纸　　　　　　（3）卫生袋　　　　　　（4）洗衣袋

（5）浴帘

（6）防滑垫

（7）污物桶

（8）体重计

四、卫生间操作标准

卫生间操作标准如图 2-5 所示。

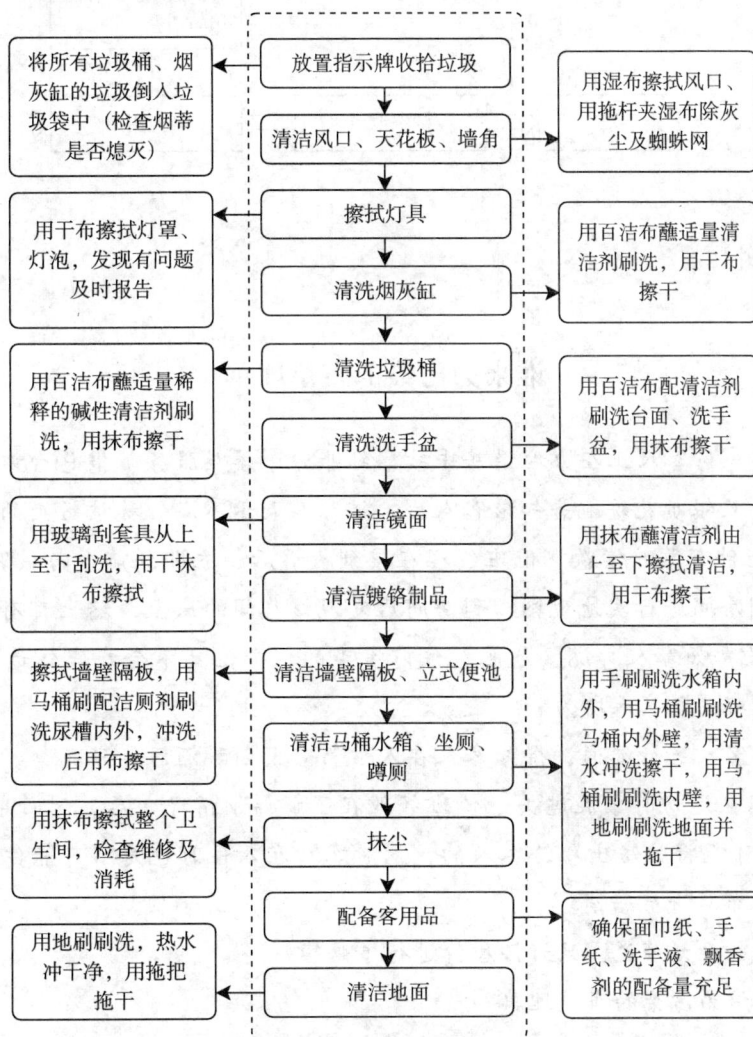

图 2-5 卫生间操作标准

服务流程

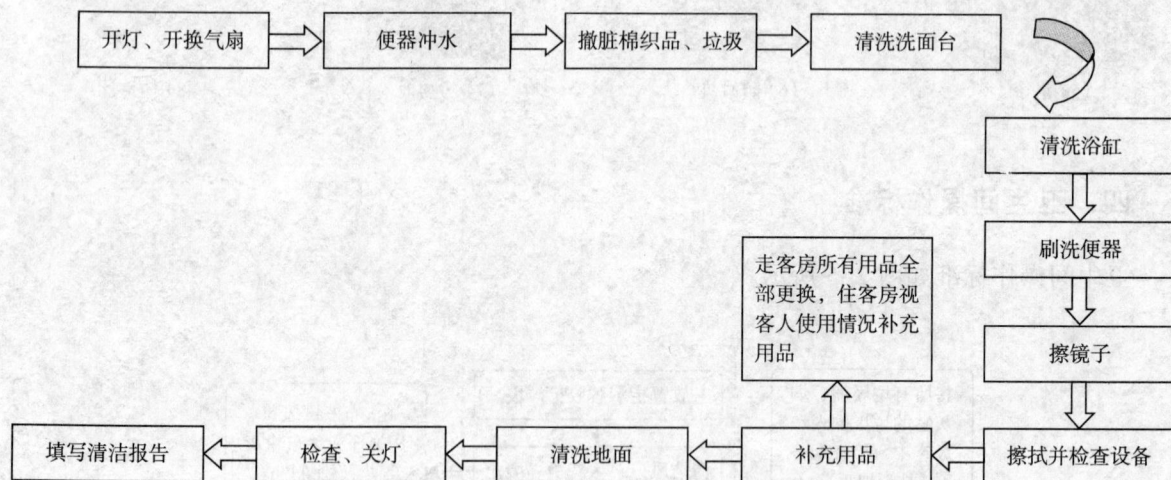

```
开灯、开换气扇 → 便器冲水 → 撤脏棉织品、垃圾 → 清洗洗面台
                                                        ↓
                                                    清洗浴缸
                                                        ↓
                                                    刷洗便器
                                                        ↓
走客房所有用品全部              补充用品 ← 擦拭并检查设备 ← 擦镜子
更换，住客房视
客人使用情况补充
用品
    ↓
填写清洁报告 ← 检查、关灯 ← 清洗地面 ← 补充用品
```

应用案例

谁来为污染的布草埋单

某日清晨，一位客人正在办理退房手续，结账时，楼层服务员报总台该客人入住的房间布草被污染。收银员礼貌地告知该客人后，该客人表示不满，称被污染的布草在他入住时就有污染，拒付布草赔偿款。值班经理在接到投诉后，立即到前台与该客人进行沟通，并与客人一起到房间进行实地观察，到房间后发现该房间的床上、墙上都有新的被吐酒污染的痕迹，如果真如客人所说，是他入住前污染的，那他就不会在宾馆连住两天。很显然，布草的污染确是该客人所为。

经过耐心与客人进行沟通，得知客人在入住第二天因醉酒污染了布草，但因害怕赔偿而没有声张，想在退房时蒙混过关。值班经理在了解详细情况之后，耐心地向客人解释："我们宾馆是不可能将脏房出租给客人的，同时客人在入住时也是不可能住脏房的，所以您必须对污染的布草进行赔偿。"

该客人见此也无话可说，只好按原价进行了赔偿。

思考：谁应该为污染的布草埋单？

名人名言

一个人对人民的服务不一定要站在大会上讲演或是做什么惊天动地的大事业，随时随地，点点滴滴地把自己知道的、想到的告诉人家，无形中就是替国家播种、垦植。

——傅雷

知识拓展

卫生间的消毒工作

一、常用的消毒方法

（1）通风与日照。室外日光消毒，室内采光、通风。

（2）物理消毒。高温消毒：煮沸消毒法，蒸汽消毒法。干热消毒：干烤、紫外线消毒。

（3）化学消毒剂消毒。浸泡消毒法：氯亚明、漂白粉、高锰酸钾、"84"肝炎消毒液、TC-101等。擦式消毒法：房间、卫生间。喷洒消毒法：空气清新剂、"杰雪"消毒剂。

二、客房卫生间消毒管理制度

本制度适用于客房卫生间的清洗、消毒工作，客房服务人员均应熟知本制度并遵照执行。

（1）所有客房卫生间设施必须在客人退房后进行彻底清洗消毒后才能重新投入使用。

（2）客房卫生间设施的清洗、消毒工作由客房服务员负责。

（3）清扫基本程序：从上到下，从里到外。

（4）清洗消毒设备要求：①药物喷壶。②五块抹布：镜子墙壁一块、面池一块、浴缸一块、马桶一块、地面一块，五块抹布要有明显的标记。

（5）消毒工作要求：客房卫生间公用设施（面池、浴缸、马桶）消毒采用含氯消毒剂喷洒消毒，服务员在对设施初步清洗后使用喷壶喷洒消毒药物，保持10分钟后方可进行擦拭。

（6）消毒药物由消毒间负责人进行统一配制、发放，须选有卫生许可批号的消毒药品。

（7）消毒后面镜、浴缸、马桶应达到无污迹、无水痕、无异味，马桶要有消毒标记。

（8）卫生间清洗消毒用抹布要分别存放于工作车内不同的位置，抹布之间不能形成交叉污染，抹布在使用后要经药物浸泡消毒后再行使用。

三、酒店卫生间洁具常识

1. 坐便器（坐厕）

（1）依水箱与坐便器连接方式可分为高位、低位和连体三种。高位是传统方式，现除蹲厕外均已不采用此方式。低位这种方式经常被医院及学校所采用，因为水箱与坐便器是分离的，没有衔接缝隙因而积尘，可以彻底清洗干净。连体式是水箱紧靠在坐便器之上，外形较美观。另有水箱与坐便器一体成型的单体坐便器。

（2）依排水方式可分为冲洗式与虹吸式。冲洗式，水箱里的水利用重力（地心引力），将排泄物排除同时将坐便器冲洗干净。虹吸式是由两个S形弯管组成，利用重力及吸力来完成清洁工作。

（3）依出水位置可分为后去水及地去水。后去水式便于清洁保养，通用于欧洲、中国香港。它又可分为高嘴与低嘴。地去水式固定之后较难维修与清洁，但外形较美观。

（4）水箱：依水箱开关可分为手把开关、按钮式开关及拉式开关。

手把开关是英国标准方法。往下按，运用杠杆原理拉开塑胶桶的隔膜，利用虹吸原理将水灌满塑胶桶后再冲出，达到清洁的效果。按钮式开关，按下按钮之后，通过一系列的杠杆动作，拉开出水孔的活塞，流出定量的水达到清洁的效果。依进水方式可分为侧来水、下来水及后来水。

（5）坐便器种类有连体式、低位、半靠墙式、靠墙式、隐藏式水箱及挂墙式。隐藏式水箱容易清洁，靠墙式与挂墙式多流行于欧洲大陆。

2. 面盆

面盆款式可分为台面盆、半台面盆、台底盆、立式盆（连柱盆）、半立式盆（半柱盆）和挂墙盆。

3. 妇洗器（下身盆）

由于卫生及健康的原因，妇洗器现都将龙头安排于边上。

4. 商业式公共场所产品

此类产品包括尿盆（尿斗）、洗涤盆（锌盆）及淋浴盆（企缸）。

5. 浴缸

依材料主要分为三种：钢板缸、铸铁缸、压克力玻璃纤维缸，此外还有 IDEALCAST。

四、卫生间清洁注意事项

卫生间的清洁工作主要包括地面、墙面、门窗、天花板、隔板（隔墙）、卫生洁具及其他室内设施的清洁等，可分为每日常规清洁和周期性大清洁两种。每日常规清洁的次数可根据具体人流量和标准要求而定，一般每日至少清洁一次；周期性大清洁可根据具体情况拟订计划，一般可每星期、每半月或每月安排一次。

（一）清洁标准

（1）天花板、墙角、灯具目视无灰尘、蜘蛛网。

（2）目视墙壁干净，坐便器、小便器等卫生洁具洁净无黄渍。

（3）室内无异味、臭味。

（4）地面无烟头、纸屑、污渍、积水。

（二）卫生间的每日常规清洁

卫生间常规清洁的主要内容是按清洁质量标准进行地面的清扫、卫生洁具的清洁、用具的擦洗等。

清洁程序包括准备工作、放水冲刷马桶、收集废弃物、清洁盥洗器具、清洁马桶及其他设施、清扫地面、检查及整理。

卫生间的清洁一般应从左到右、从上到下、从里到外依次进行，对于单个器具的清洁，应按先内后外再对各附件进行清洁的顺序进行。

（三）卫生间的周期性大清洁

卫生间的周期性大清洁是指在每日常规清洁的基础上有计划地定期对卫生间的墙面、门窗、天花板、隔板（隔墙）、灯具及通风设备等进行清洁。

（四）清洁卫生间注意事项

（1）卫生洁具多为陶瓷制品，禁止使用碱性清洁剂，以免损伤瓷面。

（2）卫生洁具容易破碎，清洁时不能用工具的坚硬部分撞击，也不能让重物落下因冲击而致使卫生器具破损。

（3）使用洁厕剂和其他刺激性清洁剂时，应戴橡胶手套，以防止损伤皮肤。

（4）一旦发现卫生洁具或排水管道堵塞，应立即疏通。疏通时，应根据堵塞的严重程度和堵塞的部位采用相应的办法，及时疏通。

（5）如果发现卫生洁具损坏，管道、阀门、水龙头漏水，应及时报修。

由于清洁工作的疏漏或使用日久，卫生间的卫生洁具、墙身或地面极易积有粪垢、尿渍、水锈和污垢，故必须定期进行去污除垢工作，以保证卫生间保持良好的卫生状况。

职业能力训练

1. 单选题

（1）不能用于去除油脂类污渍的洗涤剂是_____。（　　）

A. 汽油　　　　　　B. 四氯化碳　　　　　　C. 松节油　　　　　　D. 香蕉水

（2）擦拭（　　）时应注意使用干抹布，切勿使用湿抹布。

A. 房门　　　　　　B. 酒柜　　　　　　C. 梳妆镜　　　　　　D. 台灯、镜灯

2. 多选题

（1）饭店公共区域管理人员的清洁卫生检查，白天应以（ ）为重点。

A. 督促工作　　　　　　　　　　B. 了解员工的工作状态

C. 是否正确使用清洁剂　　　　　D. 是否正确使用清洁工具

（2）服务清洁客房时，正确的是（ ）

A. 知道房间内无人时，服务员可以不敲门进入房间

B. 整个清扫过程中，房门必须始终敞开

C. 应严格按房间号码顺序清扫房间

D. 清扫完毕后应自我检查一遍

3. 填空题

（1）客房消毒的内容包括（ ）、（ ）、（ ）三类。

（2）客房的卫生质量，一般说来包括两个方面：一是（ ）；二是（ ）。

👍 观念应用训练

请回答下列问题：

1. 如何正确开启空调？

2. 如何对多种不同类型和房态的客房进行清扫？

👍 情景模拟训练

谁动了我的化妆水

晚 19 点左右，2509 房间的王小姐气冲冲地到大堂经理处投诉，说她放在房内电视机旁的一个黄色塑料袋以及装有化妆水的矿泉水瓶不见了，要求大堂经理给她一个说法。

经调查，造成投诉的原因是：打扫王小姐房间的清扫员在整理房间时看见塑料袋是空的，误以为客人不要了，就收出了房间并放在了工作车上，因为矿泉水瓶内的水不多了，就把瓶内的水倒掉后将瓶作为可回收废弃物处理了。了解了事情经过后，客房部主管向客人表示，部门以后要加强对员工的培训，将此案例记录存档，在班会时传达确保不再发生此类事件。大堂经理征询了客人对此次事件的处理意见（因为化妆水已经倒掉了），客人也表示了理解，不再深究。

阅读上述案例，分析打扫客房时应注意哪些问题？

👍 **思维拓展训练**

是否一定要按顺序打扫

住在410房的两位客人黄先生和李先生上午刚抵达杭州，经朋友介绍下榻到这家酒店。早上8点，他们接到客户电话说过来谈一笔生意。

挂断电话后，黄先生说："杨副总还有半小时便要到达，房里还是乱七八糟的，请服务员快来打扫吧。"

黄先生开门出去找楼层值台服务员时发现，一辆服务车已停在401房外面，401房的门敞开着，显然服务员已经开始在那儿做客房清洁工作。

黄先生来到401房，说明情况后请两位服务员立即打扫410房。

两位服务员听到他的要求后却说："我们每天打扫房间都是按规定的顺序进行，早上8点开始打扫401房，然后是403、405等，先打扫单号，接着才是双号，打扫到410房估计在10点左右。"

"那么能不能临时改变一下顺序，先打扫410房呢？"黄先生问道。

"那不行，我们的主管说一定要按规范中规定的顺序进行。"服务员断然拒绝了黄先生的要求。

阅读上述案例，如果是你遇到这种情况，你会怎么做？

任务三　铺床技能实训

任务目标

通过本次任务实训，让学生树立规范化、程序化、标准化服务意识；培养学生服务效率高、准确无误的基本素质。

项目任务书

任务名称	铺床技能实训	任务编号		时间要求	
训练要求	1. 了解中、西式铺床的物品准备 2. 掌握中、西式铺床的操作程序和标准				
培养能力	1. 熟练掌握中式铺床的操作规程 2. 熟练掌握西式铺床的操作规程				
涉及知识	西式铺床技巧，中式铺床技巧，窗户的清洁、木制家具上光、铜器抛光、翻转床垫、清洁空调网、冰箱除霜、地毯清洁、抽洗沙发				
教学地点	教室、机房	参考资料			
教学设备	客房标准间				
训练内容					
中式、西式铺床的技能					
实训成果评价标准					
具体打分方式参见后面附表					

引导案例（情景导入）

没人打扫的房间

　　某日，708房的客人外出回到房间，看到房间仍旧乱七八糟，生气地打电话到管家部："我早上就打电话通知你们打扫房间，怎么到现在都没人来清洁，五星级酒店就是这样的工作效率吗？"文员连忙向客人表示歉意并向主管报告了情况。主管将打扫房间的事情安排完毕之后，对客人投诉进行了调查。原来早上客人曾经打过电话要求清理房间，文员在接到电话之后通知了7楼服务员小段，由于不是小段打扫这间房，应该打扫708房的小赵去了6楼，小段收到通知后，又告知6楼的另一名服务员小张，让她去通知小赵马上去打扫708房。可是小张去找小赵时，小赵吃饭去了，小张没有找到人，也没及时回复小段。三名服务员都没有想到708房一直没有人去打扫，两个半小时过去了，客人回来了，于是发生了之前客人投诉的一幕。

　　思考：通过本案例分析如何做好沟通。

![知识链接]

一、中式铺床

（一）中式铺床的操作过程

1. 铺第一层单

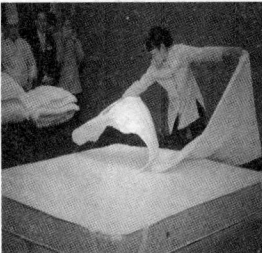

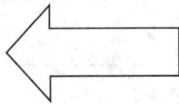

甩单、定位：一次到位，床单毛边向下，床单中线不偏离床的中心线

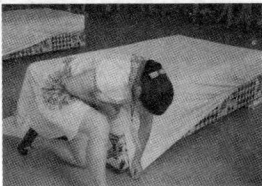

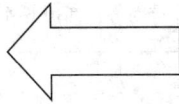

包角：可包直角，也可包45度角，但四个角的式样与角度需一致，角缝要平整、紧密。床角两侧塞进床垫部分约15公分，平整无波纹，床头床尾塞进床垫部分约15公分，要求平整无波纹

2. 套棉被

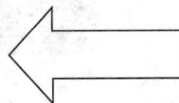

被套一次抛开，正面向上，开口在床尾

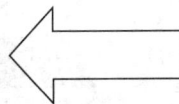

将被芯压入被套开口中，从开口处将两手伸进被套内，用被套外角抓住被芯的两角，用力向内抖动两下，把棉被芯装进被套2/3，顺势将被面正面朝上把装好部分抛向床头方向，然后把剩下的1/3装进被套，固定好两角，然后用力将棉被整体向上抖动两下，使棉被芯在被套里完全展开

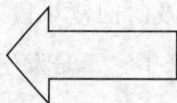

把封口绳结头朝内打结，不露绳头

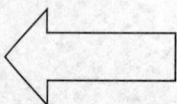

整形：调整棉被位置，使棉被床头部分与床垫床头部分空余10厘米，将棉被床头部分翻折30厘米，棉被与床头的距离是40厘米

床尾式样、角度一致、美观，包不包角均可

3. 套枕头

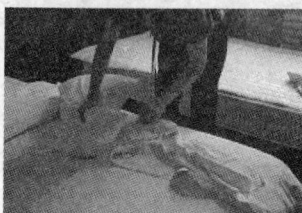

四角饱满，枕芯不外露，枕头外形平整、挺括

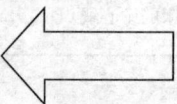

放枕头：枕头居中，枕头边与床两侧距离相等，枕头开口处与床头柜方向相反

中缝对齐，两边下垂相等，床尾下垂约1厘米

注：包边包角的动作要领：

顺时针，逆时针；

站床侧，抬床垫；

一手抬，一手包；

先短边，后长边（或先长边，后短边）；

沿短边，提起线；

多余进，落下线；

包一角，包一边；

四十五，九十度；

不跑动，不绕床。

（二）操作要求

（1）操作时间3分钟，节约、超过每1秒，加或扣0.1分。

（2）铺床过程中不能跑动，每违例一次扣2分。

（3）铺床过程中不能跪床，每违例一次扣2分。

（4）操作轻松、潇洒、有节奏、不忙乱、不重复。

（三）中式铺床所需物品规格及数量

（1）比赛用床的规格：110×200×44（厘米）1张。

（2）床上用品的规格为：

床单275×200（厘米）×1条；

枕芯45×75（厘米）×2个；

枕套50×80（厘米）×2条；

被芯规格自定×1条；

被套规格自定×1条。

（3）色彩：不做统一要求，但自备物品之间应协调。

（4）布草质量：符合行业标准的要求。

附表　中式铺床评分表

选手编号：　　　　　　　　　　　　　　　　　　　　　选手姓名：

项目	要求细则	分值	扣分	得分
抛单定位	一次抛单定位（两次扣2分，三次及以上不得分）	6		
	不偏离中线（偏2厘米以内不扣分，2~3厘米扣1分，3厘米以上不得分）	4		
	床单正反面准确（毛边向下，抛反不得分）	2		
包角	包角紧密平整，式样统一	4		
	床单两侧塞进床垫部分不少于15厘米（每侧1分）	2		
	床头、床尾塞进床垫部分不少于15厘米（每边0.5分）	2		
套被套定位	被套一次抛开（两次扣2分，三次及以上不得分）、平整	6		
	被套正反面准确（抛反不得分）	2		
	被套开口在床尾（方向错不得分）	2		
	棉被一次抛开（两次扣2分，三次及以上不得分）平整	4		
	一次收回压入被套内做有序套被操作（两次及以上不得分）	4		
	抓两角抖开棉被并一次抛开定位（整理一次扣2分，类推），被子与床头平齐	6		
	被套中心不偏离床中心（偏2厘米以内不扣分，2~3厘米扣1分，3厘米以上不得分）	4		
	棉被在被套内四角到位，饱满、平展	4		
	棉被在被套内两侧两头平	3		
	被套口平整且要收口，羽绒被不外露	3		
	被套表面平整光滑	2		
	棉被在床头翻折30厘米，棉被与床的距离是40厘米（每相差2厘米扣1分，不足2厘米不扣分）	3		
	两侧距地等距（每相差2厘米扣1分，不足2厘米不扣分），尾部自然下垂，尾部两角应标准统一	4		
枕头（2只）	四角到位，饱满挺括	4		
	枕头边与床头平行，开口方向与床头柜方向相反	4		
	枕头中线与床中线对齐（每相差2厘米扣1分，不足2厘米不扣分）	3		
	枕套无褶皱，表面平整，自然下垂	2		

续表

项目	要求细则	分值	扣分	得分
违例	铺床时，选手不能跑动、跪床，物品不掉地，铺床次序和两床位置不得调换，每违例1次扣2分			
综合印象	总体效果：三线对齐，平整美观	5		
	操作过程中动作娴熟、敏捷，姿态优美，能体现岗位气质	5		
合计		90		

选手跑床、跪床、撑床　　次　　　　　　扣分：　分

实际得分

二、西式铺床

（一）西式铺床前应了解的理论知识及操作标准

1. 西式床的构造、规格

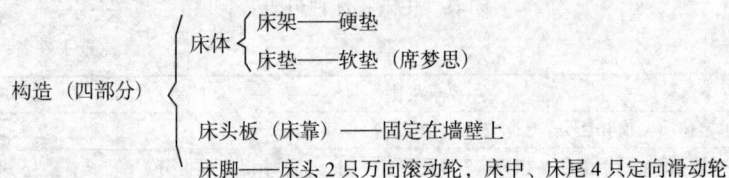

构造（四部分）
- 床体
  - 床架——硬垫
  - 床垫——软垫（席梦思）
- 床头板（床靠）——固定在墙壁上
- 床脚——床头2只万向滚动轮，床中、床尾4只定向滑动轮

规格	单人床	双人床	考核、竞赛用床
长	2米		
宽	最小0.9米 标准1米 流行1.1米或1.2米 豪华1.3米	最小1.35米 标准1.5米 最大2米	1.1米
高	400~500毫米，多为440毫米		

2. 床上用品的种类、数量、规格要求、折叠方法

种类		数量	规格
护垫		1条	大小与床垫相同
床单	垫单、褥单	2~3条	白色全棉 长=床长+60厘米以上 宽=床宽+60厘米以上
	盖单、衬单		
	护单		
毛毯（或薄被）		1条	全毛西式素色
枕芯		2只	1只羽绒、1只木棉或2只弹力 长=60~70厘米 宽=45~50厘米
枕套		2只	白色全棉 长=枕芯长+20~23厘米 宽=枕芯宽+5厘米

续表

种类	数量	规格
床罩	1条	定型或不定型 长=床长+床高+50~60厘米 宽=床宽+2床高
床裙	1条	选择使用

3. 铺床操作

（1）铺床。按照一定规格和操作程序铺好床上用品。

（2）中式铺床。按照中国的民族特点和生活习惯整理床上用品。

（3）西式铺床。以西式规格的床上用品，使用西式席梦思床，按照西式铺法进行整理。

4. 西式铺床的操作步骤和环节

4个步骤：

（1）铺垫单。

（2）铺盖被。

（3）套枕套。

（4）铺床罩。

12个环节：

甩单、包边、包角/铺单、盖毯、包边、包角/装芯、封口、放枕/定位、罩枕。

（二）西式铺床操作过程

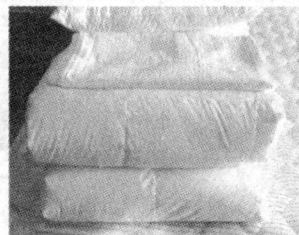

将床拉离床头板，弯腰用力拉床，使床离开床头板60厘米

清理床垫：清除床面杂物，整理被褥

铺第一张床单：将叠好的床单拿到床上，注意翻看正反面，站在床尾甩单，用两手抓住床单一边，一次甩单定位，不偏离中心线，正面向上

包边角：将第一张床单四边四角包入床垫下，床两侧塞进床垫部分不少于15厘米，床头、床尾塞进床垫不少于15厘米，四角呈90°或45°

铺第二张床单：将叠好的第二张床单拿到床上，注意正反面，甩单与铺第一张床单的方法一致，中线居中，与第一张床单中线重叠，反面朝上，第二张床单多出床头20厘米即可

铺毛毯：将毛毯甩开一次到位，不偏离中心线，毛毯商标在右下方，毛毯卡齐床头

铺护单：与铺第一张床单方法一样，护单毛毯对齐

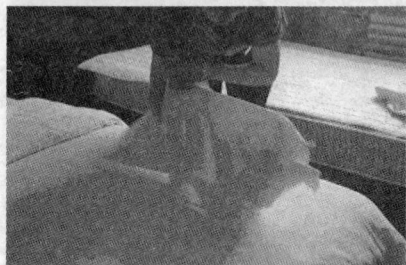

包边角：将第二张床单反折于毛毯、床单之上，再将第二张床单、毛毯、护单一起反折30厘米，将护单、毛毯、第二张床单一齐包进床垫下，包边包角与第一张床单包边包角方法要求一样

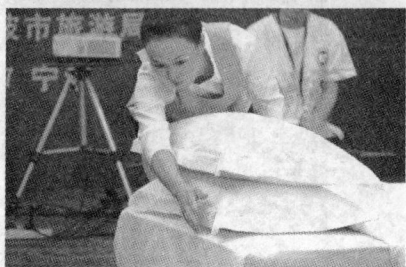

将枕套抖开平放在床上，将平整饱满的枕芯对折，右手抓住枕芯两端，左手将枕套口从中缝提起，使开口分开，两手合力将枕芯装进枕套，两手抓住枕套口边提起用力抖动，使枕芯全部进入枕套，封口，将枕头放置床头中间，开口方向与床头柜方向相反

铺床罩：将床罩盖在床上，床罩与床垫边线重叠，床罩盖没枕头不露白边，床罩多余部分要塞入两个枕头中间的底部，床尾两角垂直、挺括，外形平整美观

将铺好的床推至原位

1. 操作标准要求

三次甩单力均匀（甩开垫单、盖单、毛毯时用力均匀）；

两次包角紧而平（垫单包四角、盖被包两角要拉紧压平）；

四线重叠定位准（垫单、盖单、毛毯、床罩的褶线相叠、位置居中）；

四理床面平而挺（垫单、盖单、毛毯、床罩要保持床面的服帖、平整、挺括）。

2. 操作时间要求

竞赛标准为2分30秒；考核标准为3分钟。

3. 操作常规要求

（1）站位：床侧——1/2近床尾处；床头尾——居中。

（2）移动：床头移至床尾时三步到位；不跑动；只走三面不绕床（床头尾及站位一侧）。

（3）违例动作：跪地——应屈膝下蹲；跪床——抛单、抛毯时膝盖不顶碰床垫；手按床垫或在床面上抹平等。

4. 训练中应注意的问题

（1）注意操作站位。

一般惯例操作中只走三面，即床头、床尾和其中一侧。一侧的选择有两种可能：一种是近床头柜一侧；一种是近墙一侧（窗墙或靠卫生间墙）。实际操作中，应优选近墙一侧行走，否则的话，在床头与床侧之间的床头柜将造成操作时的"跨栏动作"。既不方便又易绊倒或碰脏床单。只有在房间面积过小，铺靠卫生间一张床时，因床、墙之间距离过小无法操作，则站在两床之间的过道上，即近床头柜一侧进行操作。

（2）注意动作的规范。

操作中常出现以下一些不规范动作：抛单时膝盖顶床垫、抛单前缺抖单动作、包边时侧面手塞、为了平整手抹床面、操作中手按床、腿跪床、跪地、绕床跑等，这些动作不仅影响操作形象，也造成做床质量下降、速度减慢。在训练中应事先预防、及时发现、严格要求、耐心纠正，强调动作的规范性，不允许以上动作出现。

（3）教学与饭店实际的差别。

在饭店的实际工作中，会发现有些服务员的操作与在校所学方法不尽相同，差别之处有些是合理的，有些则是不允许的。如两层床单与毛毯三层一起包，这种做法看似省时省事，但不足取，因为客人使用后就会发现其不舒适。此例说明：教学中不可能面面俱到，以后的工作中要注意继续学习，要学会分析，要明白哪些是合理可取的，哪些是不规范应避免使用的。

（4）注意铺床方法的改进和变化。

铺床的方法会随着床上样品的更换、客人要求的变化而变化。如用薄被和被套代替原先的盖单和毛毯，不用床罩；轻柔的薄被替代较厚重的毛毯，但西式铺床方法不变；为方便一些不习惯于西式铺床的中国客人，在床面的床尾处将毛毯"S"形折叠10~15厘米再包边包角，让客人睡眠时放脚之处感觉宽舒；天冷时，大多数饭店增加一条薄被，将其放在客房的壁橱内或其他柜内，供客人自己取用，但也有些饭店将薄被直接加盖在毛毯上，再铺上床罩。

（5）注意训练中的综合利用。

铺床操作训练不应该是单一孤立的内容、项目，可以把相关的内容糅合融会训练。如撤床时，学会床单、枕套、毛毯、床罩的常规折叠方法和竞赛时的技巧允许折法；撤床时，训练做夜床的方法，要求学生撤走床罩后，先练习做夜床，夜床做完检查合格后再把床撤掉重铺。

（6）注意良好习惯的培养。

西式铺床的教学、训练不仅教会学生一种技能，同时也应让学生在学习过程中注意一些良好习惯的养成。如操作中动作简捷、不重复、不琐碎；操作中不慌乱、忙中不急、有条不紊；操作中动作幅度不宜过大、在床头操作时站位不要大于60厘米（因为拉床后床头与床头板的距离一般约为50厘米）；操作中注意姿势的优美、自然有礼貌，应考虑到实际在饭店操作时有可能客人在房内。

（7）注意学生综合素质的培养。

西式铺床的训练体力消耗大、劳动强度大，重复训练易产生枯燥无趣的感觉。训练中必须同时注意培养吃苦耐劳、不厌其烦的良好素质。作为一名客房服务员，以后的工作岗位上需要你默默无闻地辛勤工作，日复一日地单调重复这些动作，就是要耐得住寂寞。清扫客房，每天正常的工作量仅铺床一项至少需铺20张以上，何况清扫程序中还有其他的项目都要求在上午去完成。因此，课堂上的训练远没有达到工作时的强度。

服务流程

铺垫单→铺盖被→套枕套→铺床罩。

应用案例

不见了的书

2013年5月29日中午12点15分，701房间的客人在总台大发雷霆，对饭店让其赔书一事大为恼火。大堂经理、客房服务员和客人一起对701房间内物品进行了核对，就是找不见配在写字台上的一本价值30元的书。客人说："确实没有见，可能是服务员忘记配了。"而清洁该房间的服务员说"确实配有该书"。服务员与客人争执不下，客人坚持要让服务员搜查其随带行李。大堂经理小孙再三劝说而无法让客人平息怒火，但又不能搜查客人行李。大堂经理立即向上级请示，上级根据情况指示大堂经理通知总台服务员做出免赔处理，事后，客房部逐级查问701房间的书是否配上，但服务员、领班、主管均证实配了该书。

阅读上述案例，思考到底是哪里出了问题？

名人名言

我们为祖国服务，也不能都采用同一方式，每个人应该按照资禀，各尽所能。

——歌德

知识拓展

一、铺床综合操作技能步骤

（一）铺垫单

1. 抛单（甩单）

（1）站位：床侧；床头尾。

（2）床侧抛单动作：

扔开：抓住两头，一次抛开，长条平摊在床上。

抓单：两手相距80~100厘米，基本居中，抓住正面向上的一侧床单边。

抖单：手腕抖动，床单不离床面，四层抖散。

抛单：向前下方抛出，利用手臂适当的力量控制方向。

定位：床单落下时，轻拉至床单中线居中位置，一次成功。

（3）要求：正面向上；中线居中。

一次成功，床单把床尾两角完全罩住；床单盖住床面2/3以上。

（4）操作注意事项：事先准备时，注意床单摆放的开口方向，心中有数。

手抓单位置，不偏向一端。

不漏抖单动作；抓、抖、抛三动作连贯不停顿。

抛单用力均匀，太高落下慢、内充空气不平整；太轻不到位。

用身体的前倾后仰调节中线，不下蹲。

中线不到位时手不可松，拉过时再抛一次，不跑动拽拖床单。

不过多把床单拉至床头，以防床尾不够。

（5）训练要求：动作连贯，用力均匀，一次到位，床单正面向上。

强调"扔、抓、抖、抛、落、定、松"的抛单动作。

注意"快、快、慢"的节奏。抖单要快；抛单要稳；定位要慢；走步要轻。

包角：

包角式样：①根据角的位置可分为床头尾包角、床侧包角。②根据角的形状可分为：90°直角、45°信封角。

2. 操作步骤［包床头（尾）的90°直角］

（1）从床头甩单站位的对面一侧开始包角。

（2）一手抬垫、一手将床单侧边塞入床垫。

（3）抬垫的手落下抽出，并抓住床单在床侧边线的延长线处适当位置，向上靠头（尾）处拎起。

（4）另一只手在45°处在床垫下将床单塞进少许固定。

（5）拎起的床单落下，整理成直角。

（6）多余床单塞入两垫之间。

（7）同样方法包好床头另一只角。

（8）三步移位至床尾。

（9）同样方法包好床尾两角。

省时、保质的几项要求：

（1）动作不重复：定位时中线不到位，床单不落手；到床头一次拉到位；包角时四动作，每动作只做一次。

（2）动作连贯：抖单甩单两连贯；包边落下与拎单连贯；三步移位与包另一侧边连贯。

（3）质量到位：包边弧线拉紧；包角抬垫时手捏下角定位；抬垫落下后松手。

（二）铺盖被

1. 铺单

站位与第一条床单相同；抓单与第一条床单相反（反面向上）；抖单、抛单、定位中线与第一条床单相同；床单超过床头 25 厘米。

（操作时间在 10~12 秒完成）

2. 盖毯

站位——床头、床尾、床侧均可。

注意：原则上应与铺床单时站位相同；应要在抛毛毯处撒、折毛毯，否则毛毯商标易错。

抛毯——一次成功。

要求：盖住床尾，盖住床面 2/3 以上，商标位置正确。

定位——中线居中（毛毯无明显中线，可根据两侧下垂部分判断）。床头与毛毯头平齐。

3. 翻边

规格——25~28 厘米。

要求：床单包紧毛毯边缘，翻边平直，侧面不折卷、不起皱。

4. 包边

抬垫时手抓位——垫单包角处。

抬垫高度——10~15 厘米。

打被头侧边位置——床单与毛毯交接处。

5. 包角

与垫单包角式样、角度一致。

铺盖被时的注意事项：

毛毯折叠要求：商标在床尾上面可看到；站位与抛毛毯时站位相同；纵向一折三成"S"形三层；横向一折四或一折五。

铺垫单是基础：

当头尾不均匀时，可能出现如下情况：

（1）床头床单短时，包毛毯会造成床头松散；床尾床单短时，拉盖单时易使垫单卷上。

（2）当中线偏离正中时，侧边不易包紧，第二条床单中线难以确定。

保证垫单、盖单正反面不错的方法：

（1）不同折叠：第一条床单正面向外折叠、第二条床单反面向外折叠，开口处朝向自己，均拿取第一层。

（2）相同折叠：两条床单均反面向外折叠，摆放时不同：第一条床单开口向外、第二条床单开口向里（先人后己），均拿取第一层。

翻被头时的注意事项：

（1）平：两边与中间平齐；床面与床侧平齐；整个被头平整不起泡、不起皱。

（2）直：被头不歪斜。

（3）紧：包侧边时手在毛毯、盖单交接处打入，落下后轻轻放垫。

（三）套枕套

1. 装枕

方法一：枕套分别放在枕芯上；两只一道分别放在床尾处；两手撑开袋口，平铺在床面毛毯上，打开袋口成"△"形（距床侧边 10~15 厘米）；手抓住枕芯前 1/3 处，对折压在枕套上，前端距袋底 1/3 长；枕芯在后 1/3 处弯曲，中间较细处先滑压进袋；另一只手抓住袋口打开的"△"上端中线处；左右手同一直线相反方向用力套入；两手提起枕套抖动，将枕芯装入枕套底部。

方法二：两手抓住套口两侧；从枕芯底端开始套住；向自己身体一方拉动至套住 2/3 以上枕芯；提起抖动，将枕芯完全装入。

2. 封口整形

将多余枕套塞入，封住袋口，不露枕芯。

3. 放枕

套好的枕头放在合适的位置上。

4. 方向

单人床枕套开口方向与床头柜相反。双人床枕套开口互对。枕套两单层在下，即包住枕芯的大边在上。

5. 距离

两枕角与床头平齐。枕头压住被头 10 厘米。枕头中线居床的正中。

套枕时的注意事项：

（1）动作规范，掌握节奏不忙乱。

（2）抓位准确：右手抓枕芯距上 1/3 处；左手抓枕套开口中线处；两手封口抓枕芯边缘处。

（3）整理到位：枕套不扭；枕角不空；袋口不散。

（4）放枕认真：随手丢放将给下一步操作罩枕造成质量障碍；动作幅度大易使袋口散开露出枕芯；手抓枕部位不好影响枕头外观。

注意：开始学习套枕套时，要淡化速度意识，开始图快就会动作不规范、质量不稳定，一旦养成习惯很难纠正；注意纠正多余的琐碎动作，高效率来自动作的简捷；手忙脚乱质量也乱糟糟；有条不紊枕头也有棱有角，美观漂亮；放枕时拎角方向及手法要正确。

（四）铺床罩

1. 折叠床罩的方法

（1）将床罩按头尾正确方向平铺在床上，两侧离地均等，床尾离地 1 指。

（2）将床罩头部拉至与床尾平齐。

（3）将折叠后的双层夹层边缘处再次拉至与床尾平齐。

（4）将床尾落下的部分床罩上折，折线与床尾边缘平齐。

（5）将两侧落下的部分床罩上折，折线与床侧平齐。

（6）左右对折。

（7）将折好的床罩摆放在工作台上，摆放时注意方向性，靠近自己身体的一侧在床尾朝向。

2. 铺床罩的方法

（1）双手握住床罩靠近自己的两侧，放在与床侧平齐的位置拉至与床尾平齐。

（2）打开两侧和床尾的床罩。

（3）观察两侧是否相等，床尾处是否离地1指，不合要求时进行调整。

（4）抓住反折过来的床罩头部，两手与床等宽，轻轻抖动送出到合适位置。

（5）下蹲，手捏床罩在床面折线的延长线底边处，打出尾角。

（6）走至床头，站立正中处。

（7）挪动枕头，靠在腿部。

（8）将床罩在合适位置处折线定位（约距床头30厘米）。

（9）放枕（左右等距，枕角与床头平齐，枕套开口与床头柜相反，大边向上）。

（10）将床罩盖住枕头，不露白。

（11）两手提拎上面的枕头枕角处，轻轻提起，使多余部分床罩拉平。

（12）在1/2略下处将多余床罩塞入两枕之间，打出枕线中间部分。

（13）将两侧床罩理顺，使枕线美观。

（14）观察床面，如有不平整，在床面与下枕的床罩处轻塞，使其服帖平整。

（15）注意检查床头第一条床单是否松散，如有此情况，整理塞入。

训练要求：

（1）定位准——中线不偏离、不歪斜，底部不落地、不吊起；正确位置：三面等距，离地1指（1~2厘米）。

（2）床面平——不起皱，平整服帖。

（3）尾线直——尾线与床侧平齐，不撇开、不缩进。

（4）枕线挺——不松空、不歪斜。

（5）平齐——不中间小两侧大；不中间大两侧小；不中间直两侧后缩或两侧前移；不上下两枕成梯状，也不下枕缩内；枕线清楚美观、两侧理顺。

二、客房计划卫生之一

（一）窗户的清洁

（1）清洗窗帘前先拆取窗帘中的附件（如窗钩等），而用来装饰窗帘的一些小吊球均是用手工编织带丝质类的工艺品，一般情况下不需用水洗，只需用湿布抹去灰尘即可。

（2）清洗时的水温控制在30℃以下。装饰布的国际标准缩水率为3%，所以布帘在清洗前不需要用水浸泡，以避免造成严重的缩水现象。而洗涤的时间尽量控制在30分钟内，避免用烈性的洗涤剂。

（3）布帘均是用颜料通过不同的工艺生产出来的。均有轻微掉色的可能性。特别是色牢度较差的红色和黑色。所以在洗涤时应把不同的布料分开清洗，以避免相互染色。

（4）一些较薄的窗帘产品（尤其是窗纱中的玻璃纱类），不能用洗衣机甩干。清洗时可用已溶解的洗衣粉（肥皂）水泡一泡，冲洗干净后再拿起来在阴凉的地方晾干（不能放在阳光下暴晒）或直接挂上即可。

（5）罗马帘尽量拿到干洗店干洗。因为罗马帘对窗型的尺寸要求比较严谨。如果水洗可能会产生变形或缩水的现象，但干洗就会有定形这环节，可以避免水洗产生的问题。

（6）遮光布不能直接放到洗衣机里清洗。因为这样会把遮光布后面的涂层洗得星星斑斑。最佳的清洗方法是拿一块湿布（或蘸上一些肥皂水）直接抹擦即可。

（7）竹帘、木帘虽然在出厂前已经经过防潮处理，但仍然要预防潮湿的液体和气体。所以在清洁时切忌用水，一般用鸡毛掸或干布清洁即可。

（8）卷帘、百叶窗、垂直帘、百折帘和风琴帘的清洗方法相对比较简单一些。可直接用湿布抹去灰尘，必要时还可以在水中加一些中性的清洁剂即可。

（二）木制家具上光

1. 除尘

要经常除尘，因为灰尘每天都会摩擦实木家具的表面。最好使用干净的软棉布，如旧的白T恤或婴儿用棉布等。切记不要用海绵或餐具清洁用具擦木制家具。除尘时请使用浸湿后拧干的棉布，因为湿棉布能减少摩擦，避免划伤家具，同时还有助于减少静电对灰尘的吸附，利于清除家具表面的灰尘。但应避免水气残留在家具表面，建议最好用干棉布再擦一遍。

2. 清洁

为了除去家具表面由空气中的污染物、做饭时的油烟、操作时的污迹以及上光时的残余物所导致的痕迹，建议使用专用的家具清洁剂。这种溶剂还可以帮助去掉多余的蜡，也不会产生任何其他不良反应。

3. 蜡

除了经常除尘外，木质家具表面有时也要靠上蜡进行进一步的保养，以增加外观的美感。我们建议使用专用的纯木家具上光蜡对家具进行定期保养。此外，一定不要选那些含有硅树脂的上光剂，因为硅树脂不仅会软化从而破坏涂层，还会堵塞木材毛孔，给修理造成困难。虽然经常上蜡对涂层没有伤害，但建议一年上光1~2次。过度上蜡也会损伤涂层外观。

上蜡程序如下：

（1）将上光蜡涂在一个干净的白色软布上，最好是纯棉等天然纤维。请节约使用上光蜡，因为只需少量上光剂就可以使家具保持较长时间美观。

（2）顺着木材纹理的方向将上光蜡擦到家具上。用软布的另一面，如果有必要，也可以用另一块软布擦掉家具表面多余的上光蜡。

（3）上蜡过程要避免过度摩擦。过度摩擦实际上是有害于无光层的，严重时会导致家具表面光泽不均匀。

（三）铜器抛光

1. 准备工作

专用抹布和专用抛光剂。

2. 具体操作

（1）将抛光剂摇匀，均匀涂在抹布上。

（2）将抛光剂均匀涂抹在铜器上两分钟。

（3）两分钟后，用干净抹布擦拭。

（4）将所有抛光剂擦掉并进行抛光使其表面光亮。

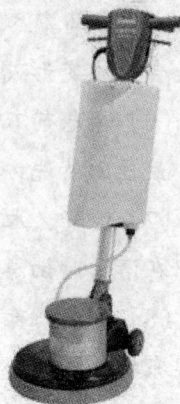

3. 标准

明亮、光洁、无手印、无任何斑点。

4. 注意事项

（1）不可以用铲刀铲除铜器制品上的固体污渍，防止划破表面。

（2）不可用酸、碱性清洁剂，以防破坏表面。

（四）换床垫

1. 检查标号

（1）核实床垫的标号，按每年度编号分为1~4号，号码清楚。

（2）床垫的标号分别在床垫的两面，位置居中。

（3）正面为单数，反面为双数。

（4）正面标号1、3，标在床垫上、下两面居中的位置。

（5）反面标号2、4，标在床垫上、下两面居中的位置。

2. 翻床垫

每季度的最后3天内完成，顺序如下：

（1）第一季度以标号1在床头正面处为准。

（2）第二季度将床垫从左向右翻转180度，使标号2位于床头正面处。

（3）第三季度将床头向床尾翻转180度，使标号3位于床头正面处。

（4）第四季度将床垫从左向右翻转180度，使标号4位于床头正面处。

（5）依此类推。

3. 注意事项

（1）翻转床垫时要小心，避免碰坏灯具、壁画或墙纸。

（2）注意不要用力过猛，扭伤身体。

三、客房计划卫生之二

（一）清洁空调过滤网

清洁空调过滤网的步骤如下：

步骤一：按说明书取下滤尘网，拆卸时注意别碰到室内机组的金属部分，防止将其刮伤。

步骤二：拆下滤尘网后，轻轻拍弹或使用电动吸尘器除尘。如果滤尘网积尘过多，可用水漂洗或软刷蘸中性洗涤剂清洗，但清洗时水温不得超过50℃以上，不能用洗衣粉、洗洁精、汽油、香蕉水等，以免滤尘网变形。此外，不要用海绵清洁，否则会损坏滤尘网表面。

步骤三：用清水冲洗干净后，用软布擦干或放阴凉处吹干，千万不要在阳光下暴晒或在火炉等明火处烘干，以免滤尘网变形。

步骤四：清洁面板时，用软布蘸上温水或中性清洁剂轻轻擦拭，然后用干的软布擦干。

如果空调过滤网面盖油渍不多时，可用清水冲洗后，再用干净的软毛刷刷干净即可，空调过滤网清洗以1~2个月一次为宜或一年最少清洗两次。

（二）冰箱除霜

冰箱除霜的方法有如下四种：

第一种：

（1）把冰箱电源拔掉，高级一点的冰箱可能在面板上还会有个开关，叫文明关机，先关此开关，再拔电源。

（2）把冷藏的门敞开，抽屉都拿出来，并对抽屉进行清洗。

（3）用湿的软毛巾反复抹擦有薄霜的地方，也可以用冰箱配备的除冰铲，把霜擦下来，把冰箱里的水擦干，这样做的目的是加快除霜的速度，避免食物因为除霜变质。厚霜也反复擦几遍，都会加快霜融化的速度。切忌使用利物强行除霜。

（4）霜化了之后用软布把冷冻室擦干净。

（5）打开冰箱电源，等待温度差不多达到设定温度后，把冷藏室的食物移到冷冻室就可以了。

注意事项：

（1）在除霜过程中，不要打开冷藏室的门。

（2）在清洗冰箱的抽屉时，尽量不要用清洁剂，因为冰箱比较封闭，清洁剂的气味不容易散去。

（3）霜化后一定要把冷冻室擦拭干净，如果有水滴遗留，很快又会变成霜的。

第二种：没有自动除霜装置的冰箱，可用下面方法快速除霜：首先断开冰箱电源，把冰箱内食品取出；然后根据冷冻室大小，将一个或两个铝制饭盒装上开水放入冷冻室内。数分钟后，冷冻室壁上的霜块开始整块脱落（对尚未脱落的，可用手轻抠）。

如果冷冻室顶部没有金属蒸发板，盛开水的饭盒应盖上盖，以免低温下的塑料内壁因骤然升温而变形。采用这种方法比单纯停电自行升温化霜要省时得多。

第三种：一般直冷（有霜）冰箱要定期化霜（时间一般为一个月），就是将电源插头拔下等霜化净后插上电源等运转两个小时后再放入食品。

提醒：如果等到化霜后两个星期还没有到又产生这种现象（结霜结冰）就应该立即叫该品牌的维修中心上门检修了（应该是制冷系统出了问题）。如果是风冷（无霜）冰箱结冰那就毫无疑问是有故障发生了。

第四种：有些冰箱需要除霜，人工冰箱除霜既费时又费力，而且除霜效果亦不佳。这里向你推荐一个除霜高招。

按电冰箱冷藏室的尺寸，剪一块稍厚的塑料薄膜，贴于冷藏室结霜壁上，不必用任何胶，一贴即成。除霜时，将冷藏室的食物暂时取出，再把塑料薄膜揭下抖动一下，冰霜即可全部脱落，然后重新贴一薄膜，放进食物，继续使用。

提示：

（1）在除霜过程中，不要打开冷藏室的门。

（2）在清洗冰箱的抽屉时，尽量不要用清洁剂，因为冰箱比较封闭，清洁剂的气味不容易散去。

（3）霜化后一定要把冷冻室擦拭干净，如果有水滴遗留，很快又会变成霜的。

（三）地毯清洁

1. 清洗应注意的基本事项

（1）地毯每周都要用吸尘器清扫一次，经常踩踏的地方需要更频繁地清扫。经常用吸尘器清扫可以防止砂粒聚积，从而延长地毯寿命，因为砂粒过多会磨断地毯纤维。每隔几星期，再多花些时间使用缝隙清扫工具对护壁板、暖气和其他不容易够到的地方进行清扫。

（2）要用吸尘器清扫铺满整个地板的地毯，先将地板分成四个部分，再逐一清扫各部分的地毯。

（3）用吸尘器清扫地毯要花些时间，清扫那种污垢深嵌其中的长毛绒地毯尤其要花些时间。使用大马力的立式吸尘器清扫一遍是不够的。地毯的每个部分都要仔细检查几遍，慢速操作以使抽吸装置能够去除地毯内的所有灰尘和污垢。

（4）对人们安坐其上并移动双脚的那些地方要格外注意。用吸尘器清扫这些经常踩踏的地方时，可以采用十字形的交叉移动方式。

（5）新地毯或新清洗过的地毯还可以喷一点防污整理剂。喷洒时请遵照厂商的建议。

只能按推荐的方法用专业设备喷洒防污整理剂。

（6）在吸尘器的污物收集袋中加入小苏打以消除气味。

地毯清洗——关于污渍处理的提示：

气味还算小问题，污渍则麻烦得多。几乎每块地毯上都会有污渍，而且难以清除。对于地毯上的污渍，首要原则是立即清洗。如果污渍沾在地毯上不久即被发现，则最容易完全去除。使用任何清洗液之前，先仔细吸干或刮掉整片污渍，尽可能去除污渍。

使用任何清洗液之前，先在地毯的某个不显眼的地方进行试验，以确保去污剂不会损坏地毯或使其褪色。使用现有的清洗剂之前也先要进行试验，以确保这种清洗剂不会损坏地毯。

请不要去擦污渍，因为这样有可能使污渍变得更大。

使用去污剂时，由外向内清洗污渍以避免扩大污渍。使用清洗液之后，将液体吸干。

要吸干地毯并将地毯上的绒毛掸回直立状，用一块干净的白色浴巾是最好不过的了。

如果对地毯进行吸干处理后还是觉得太湿，可以将一叠约1.9厘米厚的白毛巾放在湿处，然后将重物压在毛巾上。

2. 自制地毯清新剂

（1）酸渍。除垢剂和醋这类酸渍需要迅速处理。立即用小苏打兑水配成的溶液或用汽水对污渍处进行稀释。然后，将1份氨兑10份水配成的溶液倒在污渍处。用冷水冲洗、晾干，再用吸尘器清扫。

（2）酒精饮料。迅速用冷水冲淡污渍处，吸干过量的液体。然后，用1茶匙洗涤剂、1茶匙白醋和约1升温水混合配成溶液。将该溶液倒在污渍处，然后晾干地毯，用吸尘器慢慢清扫。

（3）血迹。尽可能吸干血液，然后用1茶匙洗涤剂、1茶匙白醋和约1升温水混合配成溶液。将该溶液倒在污渍处，然后晾干地毯，倒上干洗液。在地毯晾干之后，用吸尘器慢慢清扫。

（4）黄油。尽可能刮掉黄油，倒上干洗液，然后晾干地毯。如果污渍还在，则重复以上步骤，用吸尘器慢慢清扫。

（5）蜡渍。将小方冰块压在蜡渍上，在蜡变硬以后就可以把它去掉。

（6）酱渍。将1杯醋兑2杯水配成的混合液倒在污渍处，再用海绵擦拭。将海绵拧干，再擦拭、拧干，直到污渍消失。

（7）口香糖。口香糖会粘在地毯上把地毯弄脏，所以，要将小方冰块压在黏糊糊的口香糖上让它变硬，在口香糖变硬以后就可以把它去掉。

（8）巧克力。立即将巧克力从地毯上刮掉。用1茶匙洗涤剂、1茶匙白醋和约1升温水混合配成溶液。将该溶液倒在污渍处，然后冲洗干净，用吸尘器慢慢清扫。

（9）咖啡。立即将洒在地毯上的咖啡吸干。然后用1茶匙洗涤剂、1茶匙白醋和约1

升温水混合配成溶液。将该溶液倒在污渍处，然后晾干地毯，倒上干洗液。在地毯晾干之后，用吸尘器慢慢清扫。

（10）蜡笔油渍。可以刮掉沾在地毯上的蜡笔油渍，也可以用以下方法去除这种油渍：将吸墨纸铺在蜡笔油渍上，再用熨斗压在吸墨纸上加热，直到吸墨纸将融化的蜡笔油渍吸干。不时移动一下吸墨纸以免它被浸透。倒上干洗液，然后晾干地毯，用吸尘器慢慢清扫。

（11）果屑。果汁如果沾在地毯上就很难去除，但是，如果按照以下方法迅速处理，则通常可以避免永久性的污渍。刮掉沾在地毯上的果屑，吸干果汁。用1茶匙洗涤剂、1茶匙白醋和约1升温水混合配成溶液。将该溶液倒在污渍处，然后晾干地毯。如果污渍还在，则重复以上步骤，用吸尘器慢慢清扫。

（12）肉汁。尽可能将洒在地毯上的肉汁擦掉。用1茶匙洗涤剂、1茶匙白醋和约1升温水混合配成溶液。将该溶液倒在污渍处，晾干地毯。倒上干洗液，然后晾干地毯，用吸尘器清扫。

（13）泥。在泥干透以后，再尽可能刷去或刮掉它。用1茶匙洗涤剂、1茶匙白醋和约1升温水混合配成溶液。将该溶液倒在污渍处，晾干地毯。如果污渍还在，则倒上干洗液，然后吸干。在污渍干透以后，用吸尘器慢慢清扫。

（14）色拉调味料。尽可能吸干色拉调味汁。用1茶匙洗涤剂、1茶匙白醋和约1升温水混合配成溶液。将该溶液倒在污渍处，晾干地毯。如果污渍还在，则重复以上步骤，用吸尘器慢慢清扫。

（15）软饮料。软饮料中含有二氧化碳，有助于迅速清除洒在地毯上的饮料，但还是要迅速处理，因为饮料中的某些色素可能会在地毯上留下永久的污渍。用1茶匙洗涤剂、1茶匙白醋和约1升温水混合配成溶液。将该溶液倒在污渍处，晾干地毯。如果污渍还在，则重复以上步骤，用吸尘器慢慢清扫。

（16）尿液：用1茶匙洗涤剂、1茶匙白醋和约1升温水混合配成溶液。将该溶液倒在污渍处，晾干地毯。如果污渍还在，则重复以上步骤，用吸尘器慢慢清扫。

（17）呕吐物。呕吐物要迅速处理。尽可能抹掉呕吐物，然后立即用小苏打兑水配成的溶液或用汽水冲淡污渍处。将1份氨兑10份水配成的溶液倒在污渍处。用冷水冲洗、晾干，再用吸尘器清扫。

（18）葡萄酒。如果地毯上洒的是红葡萄酒，就用白葡萄酒冲淡它，然后用冷水清洗污渍，清洗后洒上精盐。等上10分钟，然后用吸尘器去除食盐。

（四）抽洗沙发

1. 布艺沙发清洗的方式方法

（1）沙发清洗设备。沙发高泡剂或底泡地毯清洁剂、全能去渍剂、蒸汽机、干泡沙发清洗机、小型抽洗机、风干机。

（2）沙发清洗的步骤。

①将沙发清洁剂喷于沙发表面，浸润3~5分钟。

②用蒸汽机加热表面。

③用干泡沙发清洗机清洁表面。

④用小型抽洗机清水过洗表面。

特别注意：将个别重污垢处作预处理，然后再全面处理，针对重点污染处重复施工。

2. 清洗真皮沙发应注意的问题

（1）对于轻微污垢的真皮沙发，可以用"立新家具保养蜡"直接清洁护理。

（2）污染严重的真皮沙发，不仅失去了原有的光泽，而且污垢渗入到真皮毛细孔里。如果要将这些污垢清洗干净，需要用清洗沙发的专用蒸汽机和专用的清洗剂，否则清洗效果达不到。

（3）对于有些质量不太好的沙发，使用沙发蒸汽机清洗沙发时，先在不显眼处做一个试验，看其皮质是否褪色，如褪色就得用其他方法。

（4）沙发清洗完后，应给沙发上一层防护液，以防止污垢再次渗入皮质毛细孔里造成二次污染。防护液最好用真皮沙发专用液体软性蜡，否则皮质会变硬迅速老化。

3. 真皮沙发的保养

随着现代生活水平的不断提高，真皮沙发的档次也越来越高，特别是乳白色和米色等浅色的真皮沙发，受到越来越多的家庭的青睐。在享受高档沙发带来的生活乐趣时，可否想到如何维护保养好沙发，在沙发脏了之后如何清洗干净，让这种生活的享受永远继续。保养真皮沙发需要做到如下两点：

（1）真皮沙发搬回家后，先用"立新保养蜡"把沙发上一层保护膜，以免尘垢、汗渍浸入到沙发毛孔里，日后就很难清洁。

（2）冬季每月用"立新保养蜡"将沙发清洁保养一次。夏季每星期都应保养一次。不要等沙发很脏了以后再来清洁，否则很难清洁到原样了。很多清洁剂对真皮是有伤害的，但清洁时是很难看出的，日子久了就出问题了，真正的真皮沙发，就如同人的皮肤一样，需要用心保养。只有经常保养才能使您的真皮沙发长久如新，为您带来生活的享受。

（五）皮沙发清洗保养中的注意问题

（1）不要用自来水去擦洗真皮沙发，时间长了会使皮质变硬，失去柔软的感觉。

（2）不要随便用清洁剂清洁沙发，一是会使皮质褪色；二是会使皮质变硬。一旦沙发脏了，一定要请专业的沙发清洗公司进行清洁保养。

吸尘小贴士：

1. 由里向外　　　　　2. 注意角落

3. 整理窗帘　　　　　4. 勤换吸头

5. 确保安全　　　　　6. 及时清袋

四、客房计划卫生三

客房消毒程序如下：

1. 杯具消毒

（1）将84消毒液按1∶200比例配比。

（2）把已除渣、清洗干净的茶杯，浸入配比液中30分钟。

（3）用水冲洗洗干净消毒液，擦干。

（4）再放入消毒柜消毒30分钟。（会议室要求）

（5）消毒柜每三天大清洁一次。

2. 面盆、马桶消毒

（1）先用清水将其表面大面污物清除，使其表面光洁。

（2）再将1∶200的84消毒液喷于表面，等5分钟。

（3）再用专用刷（面盆刷、马桶刷）刷洗。

（4）最后用水冲净，擦干。

👍 职业能力训练

1. 单选题

（1）清洁剂去污效果好坏主要取决于（　　）的含量多少和高低。

A. pH 值的高低　　　　　B. 科技含量　　　　　C. 表面活性剂　　　　　D. 服务员素质

（2）标准间的英文表示为（　　）。

A. DR　　　　　B. SS　　　　　C. SR　　　　　D. CR

2. 多选题

衡量对客服务质量的基本标准有（　　）。

A. 宾至如归感　　　　　B. 舒适感　　　　　C. 吸引力　　　　　D. 安全感

3. 填空题

（1）客房使用的清洁设备分为（　　）、（　　）两大类。

（2）扫帚分为（　　）、（　　）、（　　）和头部可自由转动的扫帚。

（3）拖地车是由（　　）、挤水桶和（　　）组成的。

（4）吸尘器全称（　　），种类有（　　）、吸力式和（　　）。（　　）适用于清洁大面积的地毯。

（5）打蜡机有（　　）、（　　）和三刷机，以（　　）使用最广泛。

👍 **观念应用训练**

1. 在工作中遇到客人执意要与你聊天，你要如何拒绝？
2. "绿色饭店"是当前酒店所提倡的新鲜事物，你应该怎么做？

👍 **情景模拟训练**

"请速打扫"与"请勿打扰"

某日营销部负责人接到市文化馆领导的电话投诉，事因是：文化馆从南京请来的编导老师有午休的习惯，每次休息前总会在客房门口挂出"请勿打扰"的指示牌，但客房服务部连续两天进入房间打扫卫生，打扰到了编导老师的休息，使其非常恼火，准备提前退房。

营销部负责人接到投诉电话后，立即采取措施，首先，联系客房部经理及当值服务员了解情况。服务员表明，由于指示牌是双面的，一面为"请速打扫"，另一面为"请勿打扰"，而她两次都看到"请速打扫"这一面。这也就不排除是客人挂错牌引起的，在了解到这个情况后，营销部负责人主动找到客人，而此时，客人的火气还是很大，等到客人心情有所平复后，营销部负责人便向他解释清楚，经过这次的沟通，客人的心情也渐渐平静，理解了他们。

阅读上述案例，分析案例处理的过程。

👍 **思维拓展训练**

客人离店的尴尬

南方某宾馆，40来岁的客人钱先生提着旅行包从521房间匆匆走出，走到楼层中间拐弯处服务台前，将房间钥匙放到服务台上，对值班服务员说："小姐，这把钥匙交给您，我这就下楼去总台结账。"却不料服务员小郑不冷不热地告诉他："先生，请您稍等，等查完您的房后再走。"一面即拨电话召唤同伴。钱先生顿时很尴尬，心里很不高兴，只得无可奈何地说："那就请便吧。"这时，另一位服务员小吴从工作间出来，走到陈先生面前，将他上下打量一番，又扫视一下那只旅行包，钱先生觉得受到了侮辱，气得脸色都变了，大声嚷道："你们太不尊重人了！"

小吴也不搭理，拿了钥匙，径直往521房间走去。她打开房门，走进去不紧不慢地搜点：从床上用品到立柜内的衣架，从衣箱里的食品到盥洗室的毛巾，一一清查，还打开电控柜的电视机开关看看屏幕。然后，他离房回到服务台前，对钱先生说："先生，您现在可以走了。"钱先生早就等得不耐烦了，听到了她放行的"关照"，更觉恼火，待要发作，或投诉，又想到要去赶火车，只得作罢，带着一肚子怨气离开宾馆。

　　阅读上述案例，分析小吴的行为是否正确？

项目三

客房对客服务

客房部为客人配备用品就是标准化管理，制定用品配备的标准化管理，就是为解决实际工作中出现的问题提供客观依据。规范化就是按照不同的客人服务档次和标准进行的，接待不同国家和不同地区的客人，在客房的布置和物品摆放上都要有所不同。

 **项目导图**

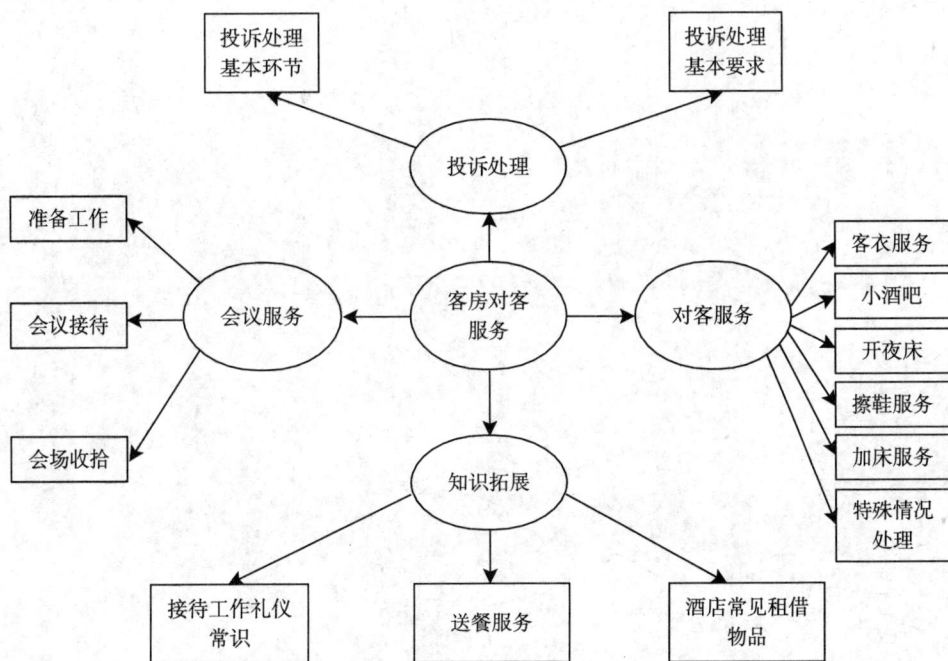

 **学习目标**

知识目标

通过客房对客服务的技能实训，能对客人提供满意的服务，能学习到如何对客服务。

技能目标

（1）掌握客房对客服务的内容和程序。

（2）掌握对客服务中的服务技巧和标准。

任务一 会议服务

任务目标

通过本次任务实训，让学生能按照正确、规范的要求完成会议服务。

项目任务书

任务名称	会议服务	任务编号		时间要求	
训练要求	1. 明确会议接待的要求 2. 了解会议服务的基本环节 3. 懂得会议室布置的原则				
培养能力	1. 明确会议接待的要求 2. 了解会议服务的基本环节				
涉及知识	会议室准备、清洁、服务工作				
教学地点	教室、机房	参考资料			
教学设备	会议室				

训练内容

1. 学生能按要求布置会议室
2. 组织学生分组到实训室扮演客房服务员进行会议服务模拟实训

实训成果评价标准

1. 能正确地按照实训内容布置会场、摆台、迎宾服务、上茶服务、续茶服务、上毛巾服务、送客服务，普通话流利标准，服务态度端正
2. 能较正确地按照实训内容布置会场、摆台、迎宾服务、上茶服务、续茶服务、上毛巾服务、送客服务，普通话流利标准，服务态度端正
3. 能较正确地按照实训内容布置会场、摆台、迎宾服务、上茶服务、续茶服务、上毛巾服务、送客服务，普通话较标准，服务态度较端正
4. 不能正确地按照实训内容布置会场、摆台、迎宾服务、上茶服务、续茶服务、上毛巾服务、送客服务，普通话不标准，服务态度不端正

符合上述标准 1，成绩为优秀，可得 90~100 分；符合标准 2，成绩为良好，可得 70~80 分；符合标准 3，成绩及格，可得 60~70 分；符合标准 4，成绩为不及格，得分 60 分以下；介于这几种标准之间的，可酌情增减分

引导案例（情景导入）

遗失的剃须刀

某日，会议客人 208 房客致电大堂经理，由于服务员操作失误，导致其遗留在客房的剃须刀丢失，客人很失望。

处理：向客人诚意致歉后，客人表示不予追究，大堂经理知会客房部制定遗留物品的处理程序和制度。

思考：如何做好客人遗留物品的保管工作？

知识链接

酒店客房部会议室服务程序：

（一）会议室概况

大致有四种类型的会议室参考，各会议室面积及相应摆设的最多容纳人数如表3-1所示。

表3-1

	面积（m²）	研讨式	课室式	"U"形	剧院式	分组式
第一会议室	120.75	90	80	68	120	96
第二会议室	37.39	12	—	—	—	—
第三会议室	49.6	27	—	—	—	—
第四会议室	30.26	8	—	—	—	—

（二）会议摆设

（1）摆设会场要求在客人到达前一晚，夜班员工或主管另外指定人员按客人要求摆设好。次日早班主管或领班进行检查。

（2）每张会议台（IBM）坐3人，会议台上铺绿绒，原则是主位方向放在副主位方向绿绒上面，避免主位客人看到接口。如受场地限制，客人人数多的情况下，每两张台可坐7人，每三张台可坐10人。

（3）具体摆设如下：

①若会议需提供纸笔，具体摆设是每位正中间摆放A4信纸3张，A4信纸距离台边1.5厘米约1拇指宽；圆珠笔或铅笔1支紧贴摆放在A4信纸的右侧，圆珠笔上的酒店标志正对客人，笔尖朝上方，笔尾与A4纸靠近桌边一侧平行；茶杯紧贴A4纸右上角，正中心与A4纸右竖侧成一直线，酒店标志正对客人；杯耳与A4纸右侧垂直。

②椅边前缘与台边垂直，与绿绒布平贴。

③绿绒布摆放离地面距离1~2厘米，以示美观。

④茶水台的摆设。如客人需要提供茶歇，在会议用台上铺上绿绒。并准备1个茶水桶和2个咖啡壶，分别装白开水和茶水。检查其是否有污浸，清洁干净供客人开会使用。

会谈厅可摆成一字形（双边会谈）和椭圆形（多边会谈）；会见厅可根据人数摆成马蹄形（30人以下）和T字形（30人以上）。

（三）会议前检查

（1）会议前30分钟的准备工作和检查工作。

（2）细节检查项目如下：

①检查会议场地是否按客人要求摆设。

②接通所有电源，调试好各种客人所需设备（如投影机等）。

③检查横额是否已经摆好；窗帘、灯光是否按客人要求开好。空调温度是否适中，是否有异味。

④检查会场的清洁卫生和垃圾筒，确保干净、整齐。

⑤客人到来之前仔细查阅接待单，尤其是关于单位名、会议收费、会议要求等方面的内容。

⑥一切工作准备好后，站在服务台，迎接客人的到来。

（四）会议接待

（1）会议期间提供客房散装绿茶，一个咖啡壶约放半两绿茶。如客人需用的是其他茶叶，要做好交班。

（2）参加会议的客人到达后，负责的员工应主动示范各种会议器材的使用，并告知客人，如有需求，请随时提出，我们将提供服务。

（五）会议结束

（1）会议结束后，服务员必须在会议负责客人离开前检查各种音响、电器等设备是否有损坏，绿绒台布、椅的绒面布是否有烧穿或破损。如发现有上述问题，应立即告知会议负责客人，同时向主管或经理报告，是否需让客人做出索赔或其他处理意见。

（2）如客人下午、晚上或第二天再开会，将物品留在会场时，服务员应向客人说明，我们对此不负责任，请客人将贵重物品带回房间。

（3）客人散会后，服务员要进会场检查有无遗留物品，场地及设备有无损坏。把窗打开后，收拾会场。收拾完后，关掉会议室电源并锁好门。

（六）会场收拾

（1）收拾所有会议器材，归还借来的器材，把本部的器材装好放回原处。

（2）收拾所有台上茶杯、纸、笔，如客人未用过的文具应回收存放，清洗所有杯具、器皿，搞干净各处卫生，关掉各种电器的电源插头及开关，更换弄脏的绿台布。

（3）按要求将第一会议室还原有40个座位的标准教室式的会议室，以便随时提供给客人参观或使用。

（4）清洗茶杯、烟缸、咖啡壶等客人使用过的用品，茶杯需要消毒，并存放在2号消毒杯柜中。

（5）如果当班不能完成会场清洁所有工作，应征得主管同意并与下班次做好口头和文字交班。

服务流程

会议摆设→会议前检查→会议接待→会议结束→会场收拾。

应用案例

温暖的服务

一位东北客人入住江南某市一家宾馆。当行李员帮他把行李送进客房刚刚退出时，服务员小杨即已提着一瓶开水走进房间，她面带微笑，把暖瓶轻轻放在茶几上，主动询问客人："先生，您有什么事需要我做的吗？"东北客人说："小姐，请给我一条毛巾。""好的。"小杨满口答应，马上出去，一会儿便用盆子端着一条干净的毛巾，来到客人面前，用夹子夹住毛巾，递给客人说："先生，请用。"没想到客人却很不高兴，责备道："我不要旧的，我要没有用过的新毛巾！"小杨心里一愣，却不动声色，即对客人表示："对不起，我给您拿错了。"说完便出去换了一条新毛巾来，客人这才满意。

东北客人泡上一杯茶——由于他喜欢喝浓茶，就用两袋茶叶泡一杯茶，并打开闭路电视，一边喝茶，一边看电视。茶喝过后再加水味道稍淡，他又把剩下的两袋茶叶另泡一杯。当他觉得茶味又不够时，发现茶叶没有了。于是，客人打电话给楼层服务台，请服务员再送一些茶叶来。小杨很快就拿了几包同样的茶叶进来送给客人，没想到他大为不满地抱怨："我不要这种绿茶，我要喝浓一点的红茶！"这时小杨心里很委屈，但她丝毫没有流露，再次向客人道歉说："对不起，我又给您拿错了。"接着又去换了几包红茶来送给客人。

此刻，客人很受感动，他发觉自己刚才两次对服务员发火太过分了，不由连声地向小杨道谢："谢谢你！"脸上露出愧疚的神色。

思考：本案例中服务员的职业素质体现在哪些方面？

名人名言

劳动受人推崇。为社会服务是很受人赞赏的道德理想。

——杜威

知识拓展

接待工作座位安排常识

一、关于会议主席台座次的安排

（1）主席台必须排座次、放名签，以便领导同志对号入座，避免上台之后互相谦让。

（2）主席台座次排列，领导为单数时，主要领导居中，2号领导在1号领导左首位置，3号领导在1号领导右首位置；领导为偶数时，1、2号领导同时居中，2号领导依然在1号领导左首位置，3号领导依然在1号领导右首位置。

（3）几个机关的领导人同时上主席台，通常按机关排列次序排列。可灵活掌握，不生搬硬套。如对一些德高望重的老同志，也可适当往前排，而对一些较年轻的领导同志，可适当往后排。另外，对邀请的上级单位或兄弟单位的来宾，也不一定非得按职务高低来排，通常掌握的原则是：上级单位或同级单位的来宾，其实际职务略低于主人一方领导的，可安排在主席台适当位置就座。这样，既体现出对客人的尊重又使主客都感到较为得体。

（4）对上主席台的领导同志能否届时出席会议，在开会前务必逐一落实。领导同志到会场后，要安排在休息室稍候，再逐一核实，并告知上台后所坐方位。如主席台人数很多，还应准备座位图。如有临时变化，应及时调整座次、名签，防止主席台上出现名签差错或领导空缺。还要注意认真填写名签，谨防错别字出现。

会议室主席台座次安排如图3-1所示。

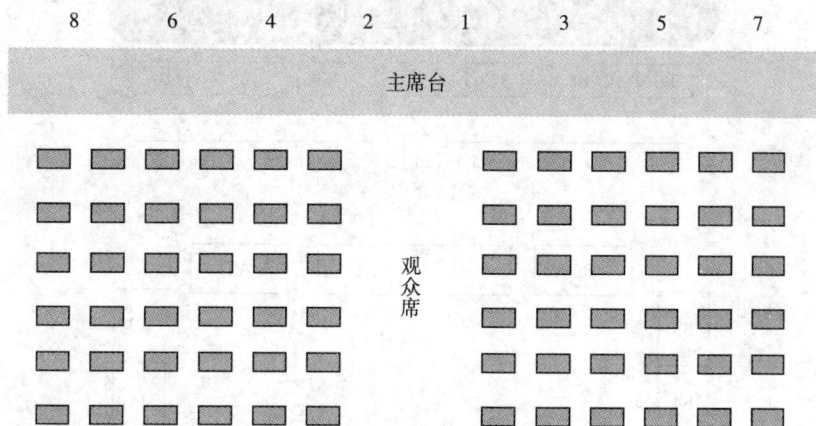

图 3-1　会议室主席台座次安排

二、关于宴会座次的安排

宴请客人，一般主陪在面对房门的位置，副主陪在主陪的对面，1号客人在主陪的右首，2号客人在主陪的左首，3号客人在副主陪的右首，4号客人在副主陪的左首，其他可以随意。以上主陪的位置是按普通宴席掌握，如果场景有特殊因素，应视情况而定。如图3-2所示。

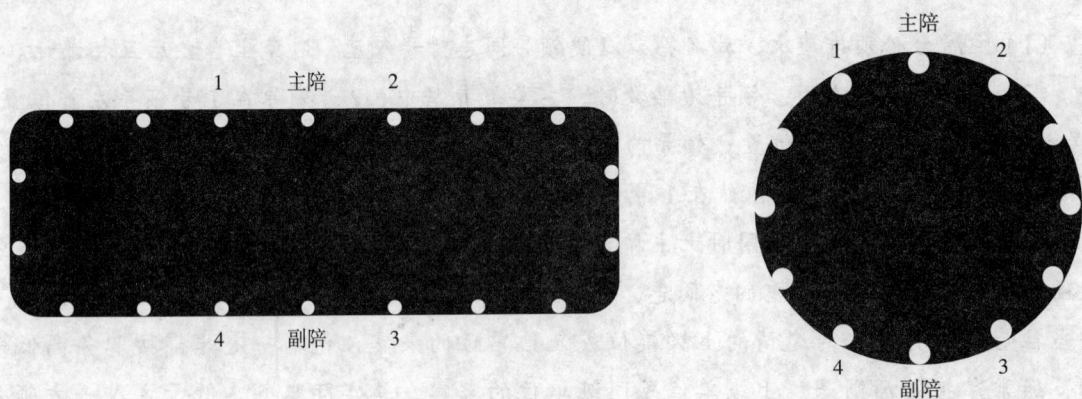

图3-2　宴会座次安排

三、合影座次的安排

合影时座次的安排与主席台座次安排相同。如图3-3所示。

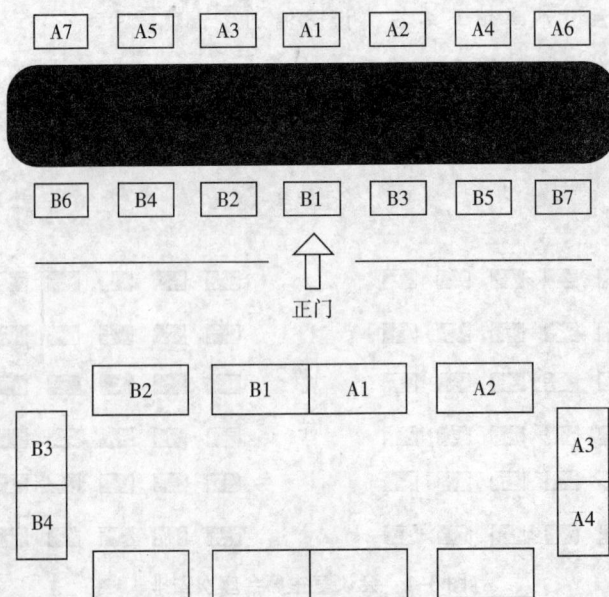

图3-3　合影座次安排

四、提醒客人应注意的事项

（1）建议客人不要在公共场所吸烟，如客人需要在会议期间吸烟，则提供烟盅。烟盅倒入少许水。

（2）如客人自带小食品或水果，应与客人交接好品种数量，按客人要求用碟或水果篮摆上会议台，并适量摆上垃圾篓（用作放果皮、壳等），并在台面摆上纸巾。

（3）告知客人不要在会议场所内吃气味强烈的水果（榴梿等），也不能吃对会场各种设施有损坏性的槟榔、香口胶等食品。

（4）客人入座后，按顺时针从客人的右侧上茶，逐一为客人斟茶，斟茶7分满为宜。原则上以先宾后主，先领导后下级，先女士后男士的基本斟茶顺序。左手拿茶壶，右手伸出手掌，做个提示姿势，拿开茶杯盖，取过茶杯斟茶。放回茶杯时说"请用茶"，如客人需要开水，则按客人要求更换。

（5）第一次倒茶水后，补充茶水后把水壶放茶水间电热水器面保温，并告知客人每半小时服务员会进会议室加一次茶水，如果临时需要帮忙请按"9"致电总台或联系楼层服务员。如要求提供专人接待会议，则由主管安排专人在会议室服务客人。如客人人多或喝得比较快，加茶水次数相应多些，时间间隔短些。

（6）如客人提出会议期间，不许服务员进场干扰，则需在会议前将茶水台放入会场边角位，所有咖啡壶冲满茶，并告知负责客人，如茶水剩下1/4壶左右，请联系服务员添加茶水。

（7）如客人要求用烟灰缸，则要留意当烟头有三个以上时就要更换烟灰缸。换出来的烟灰缸拿到工作间用水淋湿，确保完全熄掉后再倒入垃圾桶中。

（8）会议期间如需要提供茶歇，应在茶歇时间前15分钟将咖啡及小食品、水果等准备好，客人茶歇时做好服务。

（9）在会议小休或午饭时，服务员应及时清理干净台面及地面，补充各种文具用品，换茶杯、烟盅，但不能搬动客人台上的各种物品，如发现客人台上留下贵重物品（如手机电话、提包等），应马上告知会务，让该客人拿回，以免遗失。

职业能力训练

1. 单选题

（1）一般不应安装饭店监控系统的是（　　）。

A. 大堂　　　　　B. 客用电梯　　　　C. 楼层客房　　　　D. 公共娱乐场所

（2）客人丢失物品，查找工作一般由（　　）负责。

A. 服务员和管理员　　　　　　　　B. 保安人员和管理员

C. 服务员和保安人员　　　　　　　D. 客人

（3）客房部（　　）主要负责处理客房部的日常事务以及与其他部门之间的联络协调事宜。

A. 客房服务中心　　　　　　　　　B. 饭店公共区域

C. 经理室　　　　　　　　　　　　D. 客房楼层

2. 多选题

（1）属于客房设备的是（　　）。

A. 床　　　　　B. 地毯　　　　　C. 服务指南　　　　D. 茶叶　　　　　E. 墙纸

（2）客房清扫卫生质量标准包括（　　）。

A. 感官标准　　　B. 生化标准　　　C. 净标准　　　　D. 十无标准

3. 填空题

（1）饭店的服务质量是指（　　），服务质量首先取决于（　　）。

（2）客房的最佳服务首要要突出（　　）二字，要实行感情服务，避免单纯的任务服务。

（3）随时做好服务的准备包括两个方面的内容：一是（　　），二是（　　），它们是（　　）的基础。

观念应用训练

1. 在公共场地遇到客人迎面走来，怎么办？
2. 当你遇有急事，需超越客人行走时，怎么办？

情景模拟训练

狭小的场地

客人张先生检查会议室的布置情况。会议室原有座位46个，而会议人数则为60人，张先生发现会议室增加了椅子，却未增加茶几，但服务员解释道：一是会议室太小，茶几恐怕放不下；二是没有那么多茶几。事后张先生找到客房部经理才解决了茶几问题。张先生安排代表们的娱乐活动，到楼层询问服务员小赵："请问到水库风景区怎么走？"小赵抱歉地笑了笑说："对不起，先生，我不知道。"张先生扫兴地摇了摇头。

思考：如果是你，你会怎么做？

🖒 **思维拓展训练**

耐人寻味的《宾客须知》

到晋江出差，住某宾馆。服务员笑脸相迎打开房门，站在门口热情地说一声："请！"进屋刚落座，服务员就送进一条热毛巾和一杯热茶。屋里陈设简朴整洁。外出归来，桌上凌乱的书报、茶杯被整理得井井有条。晚8时，服务员准时进来给浴缸放热水。一个偏远山区小县，服务能如此，令人感叹。

随手翻阅客房里的《宾客须知》，一条条注意事项写得别开生面。试举几例：

"如果您所居房间的部分设施和条件不合您的意，请让服务员帮您调换房间或解决某些问题，自己动手很可能带来不必要的麻烦。"我们在一些宾馆旅店常见的是生硬的提醒："房间东西不能随便乱动。"如果遇到电视机有毛病或缺少拖鞋什么的，找服务员询问，不是遭白眼就是碰钉子。

"电视机音响过大，噪音会影响您的健康，相信您为了别人的休息也会将音量加以控制。"为了他人，为了自己，你好意思开大电视机的音量吗？

"吐痰入盂，大小便入厕，手纸入篓，烟头烟灰入烟缸，将表现出一个人高尚的美德，人人都赞赏这种美德。"比起常见的"严禁随地吐痰，违者加倍罚款"这样的警告式的用语，哪一种让人愿意接受呢？谁不想做一个有"高尚美德"的人呢？

"开灯睡觉，光线对人的视觉神经和脑神经会有一定刺激；室内用水过多会增加室内的湿度，对人体有一定的害处，希望引起注意。"瞧，这分明是让你节省水电，处处又为你的身体着想，你说你该怎么办？

"馆内经常保持肃静，我们对您不在室内和楼道高声喧哗、猜拳行令的高尚行为表示衷心感谢。"与常见的"旅店禁止喧哗、猜拳行令"，岂不是又高出一筹。

"如有异性友人来访，请到休息厅会面，以免引人怀疑，影响您的名誉。"这条写得更妙。先称来访客人为"异性友人"，既是对你的尊重，又是对来访者的尊重。又从关心爱护客人出发，不要"影响您的名誉"。相反，许多旅馆墙上贴的是"客房严禁嫖娼、卖淫等流氓行为，违者处以重罚或送公安部门严肃处理。"看后让人不舒服，隐隐有受辱之感。

阅读上述案例，分析这份《宾客须知》的好处是什么？

任务二 对客服务

任务目标

通过本次任务实训，让学生能按规范做好客衣服务、小酒吧服务的工作；能按照正确、规范的要求完成开夜床服务；熟悉客房服务中心的工作要求；掌握擦鞋、加床服务技能。

项目任务书

任务名称	对客服务	任务编号		时间要求	
训练要求	1. 掌握客衣服务工作的规范要求和工作程序 2. 熟悉客房小酒吧内的物品，熟练填写客房酒水单 3. 掌握开夜床服务的操作程序和内容，明确开夜床服务的注意事项				
培养能力	1. 客衣服务工作的注意事项和客衣服务工作的程序 2. 清点小酒吧内的物品，核对、填写消费单，添补食品 3. 夜床服务操作程序和注意事项				
涉及知识	客衣、小酒吧、开夜床、客房服务中心、擦鞋、加床、特殊情况处理				
教学地点	教室、机房	参考资料			
教学设备	客房标准间				
训练内容					
1. 学生扮演客房服务员进行收取、检查客衣的服务工作，并能填写洗衣单 2. 让学生分组进行客房小酒吧物品的清点、添置和填写酒水单的模拟练习 3. 组织学生分组到实训室扮演客房服务员练习开夜床模拟实训					
实训成果评价标准					
1. 能正确地完成客衣服务、小酒吧服务的工作；完成开夜床服务；熟悉客房服务中心的工作要求；熟练地掌握擦鞋、加床服务技能 2. 能较正确地完成客衣服务、小酒吧服务的工作；完成开夜床服务；较熟悉客房服务中心的工作要求；熟练地掌握擦鞋、加床服务技能 3. 能较正确地完成客衣服务、小酒吧服务的工作；完成开夜床服务；较熟悉客房服务中心的工作要求；掌握擦鞋、加床服务技能 4. 不能正确地完成客衣服务、小酒吧服务的工作；完成开夜床服务；较熟悉客房服务中心的工作要求；不能掌握擦鞋、加床服务技能 符合上述标准1，成绩为优秀，可得90~100分；符合标准2，成绩为良好，可得70~80分；符合标准3，成绩及格，可得60~70分；符合标准4，成绩为不及格，得分60分以下；介于这几种标准之间的，可酌情增减分					

引导案例（情景导入）

客人感冒了

朴先生已经在饭店住了几天，热情周到的服务，使朴先生真正有了"宾至如归"的体验。

一天早上，朴先生正准备出门办事，正好碰上服务员小边来打扫房间，打过招呼后，小边发现朴先生脸色不好，于是便问了句："朴先生是不是哪里不舒服？"朴先生说："有点感冒，不碍事。"小边却把这事一直放在心上，下班后，小边到医务室买了盒感冒药给朴先生送去，可朴先生还没回来，于是小边将药放在房间的床头柜上，并附上纸条：朴先生，您好！近段时间天气变化大，请注意身体！服务员：小边。

晚上，房部中心接到了朴先生的致谢电话："太谢谢了，你们的服务真是很细心周到，到这儿就像在家一样！"

思考： 分析本案例中服务员做法的正误。

知识链接

一、客衣服务

1. 洗衣的类型

（1）普通洗衣（上午 10 点之前收，当天送达）。

（2）快洗（下午 2 点之前收，当天送达）。

2. 洗衣程序

（1）收取客衣。

（2）在规定时间以前应将洗衣从房间取出。

（3）如客人未填写洗衣单，将洗衣单放在洗衣袋上，不要收洗，留下"服务通知单"提醒客人：如果需要洗衣服务，请与客房中心联系。客人口头交代或客房中心通知收洗时，可以收出。

（4）挂在门口的洗衣袋要填写房号。

3. 检查登记

（1）交洗的客衣应检查是否有破损或有物品遗留。

（2）要与洗衣单所填写客人姓名、房号、件数、日期、时间进行核对，并做好登记。

（3）集中放在指定地点，在规定时间点交给洗衣房。

（4）快洗或有特殊洗涤要求的衣物在洗衣单上做好标记，对洗衣房交代清楚。

4. 送还洗衣

（1）洗衣房送回的洗衣应与登记簿仔细核对，点清件数。

（2）送衣进房时，按进房程序进房。

（3）交洗的客衣如有损缺或客人投诉，查明情况，妥善处理。

二、小酒吧

（1）为方便客人在房间享用酒水饮料的需求，同时增加饭店客房收入，中高档饭店的客房必须配备小冰箱或小酒吧，存放一定数量的饮料和干果，供客人自行取用。

（2）收费单放在柜面，一式三联，上面注明各项饮料食品的储存数量和单价，请客人自行填写耗用数量并签名。

（3）客人离店时，服务员应及时进房检查小酒吧，报总台。

（4）服务员要及时进行小酒吧酒、饮料等的补充。

（5）楼层领班每天需要对本楼层的使用消耗情况进行记录、统计和核对。

（6）领班需要定期检查发现是否有饮料食品快要过期，并及时更换。

三、开夜床

1. 夜床服务意义（一般晚上 18:00 以后）

（1）开夜床主要方便客人休息。

（2）表示对客人的欢迎和礼遇规格。

2. 开夜床注意事项

（1）开床时，须敲门征得客人同意。

（2）房间内有会客，待其离去后再开床。

（3）床上如有文件或贵重物品，经客人同意将物品移位后再开床，如客人不在，可暂不开床。

（4）开床时间不宜太早或太晚。

（5）开床时，要注意床上是否有客人微小物品。

（6）住一位客人的房间每天要开固定的床位，不可同时开两张床。

（7）将客人的睡衣放在开好的床上。

（8）放好"早餐卡"和饭店赠送的小礼品。

3. 开夜床的基本要求

（1）若房间住一位男宾，开外侧的床，如图 3-4 所示。

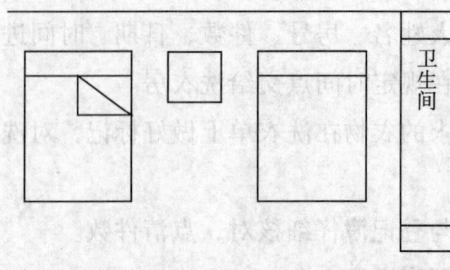

图 3-4　开夜床基本要求（1）

（2）若房间住一位女宾，开里侧的床（靠卫生间墙一侧的床），如图 3-5 所示。

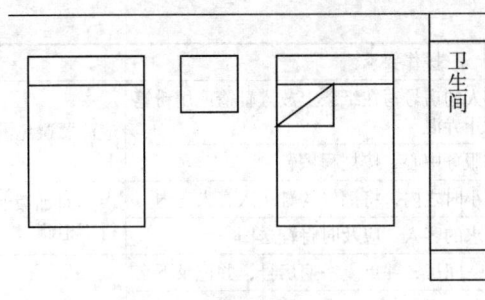

图 3-5 开夜床基本要求（2）

（3）住两位男宾或两位女宾时，开床方向一致（朝外），如图 3-6 所示。

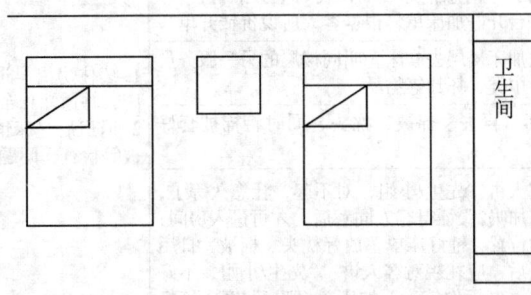

图 3-6 开夜床基本要求（3）

（4）夫妇房间开床方向相对，如图 3-7 所示。

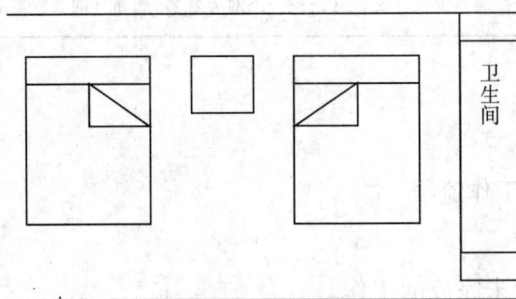

图 3-7 开夜床基本要求（4）

四、擦鞋、加床服务

擦鞋、加床服务的程序标准如表 3-2 所示。

表 3-2 擦鞋、加床服务程序

操作程序	操作要求	注意事项
1. 接到要求	在接到客人要求后，应及时前往客房收取擦鞋篮	在过道巡视时，发现住客房门前的擦鞋篮，应立即拿到工作间进行擦拭

续表

操作程序	操作要求	注意事项
2. 按要求擦鞋	将鞋篮编号，并将客人的房号写在纸条上放入鞋篮或用粉笔在鞋底注明房号，防止弄混	应注意避免混色及将鞋油弄在鞋底
	将鞋放置于工作间或服务中心，按规程擦鞋	
3. 送还	一般应在半小时后两小时之内，将擦好的鞋送入客人房内	送还时如果客人不在房间，应将擦好的皮鞋放于行李柜侧
	对于提出特别时间要求的客人，应及时将鞋送回	
4. 当服务员有接到电话或客需加床时	首先要问清客人是哪一间房，并重复一遍房号，并记录下来	
	服务员应礼貌地对客人说："您好！先生/小姐，我们酒店有两种加床服务，一种80元一晚，只提供易耗品、巾类、日用品各一套；另一种是100元一晚，除了有易耗品、巾类、日用品之外，还附有第二天免费早餐券，请问先生/小姐，需按哪一种收费加床?"	
5. 当客人确定要加哪一种收费的床时	服务员要对客人讲："请您稍等一下，我马上去准备,"并退出房间，到服务台开好加床单，根据客人所说价钱开单	1. 续住房提早退床，需在"房间报表"上注明退床，并通知总台
	服务员应迅速到放加床楼层去拿床，叫同楼层的另一服务员帮忙准备日用品、巾类、杯具等物品	2. 退床后，床铺要尽快收好归位，备用枕头、棉被等检查无问题后，折叠整齐放回原位
	服务员拿好加床后，再去拿棉被、枕头，同时将棉被套好被套	
6. 准备完毕，按敲门程序敲门	客人开门后要对客人讲"先生/小姐，对不起，让您久等了，请问方便现在帮您加吗?"征得客人同意后，才可进入房间，将加床放到合适的位置，铺好床单，放好枕头、棉被、日用品等。等物品放好后，应礼貌对客人讲："先生/小姐，不好意思，打扰您一下，麻烦你签一下加床单好吗?"客人签好名后，要请问客人是否还有其他需要效劳的，并祝客人住店愉快，退出房间，将房门带上	
7. 加完床后	到服务台致电礼宾部，请行李生上来拿一下×××房加床一张，同时要做好交班	
8. 上报部长，并通知前台接待	×××房加床一张，是多少钱一晚，并记录一下对方姓名	加床时要注意加床是否完好，易耗品有无补充齐全

五、客户服务中心

（一）客房部服务中心工作流程

1. 交接和准备

（1）完成上一班服务员未完成的工作。

（2）早班服务员还准备好向客房楼层主管和领班发放客房各类钥匙。

（3）做好各项准备工作，包括检查各种设备设施是否完好有效，备齐各种工作表单和用品。

（4）做好交接及交接记录工作，包括房态情况表、客房各类钥匙、当日抵店客人通知单、VIP通知单及已处理事项和未完成事项的记录和交接等。

2. 对客服务

对客服务操作程序、操作要求及注意事项如表3-3所示。

表3-3　对客服务操作程序

操作程序	操作要求	注意事项
1. 接到总台客人抵达或离店的通知时	及时通知客房服务员做好迎送客准备，按规定的服务流程操作	

续表

操作程序	操作要求	注意事项
2. 接听客人电话，用规范的礼貌敬语，并准确应答各种问询和及时提供各项服务	应答客人的问询务必准确，如果客人提出的问题自己也不了解，或涉及自己职责以外的信息，应记下客人的房号和问询的事宜，请客人稍等，待问清楚后再告诉客人，或将客人问询的事宜告知总台接待问询员，请接待问询员直接告客人	如客人要求提供其他服务（如客房送餐服务、维修服务等），及时通知相关部门和客房服务员，并请客房服务员及时告知完成情况
	客人要求提供各种客房服务，迅速通知客房服务员及时提供服务，并对完成情况进行督促和监控	
3. 在客房区域内，发生各类突发事件时	接报后立即报告上级领导，并按酒店保安管理中制定的"火灾应急预案"、"发生停电事故应急处理流程"和"处理各类突发案件、重大事故的工作流程"妥善处理	将接听的电话和为客人服务的情况及时记录在客房服务记录表中

电话服务注意事项：

（1）必须在总机铃响三声之内应答电话。

（2）话务员应答电话时，必须礼貌、友善、愉快且面带微笑。这时，客人虽然看不到话务员，但能够感觉到她的笑脸，因为只有在微笑时，话务员才会表现出礼貌、友善和愉快，她的语音、语调才会甜美、自然，有吸引力。

（3）接到电话时，首先熟练准确地自报家门，并自然亲切地使用问候语。

（4）答外部来话时，先报酒店名称，并对客人致以问候。

（5）遇到无法解答的问题时，要将电话转交领班、经理处理。

（6）与客人通话时，声音必须清晰、亲切、自然、甜美，音调适中，语速正常（如音调偏高或偏低，语速偏快或偏慢，则应通过培训加以调整）。

（7）应能够辨别主要管理人员的声音，接到他们的来话时，话务员须给予恰当的尊称。

（二）总机服务项目、工作程序和规范

1. 电话转接及留言服务

（1）话务员转接电话时，首先必须认真聆听完客人讲话再转接，并说"请稍等"，如果客人需要其他咨询、留言等服务，应对客人说："请稍等，我帮您接通××部门"，接转电话过程中，必须给予客人适当的说明。

（2）接转之后，如对方无人接电话，铃响半分钟后（五声），必须向客人说明："对不起，电话无人接听，请问您是否需要留言？"需要给房间客人留言的电话一律转到前厅大堂经理处。另外，所有给酒店管理人员的留言（非工作时间或管理人员办公室无人应答时），一律由话务员清楚地记录下来（重复确认），通过寻呼方式或其他有效方式尽快将留言转达给酒店管理人员。

2. 回答问询和查询电话服务

（1）对于常用电话号码，话务员须对答如流，以提供快速查询服务。

（2）如遇查询非常用电话号码，话务员须请客人保留线路稍等，以最有效方式为客人查询号码，确认号码正确后，及时通知客人。如需较长时间，则请客人留下电话号码，待查清后，再与客人电话联系，告诉客人。

（3）如遇有人查询客人房间的电话，在总台电话均占线的情况下，话务员应通过电脑为客人查询。但此时应注意为客人保密，不能泄露住客房号，可接通后让客人直接与其通话。

（三）叫醒服务程序

叫醒服务程序标准如下：

（1）铃响三声内接听电话。

（2）按标准程序问候客人、报岗位名。

（3）问清房号、姓名及叫醒时间。

（4）重复客人叫醒要求，得到客人确认后，祝君晚安。

接到客人要求叫醒电话时，把叫醒要求告知总机，告诉对方叫醒要求，请对方确认。填写叫醒记录，包括填写客人房号、姓名、叫醒时间并通知相关岗位人员。叫醒没有应答时，请楼层服务员敲门叫醒。

六、特殊情况处理

（一）托婴服务

为了方便带婴幼儿的客人外出，酒店客房往往为住店客人提供婴幼儿的托管服务，帮助照看小孩，并根据时间长短收取相应的服务费。

托婴服务由三大部分组成：

1. 客人的提前告知

（1）客人在酒店提供托婴服务的情况下提前 3 小时告知酒店。

（2）核对好客人填写的表单（特别注意联系电话）。

（3）填写好酒店内《托婴服务申请表》。

（4）了解有关婴儿的生活习惯及特殊要求。

（5）根据婴儿的性别年龄情况安排适合人员看护。

（6）看护人员务必小心谨慎，不能离开小孩，不能随意给小孩吃东西，不让小孩接近容易碰伤的东西，不能把小孩带离指定地点。

（7）将婴儿安全交还给客人后，请客人签单确认付费。

（8）完成服务后，及时通知房务中心并由房务中心处理有关费用问题。

2. 酒店内部的人员工作安排

酒店根据客人的要求，提供适合的人员看护小孩。

3. 婴幼儿看护服务员应具备的条件

（1）看护服务员必须有高度的责任心，能够严格按客人吩咐照料婴幼儿。

（2）看护服务员应受过照料婴幼儿的培训，懂得并掌握照看婴幼儿的专门知识和技能。

（3）看护服务员应了解东西方文化与习俗方面的差异。

（二）客人患病

1. 政策

真心帮助客人，力所能及地为客人提供服务。

2. 程序

（1）问清情况。接到客人电话后，问清客人的姓名、房号及病情。

（2）做出安排。请客人自己去酒店医务室接受治疗，同时告诉客人医务室位置及电话分机号码，若客人行动不便，通知酒店医务人员3分钟内到客房去为客人出诊。

（3）主动询问。半小时以后，主动与客人联系了解治疗情况，并询问客人是否需要酒店其他帮助。

（4）协调、落实。若客人有客房、餐饮服务等方面的特殊要求，立即通知有关部门，并负责落实。

（5）表示慰问。在客人以后的住店期间，大堂经理代表酒店总经理慰问客人。

（三）遗失物品

遗失物品的处理程序如下：

（1）接到客人遗失物品时，要问清客人姓名及联系方式，首先登记客人物品报失单，详细登记遗失物品的时间、名称、数量、品牌、颜色等特征以及可能遗失的地点。

（2）服务员不得私自为客人查找物品，根据报失情况与保安人员一起查找，必须由两人以上进行查找，员工不得私藏客人遗留物品，一经发现将按照酒店员工手册处理，情节严重的交由公安机关处理。

（3）查找到物品时要及时联系客人领取，同样核对，填写签收单，没有找到物品时，要及时回复客人，并表示歉意。

（4）保安部接到客人遗失物品时要迅速控制现场，了解事件发生的详细经过，调阅和保存相关监控录像资料，作为处理依据。

（5）对客人物品的遗失，要求酒店赔偿者非因酒店原因造成的，要委婉地拒绝客人，要及时报告保安部经理或值班经理通过公安机关处理。

（6）对于客人遗失的物品比较贵重、较多时则联系保安部作失窃事件处理，必要时可报派出所来处理，事后详细报告给总经理。

（7）当发生客人丢失或遗失物品时，在事发地点的任何员工都必须在第一时间内报告部门经理调查处理，并通知保安部人员到场协助查找。

（四）遗留物品

为进一步加强酒店安全管理制度，防止客人在酒店丢失物品的事件发生，特制定安全防范措施和丢失物品及损失物品的处理程序。

（1）当客人在酒店住房或开会用餐时，服务员要及时提醒客人保管好随身物品，退房或用餐结束离开酒店时，要及时提醒客人携带好随身物品。

（2）客人将物品遗留在酒店公共区域时，则由大堂副经理同保安部经理清点，将物品名称、品牌、颜色、数量、特征详细情况登记在客人遗留物品单上，详细记录遗留物品的地点、拾获物品的地点及部门员工姓名。

（3）酒店员工捡到客人遗失的物品时，要及时上交保安部消防监控室统一保管，不得私自保管客人遗失的物品。

（4）遗留物品单一式三联，第一联交保安部；第二联交相关部门；第三联由大堂经理存档。客人未取时，要在物品上留相关部门、大堂经理与保安部经理三方确认签字。

（5）有客人领取物品时，由保安部经理、大堂经理到现场一起问询客人，核对物品相关特征，确认后请客人出示有效证件登记并复印留底保存，在客人签收单上由保安部经理、大堂经理、客人三方签名。

（6）贵重物品除详细核对外，请客人出具发票，并做好相关交接手续签字，留有效电话号码及有效证件复印件留底保存。

（7）对拾金不昧的员工，酒店按规定要进行表彰奖励。

客人遗失物品分为以下三种：

（1）一般物品。指食品、衣帽、证件、资料，500元以下的物品保存期限为7天。

（2）贵重物品。指现金、首饰、手机，以及估价在500元以上的物品，保存期限为3个月，超过保存期限3个月无人认领的物品，由保安部经理报总经理做出处理决定。

（3）特殊物品。是指国家法律明文规定的违禁物品。任何员工发现违禁物品时马上通知保安部保护好现场，由保安部经理向总经理汇报允许后，报告公安机关作处理。

服务流程

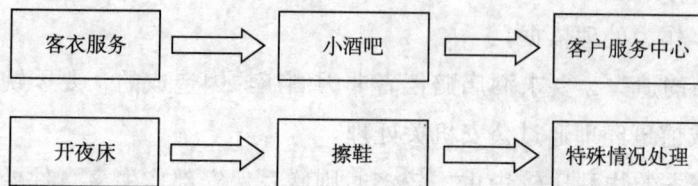

应用案例

一句话引发的投诉

小李按惯例收取客衣，到303房时，小李敲门通报，客人在房内含糊地说了一句，小李听不清楚，在门口等了一会儿。正好302是空房，她就进去打电话给303客人，客人在电话的那一端生气地讲："我还在睡觉，我要去投诉你。"

请问：客人为什么会去投诉？小李的做法对吗？正确的做法应该是怎样的？为什么？

名人名言

学校的目标应当是培养有独立行动和独立思考的个人，不过他们要把为社会服务看作自己人生的最高目标。

——爱因斯坦

知识拓展

酒店常见服务

（一）送餐服务

1. 了解当天供应的食品

（1）电话员了解当天供应食品情况。

（2）每天上午一次（10:30），下午一次（14:30）。

（3）准确记录菜单上食品实际供应的变动情况，详细记录特荐食品原料、配料、味道及制作方法。

（4）将食品信息通知到客房餐饮部的每一位工作人员。

2. 接受客人预订

（1）电话铃响三声之内接听电话："Good morning/Good afternoon/Good evening；Room Service；May I help you。"

（2）聆听客人预订要求，掌握客人订餐种类、数量、人数及特殊要求，解答客人提问。

（3）主动向客人推荐，说明客房餐服务项目，介绍当天推荐食品，描述食品的数量、原料、味道、辅助配料及制作方法。

（4）复述客人预订内容及要求，得到客人确认后（告诉客人等候时间），致谢。

（5）待客人将电话挂断后，方可放下听筒。

3. 填写订餐单并记录

（1）订单一式四联：第一联给厨房；第二联给冷菜间；第三联给收银台；第四联给酒吧。

（2）电话员按照头盘、汤、主盘、甜食、咖啡和茶的顺序，将客人所订食品依次填写在订单上。

（3）若客人需要特殊食品或有特殊要求，需附文字说明，连同订单一同送往厨房，必要时，再向厨师长当面说明。

（4）在客餐服务记录本上记录客人订餐情况，包括订餐客人房间号码、订餐内容、订餐时间、服务员姓名、账单号码。

4. 备餐摆台

（1）准备送餐用具（送餐车、托盘）和餐具。

（2）取客人所订食品和饮料。

（3）依据客人订餐种类和数量，按规范摆台。

5. 送餐至客房

（1）送餐途中，保持送餐用具平稳，避免食品或饮品溢出。

（2）食品、饮品餐具，须加盖或洁净盖布，确保卫生。

（3）核实客人房号，敲门三下，报称："Room Service。"

6. 客房内服务

（1）待客人开门后，问候："Good morning/ Good afternoon/Good evening Sir/madam，"并询问："May I come in?"得到客人允许后进入房间，并致谢："Thank you。"

（2）询问客人用餐位置，"Where would you like to have it?"

（3）按照客人要求放置，依据订餐类型和相应规范进行客房内服务。

7. 结账

（1）双手持账单夹上端，将账单递给客人。

（2）将笔备好，手持下端，将笔递给客人。

（3）客人签完后，向客人致谢"Thank you Sir/madam"。

（4）询问客人是否还有其他要求："Is there anything else that I Can do for you?"若客人提出其他要求，尽量满足。

8. 道别

（1）请客人用餐，"Enjoy it，please"。

（2）退出房间。

9. 收餐

（1）检查订餐记录，确认房间号码。

（2）早餐为30分钟后打电话收餐，午、晚餐为60分钟后打电话收餐。

（3）问候客人，称呼客人名字并介绍自己，询问客人是否用餐完毕，服务员能否到房间收餐。

（4）服务员收餐完毕后，即刻通知订餐员，订餐员详细记录。

（5）当客人不在房间时，请楼层服务员开门，及时将餐车、餐盘等用具取出。

（6）若客人在房间，收餐完毕，需询问客人是否还有其他要求，并道别。

（二）对客租借用品服务

对客租借用品服务程序、操作要求及注意事项如下表所示：

操作程序	操作要求
1. 接到通知	(1) 电话响三声内按标准接听
	(2) 仔细询问客人租借用品的名称、要求以及租借时间等
2. 送用品至房间	(1) 到服务中心领取租借用品
	(2) 将用品迅速或在客人约定的时间送至客人房间，向客人说明注意事项，并请客人在《租借用品登记单》上签名
3. 归还	(1) 当客人离店时，应特别检查客人有无租借用品及有无归还等
	(2) 当客人归还用品时，服务员应做详细记录
	(3) 及时将用品归还服务中心

注意事项：在交接记录上详细记录，以便下一班服务员继续服务。

（三）豪华套房及重点房间接待程序

豪华套房及重点房间接待操作程序、操作要求以及注意事项如下表所示：

操作程序	操作要求
1. 迎客准备	(1) 接到住房通知单后，要了解客人国籍、到房时间、人数、性别、身份、接待单位等
	(2) 按照客人要求布置好房间，并检查房间设施设备是否完好，各种开关、按钮、照明、音响是否完好，各种物品摆放是否整齐、得当
	(3) 按照规定摆放好酒吧饮料及酒类
	(4) 摆放好水果（果篮、洗手盅、水果刀、果叉、口布等）、鲜花，做夜床要放置夜床赠品，摆放好总经理名片及欢迎卡
2. 迎接客人	(1) 客人到达时楼层主管及服务员要到电梯前迎接，当客人跨出电梯，用英语或普通话欢迎客人，如知客人职务，则以职务称呼客人，使客人感到亲切
	(2) 引领客人进房时要落落大方地介绍客房情况，使客人熟悉住房，有宾至如归感
	(3) 尽快送上热毛巾、迎客茶
	(4) 服务员为不打扰客人休息，要尽快离房，离房前要说"请休息，如有事请打××电话"
3. 住客服务	(1) 周到、主动地为客人服务
	(2) 客人离房一次，跟房一次（标准：要求恢复客人进房时状况，但不得移动客人自行放置的物品）
	(3) 客人洗熨的衣服要由专人负责
	(4) 送给客人的电报、信件、物品要用托盘送上
4. 客人离店	(1) 离店时，楼层主管、服务员要在场送行，并致临别祝愿
	(2) 客人离店时清点酒水消耗情况，报给总台结账

注意事项：客人到达前还应检查房间温度是否得当（根据季节调节），客人到后再按客人要求调节。记录客人入住日期。检查房间有无遗留物品，若有应及时归还，并做好记录。

👍 **职业能力训练**

1. 单选题

（1）客人提出托婴服务，一般以（　　　）作为计费起点。

A. 1小时　　　　B. 2小时　　　　C. 3小时　　　　D. 4小时

（2）洗衣服务中的快洗和慢洗价格相差（　　）。

A. 10%　　　　　B. 20%　　　　　C. 50%　　　　　D. 60%

（3）大多数洗衣房在饭店组织机构中属于（　　）管理。

A. 客衣部　　　B. 客房部　　　C. 餐饮部　　　D. 后勤部

2. 多选题

（1）楼层服务中心的不足之处有（　　）。

A. 随机服务较差　　　　　B. 受监视的感觉　　　　　C. 影响楼层安静

（2）客人投诉的意义有（　　）。

A. 改善宾客关系　　　　　B. 提高管理水平

C. 提高服务质量　　　　　D. 发现饭店存在的问题

3. 填空题

（1）客房常规性服务一般分为（　　）、客人到店应接工作、（　　）和（　　）四个环节。

（2）楼层服务台受（　　）直接领导，同时在业务上受（　　）指挥。

👍 观念应用训练

　　客房服务员小吴在打扫走客房时在衣柜里发现了一条非常漂亮的围巾，经不住诱惑，看看周围没人，她就偷偷将围巾塞进了口袋。不巧，正在检查的领班发现了此事，结果因小失大而丢了工作。

　　思考：这一案例给你什么启示？如果你是服务员，你会怎么做？

👍 情景模拟训练

叫醒失误的代价

　　住在饭店内213房间的都先生在某日晚上九时临睡前从客房内打电话给店内客房服务中心。客人在电话中讲："请在明晨六时叫醒我，我要赶乘八时起飞的班机离开本城。"

　　服务中心的值班员当晚将所有要求叫醒的客人名单及房号（包括都先生在内）通知了电话总机接线员，并由接线员记录在叫醒服务一览表之中。

　　第二天清晨快要六点之际，接线员依次打电话给五间客房的客人，他们都已起床了，当叫到都先生时，电话响一阵，都先生才从床头柜上拿起话筒。接线员照常规说："早晨好，现在是早晨六点钟的叫醒服务。"接着传出都先生的声音（似乎有些微弱不清）："谢谢。"

　　谁知都先生回答以后，马上又睡着了。等他醒来时已是六点五十五分了。等赶到机场，飞机已起飞了，只好折回饭店等待下班飞机再走。

　　客人事后向饭店大堂值班经理提出飞机退票费及等待下班飞机期间的误餐费的承担问题。值班经理了解情况之后，向都先生解释说："您今天误机的事，我们同样感到遗憾，不过接线员已按您的要求履行了叫醒服务的职责，这事就很难办了！"

　　都先生并不否认自己接到过叫醒服务的电话，但仍旧提出意见说："你们饭店在是否弥补我的损失这一点上，可以再商量，但你们的叫醒服务大有改进的必要！"

　　阅读以上案例，分析客人和酒店究竟是谁的责任？叫醒服务又该如何改进？

👍 思维拓展训练

破损的西装

　　富川某地一家酒店住着某香港公司的一批常住客。一天，一位香港客人的一件名贵西装弄脏了，需要清洗，当见服务员小鹿进房送开水时，便招呼他说："小姐，我要洗这件西装，请帮我填一张洗衣单。"小鹿想客人也许是累了，就爽快地答应了，随即按她所领会的客人的意思帮客人在洗衣单湿洗一栏中填上，然后将西装和单子送进洗衣房。接手的洗衣工恰恰是刚进洗衣房工作不久的新员工，她毫不犹豫地按单上的要求对这件名贵西装进行了湿洗，结果在口袋盖背面造成了一点破损。

　　香港客人收到西装发现有破损，十分恼火，责备小鹿说："这件西装价值4万日元，理应干洗，为何湿洗？"小鹿连忙解释说："先生真对不起，不过，我是照您交代填写湿洗的，没想到会……"客人更加气愤，打断她的话："我明明告诉你要干洗，怎么硬说我要湿洗呢？"小鹿感到很委屈，不由得分辩说："先生，实在抱歉，可我确实……"客人气愤之极，抢过话头，大声嚷道："这真不讲理，我要向你上司投诉！"

　　客房部曹经理接到香港客人投诉——要求赔偿西装价格的一半2万日元。他吃了一惊，立刻找小鹿了解事情原委，但究竟是交代干洗还是湿洗，双方各执一词，无法查证。曹经理十分为难，他感到问题的严重性，便向主持酒店工作的吴副总经理作了汇报。吴副总也感到事情十分棘手，召集酒店领导作了反复研究。考虑到这家香港公司在酒店有一批常住客，尽管客人索取的赔款大大超出了酒店规定的赔偿标准，但为了彻底平息这场风波，稳住这批常住客，最后他们还是接受了客人过分的要求，赔偿2万日元，并留下了这套西装。

　　阅读以上案例，分析小鹿的做法存在问题吗？

任务三 投诉处理

任务目标

通过本次任务实训，让学生能按照正确、规范的要求完成投诉的处理。

项目任务书

任务名称	投诉处理	任务编号		时间要求	
训练要求	1. 明确处理投诉的基本要求 2. 了解处理投诉的基本环节				
培养能力	1. 掌握处理投诉的基本要求 2. 了解处理投诉的基本环节 3. 懂得处理投诉的技巧				
涉及知识	客房投诉处理相关知识				
教学地点	教室、机房	参考资料			
教学设备	客房标准间				
训练内容					
学生扮演客房服务员如何处理服务工作中客人的投诉					
实训成果评价标准					

1. 能完美地处理客人的投诉，客人十分满意处理结果，普通话流利标准，处理过程耐心，态度良好
2. 能较好地处理客人的投诉，客人十分满意处理结果，普通话较流利标准，处理过程耐心，态度良好
3. 能较好地处理客人的投诉，客人较满意处理结果，普通话较流利标准，处理过程较耐心，态度良好
4. 不能完美地处理客人的投诉，客人不满意处理结果，普通话不流利标准，处理过程没有耐心，态度差
符合上述标准 1，成绩为优秀，可得 90~100 分；符合标准 2，成绩为良好，可得 70~80 分；符合标准 3，成绩及格，可得 60~70 分；符合标准 4，成绩为不及格，得分 60 分以下；介于这几种标准之间的，可酌情增减分

引导案例（情景导入）

退房的争议

一天早上，客房新员工小黄按照服务中心指令前往 VIP 客人的房间 413 房进行退房的查房工作。

小黄迅速赶到该房间并礼貌敲门后，发现房间还有客人，于是及时询问客人是否退房，客人说是的，并要求小黄查房。小黄为了很快查完房间，看到两位客人还在谈话，就说："我要查房，请你们出去吧。"小黄的话，让其中的一位客人很是不满，指责小黄素质太差，并进行投诉，然后愤然离开。

事情发生后，总办质检赶往调查，发现该房住的是酒店的一位常住客人，经过多方协调致歉，客人方表示接受。

思考：本案例的启示。

知识链接

如何处理酒店投诉

（一）处理投诉要点

（1）展示你的倾听能力。要全神贯注地倾听客人的投诉，切记千万不要解释，此时做任何解释只能引起客人的反感。让客人在讲述过程中不断宣泄自己的情绪。

（2）表示同情心、道歉。真心实意地对客人表示同情，要让客人感受到你的同情心，并真诚地向客人道歉。

（3）给予全部注意力。在倾听客人讲述事情经过时，要给予全部的注意力，要让客人感觉到你认为他所讲诉的是唯一正确的答案。

（4）认真记录。要认真做好记录，要让客人感受到酒店对此事的重视程度，对处理投诉的整个过程来说，认真做好记录是必不可少的一项重要内容。

（5）感谢客人。要代表酒店对客人表示万分的感谢，感谢客人提出的宝贵意见。

（6）提出解决方案。至少提出不少于两种的解决方案，供客人选择。

（7）实施。按酒店的程序，为客人解决所投诉的实际问题，尽量让客人感到满意。

（8）跟踪。认真跟踪解决问题的全过程。

（二）处理顾客投诉十注意

（1）提早起立问候。

（2）学会道歉。面对客人指出的、不可推卸的错误，必须做到不厌烦、不狡辩、不推脱。

（3）设法解决客人问题。

（4）注意聆听。

（5）注意平息客人的怒气，不与客人争辩。

（6）通过岔转话题，转移客人怒火。

（7）向客人提出新建议，并指出新建议的好处。

（8）站在客人立场考虑问题（换位思考）。

（9）通过倒茶、送水果等物质手段向客人致歉，缓和气氛。

（10）有始有终，以告别语给客人留下好印象。

服务流程

倾听客人投诉→认真记录→感谢客人→提出解决方案→实施→跟踪。

应用案例

脏了的地毯

一天,客人从外面回来弄脏了地毯,服务员小安小声表示不满,后客人要求服务员擦皮鞋遭到拒绝,客人怒而投诉。

假如你是该饭店的大堂经理,如何按投诉处理的方法和程序处理此事?

名人名言

我是世界的公民,应为人类而生。

——诺贝尔

知识拓展

酒店管理中的投诉处理艺术

服务是酒店的主要产品,酒店通过销售服务、设施而盈利。宾客与酒店的关系是买和卖的关系,也是被服务与服务的关系。到店宾客以双方商定的价格来购买特定的服务产品,从而满足自身在物质上和精神上的需要。当宾客认为所付出的费用与得到的服务产品质量不成正比,即认为所购买的酒店产品非所值时,就会产生投诉。

(一)正确认识宾客投诉行为

客人投诉不仅仅意味着客人的某些需要未能得到满足,实际上,投诉也正是客人对酒店、对酒店员工服务工作质量和管理工作质量的一种劣等评价。

任何酒店任何员工都不希望有宾客投诉自己的工作,这是人之常情。然而,即使是世界上最负盛名的酒店也会遇到客人投诉。成功的酒店善于把投诉的消极面转化成积极面,通过处理投诉来促进自己不断改进工作,防止投诉的再次发生。正确认识宾客的投诉行为,就是不仅要看到投诉对酒店的消极影响,更重要的是把握投诉所隐含的对酒店的有利因素，变被动为主动，化消极为积极。

1. 投诉是基层管理工作质量和效果的"晴雨表"，是提高基层管理质量的推动力

对第一线服务而言，基层管理的主要对象是服务员在服务现场的工作质量；对后勤部门而言，基层管理的主要对象为协同前线部门，确保酒店产品的整体质量符合要求，无论是前线还是后勤部门，都通过自己的工作与宾客产生直接或间接的沟通，是客人心目中的"酒店代表"。从前台部的行李员、接待员、总机接线生，到客房部的服务员、工程部维修人员、保安部保安员；从餐厅领班、服务员到厨房各工序员工，到管事部、洗涤部各岗位人员，他们的工作态度、工作效率、服务质量和效果直接影响到客人投诉行为的产生。

宾客投诉行为实际上是酒店基层管理质量的"晴雨表"，通过投诉，酒店可以及时发现自己发现不了的工作漏洞；通过投诉，可以鞭策酒店及时堵塞漏洞、对症下药，解决可能是长期以来一直存在着的严重影响酒店声誉的工作质量问题。即使是客人的有意挑剔、无理取闹，酒店也可以从中吸取教训，为提高经营管理质量积累经验，使制度不断完善，服务接待工作日臻完美。

2. 宾客直接向酒店投诉，给酒店提供了挽回自身声誉的机会

宾客在酒店消费过程中不满、抱怨、遗憾、生气动怒时，可能投诉，也可能不愿去投诉。不愿投诉的客人可能是不习惯以投诉方式表达自己的意见，他们宁愿忍受当前的境况；另一种可能是认为投诉方式并不能帮助他们解除、摆脱当前的不满状况，得到自己应该得到的，一句话，投诉没有用。还有一种可能是怕麻烦，认为投诉将浪费自己的时间，使自己损失更大。这些客人尽管没有去投诉，但他们会在酒店通过其他途径来进行宣泄：或自我告诫，以后不再到该酒店消费；或向亲朋好友诉说令其不快的消费经历。而这一切，意味着酒店将永远失去这位客人，酒店就连向客人道歉的机会也没有了。

在以投诉方式表达自己意见的客人中，也存在着以下几种不同的具体方式：

(1) 直接向酒店投诉。这类客人认为，是酒店令自己不满，是酒店未能满足自己的要求和愿望，因此，直接向酒店投诉能尽量争取挽回自身的损失。

(2) 不向酒店而向旅行代理商、介绍商投诉。选择这种投诉渠道的往往是那些由旅行代理商等介绍而来的客人，投诉内容往往与酒店服务态度、服务设施的齐全、配套情况及消费环境有关。在这些客人看来，与其向酒店投诉，不如向旅行代理商投诉对自己有利，前者既费力又往往徒劳。

(3) 向消费者委员会一类的社会团体投诉。这类客人希望利用社会舆论向酒店施加压力，从而使酒店以积极的态度去解决当前的问题。

(4) 向工商局、旅游局等有关政府部门投诉。

(5) 运用法律诉讼方式起诉酒店。

对酒店的影响：

站在维护酒店声誉的角度去看待客人投诉方式，不难发现，客人直接向酒店投诉是对

酒店声誉影响最小的一种方式。酒店接受客人投诉能控制有损酒店声誉的信息在社会上传播，防止政府主管部门和公众对酒店产生不良印象。

从保证酒店长远的角度出发，酒店接受客人投诉能防止因个别客人投诉而影响到酒店与重要客户的业务关系，防止因不良信息传播而造成的对酒店潜在客户、客人的误导。直接向酒店投诉的客人不管其投诉的原因、动机如何，都给酒店提供了及时做出补救、保全声誉的机会和做周全应对的准备余地。正确认识客人投诉对酒店经营管理的积极面，为正确处理客人投诉奠定了基础。

对客人投诉持欢迎态度，"亡羊补牢"也好，"见贤思齐"也罢，总之，"闻过则喜"应成为酒店接待客人投诉的基本态度。

（二）基层管理中的投诉类型

客人投诉往往是因为酒店工作上的过失或酒店与宾客双方的误解、不可抗力或某些客人的别有用心等因素而造成的。就客人投诉内容不同，可分为以下几类：

1. 对酒店某工作人员服务态度的投诉

对服务员服务态度优劣的甄别评定，虽然根据不同消费经验、不同个性、不同心境的宾客对服务态度的敏感度不同，但评价标准不会有太大差异。尊重需要强烈的客人往往以服务态度欠佳作为投诉内容，具体表现为：

（1）服务员待客不主动，给客人以被冷落、怠慢的感受。

（2）服务员待客不热情，表情生硬、呆滞甚至冷淡，言语不亲切。

（3）服务员缺乏修养，动作、语言粗俗、无礼，挖苦、嘲笑、辱骂客人。

（4）服务员在大庭广众中态度咄咄逼人，使客人感到难堪。

（5）服务员无根据地乱怀疑客人行为不轨。

2. 对酒店某项服务效率低下的投诉

如果说以上投诉是针对具体服务员的，那么，以下内容的投诉则往往是针对具体的事件而言的。如餐厅上菜、结账速度太慢；前台入住登记手续烦琐，客人等候时间太长；邮件迟迟未送达，耽误客人大事等。在这方面进行投诉的客人有的是急性子，有的是要事在身，有的确因酒店服务效率低而蒙受经济损失，有的因心境不佳而借题发挥。

3. 对酒店设施设备的投诉

因酒店设施设备使用不正常、不配套、服务项目不完善而让客人感觉不便也是客人投诉的主要内容。如客房空调控制、排水系统失灵，会议室未能配备所需的设备等。

4. 对服务方法欠妥的投诉

因服务方法欠妥，而对客人造成伤害，或使客人蒙受损失。如夜间大堂地面打蜡时不设护栏或标志，以致客人摔倒；客人延期住宿总台催缴房费时客人理解为服务员暗指他意在逃账；因与客人意外碰撞而烫伤客人等。

5. 对酒店违约行为的投诉

当客人发现，酒店曾经做出的承诺未能兑现时，会产生被欺骗、被愚弄、不公平的愤怒心情。如酒店未实践给予优惠的承诺，某项酒店接受的委托代办服务未能按要求完成或过时不复等。

6. 对商品质量的投诉

酒店出售的商品主要表现为客房和食品。客房有异味，寝具、食具、食品不洁，食品未熟、变质，怀疑酒水是假冒伪劣品等，均可能引起投诉。

7. 其他（酒店方面的原因）

服务员行为不检、违反有关规定（如向客人索要小费），损坏、遗失客人物品；服务员不熟悉业务，一问三不知；客人对价格有争议；对周围环境、治安保卫工作不满意；对管理人员的投诉处理有异议等。

酒店受理客人投诉的主要场所在前台和餐厅。不少酒店客房和餐饮的营业收入是整所酒店经营收入的两大支柱，前台、客房部和餐饮部接待的客人人数比例较大，因此，投诉客人多为住客、食客，投诉场所多在前台、餐厅是合乎常理的。前台和餐厅是酒店直接对客人服务的营业场所，食客对食品质量的投诉往往是通过餐厅而非厨房，住客对客房设施的投诉往往是通过前台而非工程部。因此，前台、客房和餐厅的基层管理人员尤其需要了解投诉客人的心理活动，以便运用投诉处理技巧，妥善处理投诉。

酒店方面的原因：酒店方面的原因主要表现为消费环境、消费场所、设施设备未能满足客人的要求；员工业务水平低，工作不称职，工作不负责任，岗位责任混乱，经常出现工作过失；部门间缺乏沟通和协作精神，管理人员督导不力；对客人尊重程度不够；服务指南、宣传手册内容陈旧、说明不翔实等。

客人方面的原因：对酒店的要求较高，一旦现实与期望相去太远时，会产生失望感；对酒店宣传内容的理解与酒店有分歧；个别客人对酒店工作过于挑剔等。

客人投诉时的表达方式一般分为：

1. 理智型

这类客人在投诉时情绪显得比较压抑，他们力图以理智的态度、平和的语气和准确清晰的表达向受理投诉者陈述事件的经过及自己的看法和要求，善于摆道理。这类人的个性处于成人自我状态。

2. 火暴型

这类客人很难抑制自己的情绪，往往在产生不满的那一刻就高声呼喊，言谈不加修饰，一吐为快，不留余地。动作有力迅捷，对支吾其词、拖拉应付的工作作风深恶痛绝，希望能干脆利落地彻底解决问题。

3. 失望痛心型

情绪起伏较大，时而愤怒，时而遗憾，时而厉声质询，时而摇头叹息，对酒店或事件深深失望，对自己遭受的损失痛心不已是这类客人的显著特征。这类客人投诉的内容多是自以为无法忍耐的，或是希望通过投诉能达到某种程度的补偿。

（三）投诉处理的原则与程序

1. 坚持"宾客至上"的服务宗旨

对客人投诉持欢迎态度，不与客人争吵，不为自己辩护。接待投诉客人，受理投诉，处理投诉，这本身就是酒店的服务项目之一。

如果说客人投诉的原因总是与服务质量有关，那么，此时此刻代表酒店受理投诉的管理人员应真诚地听取客人的意见，表现出愿为客人排忧解难的诚意，对失望痛心者款言安慰，深表同情，对脾气火暴者豁达礼让、理解为怀，争取圆满解决问题，这本身就是酒店正常服务质量的展现。如果说投诉客人都希望获得补偿的话，那么，在投诉过程中对方能以最佳的服务态度对待自己，这对通情达理的客人来说，也算得上是某种程度的补偿。

2. 处理投诉要注意兼顾客人和酒店双方的利益

管理人员在处理投诉时，身兼两种角色：首先，他是酒店的代表，代表酒店受理投诉。因此，他不可能不考虑酒店的利益。其次，如果他受理了宾客的投诉，只要他仍然在此岗位工作，他也就同时成为了客人的代表，在代表酒店的同时也代表客人去调查事件的真相，给客人以合理的解释，为客人追讨损失赔偿。客人直接向酒店投诉，这种行为反映了客人相信酒店能公正妥善解决当前问题。

为回报客人的信任，以实际行动鼓励这种"要投诉就在酒店投诉"的行为，管理人员必须以不偏不倚的态度，公正地处理投诉。

3. 对投诉的快速处理

第一，专注地倾听客人诉说，准确领会客人意思，把握问题的关键所在。确认问题性质可快速处理。第二，必要时查看投诉物，迅速做出判断。第三，向客人致歉，作必要解释。请客人稍为等候，自己马上与有关部门取得联系。第四，跟进处理情况，向客人询问对处理的意见，作简短祝词。

4. 对投诉的一般处理程序

（1）倾听客人诉说，确认问题较复杂，应按程序处理。

（2）请客人移步至不引人注意的一角，对情绪冲动的客人或由外地刚抵埠的客人，应奉上茶水或其他不含酒精的饮料。

（3）耐心、专注地倾听客人陈述，不打断或反驳客人。用恰当的表情表示自己对客人遭遇的同情，必要时作记录。

（4）区别不同情况，妥善安置客人。对求宿客人，可安置于大堂吧稍事休息；对本地客人和离店客人，可请他们留下联系电话或地址，为不耽误他们的时间，请客人先离店，明确地告诉客人给予答复的时间。

（5）着手调查。必要时向上级汇报情况，请示处理方式，做出处理意见。

（6）把调查情况向客人进行沟通，向客人作必要解释，争取客人同意处理意见。

（7）向有关部门落实处理意见，监督、检查有关工作的完成情况。

（8）再次倾听客人的意见。

（9）把事件经过及处理整理成文字材料，存档备查。

（四）投诉处理的应急措施

（1）因房间设施设备出现的客人投诉。服务员在接到客人投诉第一时间内到达现场，处理不了的由主管处理，主管5分钟内赶到现场，并首先后客人道歉，然后通知前台为客人调房，最后在自己的职权范围内为客人提供升值服务；如客人还是不满意，部门经理必须在10分钟内到达现场，为客人提供升值服务，直到客人满意为止。

（2）因房间卫生情况出现的客人投诉。服务员在接到客人投诉第一时间内告知主管，并在第一时间内赶到现场。①如是因为房间的卫生未清理，首先向客人道歉，然后以最快的速度为客人清理好房间，并请示上级为客人提供升值服务。②如是房间出现蚊虫，主管5分钟内必须到达现场，首先由主管向客人道歉，然后通知前台为客人调房，最后在自己的职权范围内为客人提供升值服务。

（3）因房间折扣而出现的客人投诉。①客人在二次入住时的房价与上一次的不一样，比如房间季节销售的价格不一样，客人对此很不满意，自己处理不了的，立即联系主管和销售人员向客人做合理的解释。②客人对商场商品和商务中心收费标准表示有异议的，马上向客人做出相应的解释，如果客人始终不满意，自己又协调不了的，马上向当班主管汇报，一起向客人做出合理的解释，让客人接受我们的商品价位，买走我们的产品。

（4）因员工用语不规范而引起的客人投诉。因员工用语不当造成客人在消费过程中出现不满，应立即向客人道歉，并告知主管向客人道歉，在自己的职权范围内为客人提供升值服务，使客人满意。

（5）因服务程序引起的客人投诉。在服务过程中因服务不当造成的客人投诉，应在第一时间内向客人道歉，比较严重（客人复印后把原件忘在商务中心、为客人上茶时不小心将茶水倒在客人身上等）的情况下，主管在5分钟内必须到达现场，向客人道歉，最大努力地争取客人的谅解，如客人还不满意，必须由部门经理出面解决，在自己的职权范围内提供升值服务，使客人满意。

👍 **职业能力训练**

1. 单选题

（1）对急躁型客人的服务要注意（　　）。

A. 服务快速　　　　　　　　B. 多与他们讨价还价

C. 多介绍昂贵的物品　　　　D. 多与他们聊天

（2）客房部的工作钥匙和呼叫机等通常都由（　　）保管和收发。

A. 值班经理　　　　　B. 客房部主管　　　　C. 客房中心联络员　　　　D. 客房部领班

2. 多选题

（1）最易引起人的视觉疲劳的色彩是（　　）。

A. 黄色　　　　　　　B. 红色　　　　　　　C. 蓝色　　　　　　　　　D. 紫色

（2）使用地毯的客房必须配备（　　）。

A. 地巾　　　　　　　B. 浴帘　　　　　　　C. 窗　　　　　　　　　　D. 沙发

3. 填空题

（1）客人投诉的一般方式采用（　　）、（　　）或（　　），有关投诉表明，客房卫生问题的投诉占总投诉的（　　）左右。

（2）只有在两种情况下，客房服务员才能为没有住宿凭证的客人开房间，一是（　　），二是（　　）。

（3）处理好客人投诉时若采用替代"方法"，其具体做法有（　　）、（　　）、（　　）。

（4）对客服务要使客人真正得到满意，取决于两个方面，即（　　）、（　　）。

👍 观念应用训练

遇到客人投诉怎么办？

👍 情景模拟训练

坏了的淋浴器

一天，在某饭店客房的浴室中发生了一件令人不愉快的事：客人本要想放水在浴缸内洗澡，后来嫌浴缸不干净，洗盆太麻烦，于是改用淋浴器冲洗身体。当客人把水温刚刚调好，由于浴室内温度低，便马上冲洗起来，谁知水温突然升高了，将客人烫伤了。

他非常恼火，匆匆穿上衣服把客房楼层管理员喊来，提出申诉说："你们是怎么搞的？淋浴器根本不能用，你们对淋浴设备保养差，竟然流出开水把我烫伤了！"

管理员根本不买账，对着客人申辩道："我们饭店供给浴室的大炉水温度最高是 60℃，在通常情况下是不可能烫伤人体的。多半是由于你不注意，将水龙头开关的方向拧错了，以致放出大量热水，同时当拧动开关后，淋浴器流出来的水温还要等一会儿才会相应发生变化。"客人听了非常恼火地阻止管理员再讲下去，抢着说道："真是岂有此理，明明是淋浴设备失灵，反而倒打一耙，怪我不注意，我要找你们经理讲讲清楚，你们饭店要负责支付治疗费和赔偿费。"

饭店经理来后，感到如果像管理员一样，继续和客人争论下去，是无从解决问题的，于是采取息事宁人的态度，口头表示了歉意，并表示如果客人确因烫伤而产生的医疗费用由店方负责。问题算是勉强解决了，但如果要消除今后隐患的话，看来还有文章要做的。

阅读上述案例，分析饭店经理处理方式的优劣。

👍 **思维拓展训练**

洗到一半的澡

2012 年 11 月某日凌晨 1 点，大堂经理接到入住饭店北楼 2818 房间客人的投诉：刚进房洗澡洗到一半却没有热水了，连身上的沐浴液都来不及冲洗干净，虽然房间内放了告示说明饭店清洗水箱 1 点 30 分会停热水，但实际停水时间提前了半个小时。大堂经理接到电话投诉后立即在电话中向客人表示歉意，同时赶往客人房间，在路上致电总台在另外一幢楼准备好房间，并通知客房中心请服务员到客人门外等候并准备热水，请房内送餐准备好小点心。

来到客人房间后，客人已经将身体擦干坐在沙发上，但看得出身上、头发上仍有沐浴液和洗发水残留，大堂经理再次向客人表示歉意。客人看到大堂经理后开始抱怨并要求房间立即恢复热水。据大堂经理了解，工程部从晚 8 点开始放水，到 1 点刚好将水全部放完，比预计的时间提前了半个小时，如按客人要求立即恢复热水也要再等上 1 个多小时。向客人解释后建议立即帮客人升级换到酒店另一幢楼的房间，但是客人予以拒绝，坚持要恢复热水在他的房间里洗澡。大堂经理再次耐心地向客人解释，请服务员立即将准备好的热水、毛巾送到房间，并请房内送餐送来姜茶让客人祛寒，另外送上了夜宵，同时帮客人第二天延迟退房到下午 4 点，最后还答应客人第二天如果晚起的话可以致电将早餐送到房间，看到酒店如此诚恳的态度，客人终于表示原谅，并接受了大堂经理的建议。

处理完投诉后，大堂经理在日志上记录此事，并提出了几点建议供相关部门参考：

（1）工程部在预计停水时间需留有余地，以防万一。

（2）前厅部对晚入住客人的排房要避开停水楼层。

（3）客房部事先准备好热水，并对客人做好相应的解释工作。

（4）大堂经理对该房间的客人进行跟踪服务。

项目四

公共区域的清洁

在酒店的公共空间中，大堂是给客人留下印象最深的场所，代表酒店的整体形象；从功能而言，大堂又是整个酒店的重要枢纽，客人的入、出、交流基本都要经过这里；对酒店风格定位来说，大堂无论是大是小，是正式还是随意，它的风格代表了整个酒店的设计方向。

 **项目导图**

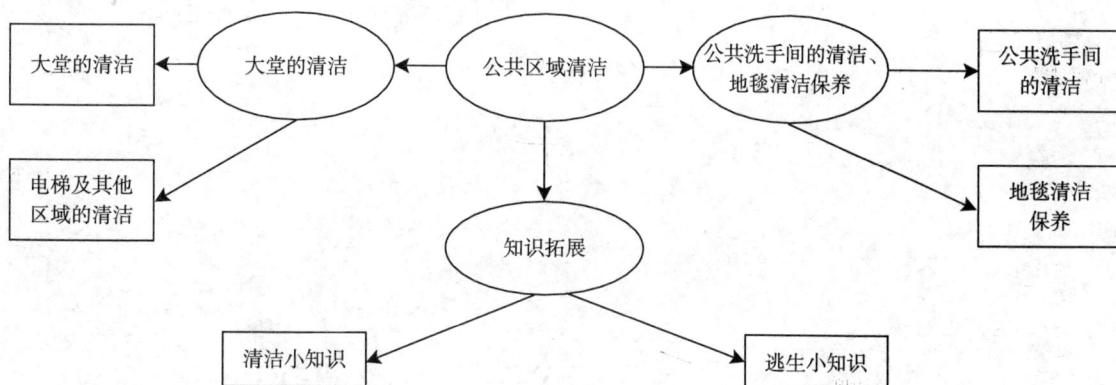

 **学习目标**

知识目标

通过教学，了解公共区域清扫的特点和清扫公共区域的重要性。

通过教学，能达到中级以上客房服务员的技能水平。

技能目标

（1）熟悉公共区域卫生工作特点。

（2）熟悉地面清洁作业规范和其他作业规范。

（3）熟悉大堂的清洁工作。

（4）掌握公共洗手间的清洁、地毯清洁保养。

任务一　大堂的清洁

任务目标

通过本次任务实训，让学生能够掌握大堂清洁的工作程序和标准。

项目任务书

任务名称	大堂的清洁	任务编号		时间要求	
训练要求	1. 懂得大堂清洁的规范 2. 掌握专业的清洁保养知识和技能				
培养能力	1. 熟悉公共区域卫生工作特点 2. 掌握大堂清洁的工作规范 3. 了解大堂公共各区域的特点				
涉及知识	大堂清洁的规范和技能				
教学地点	教室、机房	参考资料			
教学设备	大堂				
训练内容					
了解清洁操作方面的专业知识					
实训成果评价标准					

1. 能够准确地对大堂各区域根据不同特点清洁，熟练地掌握推尘、换烟缸、整理座位、除尘、大堂入口处内外垫毯的清洁
2. 能够较准确地对大堂各区域根据不同特点清洁，熟练地掌握推尘、换烟缸、整理座位、除尘、大堂入口处内外垫毯的清洁
3. 能够较准确地对大堂各区域根据不同特点清洁，较熟练地掌握推尘、换烟缸、整理座位、除尘、大堂入口处内外垫毯的清洁
4. 不能准确地对大堂各区域根据不同特点清洁，不能熟练地掌握推尘、换烟缸、整理座位、除尘、大堂入口处内外垫毯的清洁

符合上述标准 1，成绩为优秀，可得 90~100 分；符合标准 2，成绩为良好，可得 70~80 分；符合标准 3，成绩及格，可得 60~70 分；符合标准 4，成绩为不及格，得分 60 分以下；介于这几种标准之间的，可酌情增减分

引导案例（情景导入）

小小的伞套

某杂志社几位采编人员一连三天躲在饭店的房间里整理采访来的材料。忽然，门铃响起，开门一看，正好是他们翘首等待的同济大学某教授。他们发现教授手中的雨伞外有一个细狭的塑料套子，不禁赞扬教授的细心。要是没有这个套子，大酒店豪华的地毯早就被湿透的雨伞上的水滴弄湿了。"哪里，哪里，"教授一边坐下一边说，"我哪里想到这一点，是酒店大堂

服务员给每位进店拿着雨伞的客人套上的。既方便了客人，又保护了酒店地毯，保持了酒店环境整洁"。

思考：本案例的启示。

知识链接

公共区域清洁保养工作内容

公共区域清洁保养工作内容如图4-1所示。

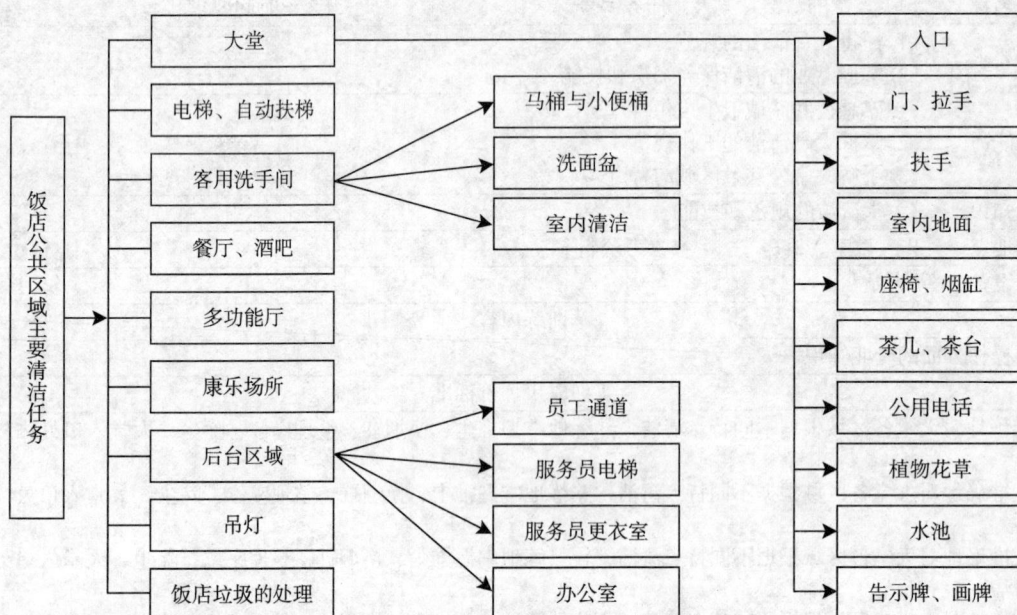

图4-1 公共区域清洁保养工作内容

（一）大堂的清洁

1. 大堂日间的清洁

大堂日间清洁卫生的操作程序及操作要求如下：

（1）推尘。大堂大理石地面，在客人活动频繁的白天，必须不停地进行推尘工作，使地面保持光亮如镜，雨雪天时，应在大堂入口处铺上蹭鞋垫（踏垫）和小地毯，放上存伞架。

（2）清理烟灰缸和沙缸。按清洁卫生质量标准要求，公共区域的烟灰缸应及时替换，烟头不得多于三支。替换时，必须用托盘盛放干净的烟灰缸，先用干净烟灰缸放到脏烟灰缸上面一起拿掉，放到托盘里，然后将干净的烟灰缸换上，若此时有客人正在使用烟灰缸，则应把干净的烟灰缸放回原处，以方便客人。若发现沙缸内有烟头、纸屑等杂物亦应及时清理掉。

（3）整理座位。大堂休息处的沙发、茶几、台灯等，由于客人使用频繁，必须随时整理归位；地面上、沙发上、茶几上若有果皮、纸屑，应及时清理，对座在扶手靠背上的客人应劝其坐在沙发座上，不允许在沙发上睡觉。

（4）除尘。负责大堂清洁的服务员必须不断地巡视大堂各处，抹去浮尘，包括大堂内各种指示牌、公用电话机、总服务台、台面灯座、电梯厅、花盆（捡去烟头、火柴梗等）和大堂玻璃门等。

（5）其他工作。大堂休息处若铺有地毯，服务员应定时吸尘，定时清洁消毒公用电话；还应清洁大堂公共洗手间；经常用抹布擦拭大堂区域绿色植物枝叶上的浮灰，清理过道地面等。

上述工作，服务员应根据客流情况在日间进行。一般要求 1~2 小时循环一次，进行上述工作时应尽量不影响客人和其他员工。

2.大堂晚间的清洁

大堂进一步的清洁保养工作，一般在晚间进行，因为那时人流量减少，影响较小，夜间大堂保洁员的工作内容主要有：地毯保养清洗、吸尘、地面保养，打蜡、结晶处理，电梯清洁、家具除尘、倒净并擦净烟灰缸和污物筒，擦净墙上、木器上、金属面上、门上、把手上等处的指印或污点，用桐油或不锈钢清洁剂擦净擦亮所有铜器、不锈钢器具、洗净擦亮所有的玻璃门和镜面。

3.前台公共区域每周一次的清洁

大堂、电梯厅等公共区域每周一次的清洁保养工作包括以下内容：

（1）清洁电话间与电话亭。

（2）木器家具的打蜡上光。

（3）清洁窗台。

（4）对百叶窗进行吸尘。

（5）用装有长吸管的吸尘器对天花板通风口进行除尘。

（6）用装有清洁缝隙设备的吸尘器对踢脚板进行吸尘。

（7）大堂地面清洗并打磨抛光。

（8）擦拭应急灯等设施。

（9）清理各处死角的卫生。

（10）公共洗手间的彻底清洗。

4.前台公共区域每月一次的清洁

前台公共区域每月一次的清洁工作包括以下内容：

（1）对布艺家具和窗帘进行吸尘，如灰尘堆积得很快，则应根据需要吸尘。

（2）对灯座及各种装饰性摆设进行清洁、打蜡，使其减少灰尘堆积。

（3）干洗休息处地毯。

（4）窗户每月轮洗一次，平时若有脏迹应及时清洁。

（5）对门的侧柱及门锁进行除尘。

（6）公共区域尤其是大厅的墙面进行清洗。

（7）走廊灯、吊灯和吸顶灯的清洁。

（8）金属、石料或木制家具的清洁、打蜡。

5. 前台公共区域每季（或视需要）一次的清洁工作

前台公共区域每季的清洁工作包括以下内容：

（1）座椅的坐垫，靠背与扶手的清洗。

（2）帷帘与软墙体的清洗。

（3）湿洗地毯等。

附：

1. 大堂卫生工作范围

大堂卫生工作范围如图4-2所示。

（a）大堂地面

（b）烟箱

（c）伞架

（d）大门口内外

（e）自动扶梯

（f）电梯内外

图4-2　大堂卫生工作范围

2. 大堂清洁工具及用品

大堂清洁工具及用品如图4-3所示。

（二）电梯的清洁

（1）酒店电梯种类。酒店的电梯包括客用电梯、职工电梯、餐梯、货梯等，而客用电梯也与大堂一样，是客人使用频繁，需经常清理的地方。现代酒店多使用自动电梯，其清洁保养难度更大。

（2）清洁项目。主要是天花板、灯、墙面、镜面、电话机除尘及地面吸尘，要特别注意对金属部分或镜面的除渍保养，对电梯按钮也要不时用干抹布擦拭，以保持清洁。

（3）清洁时间。对客用电梯的清洁一般分午、晚、深夜三次进行。电梯厢内的地面整天都

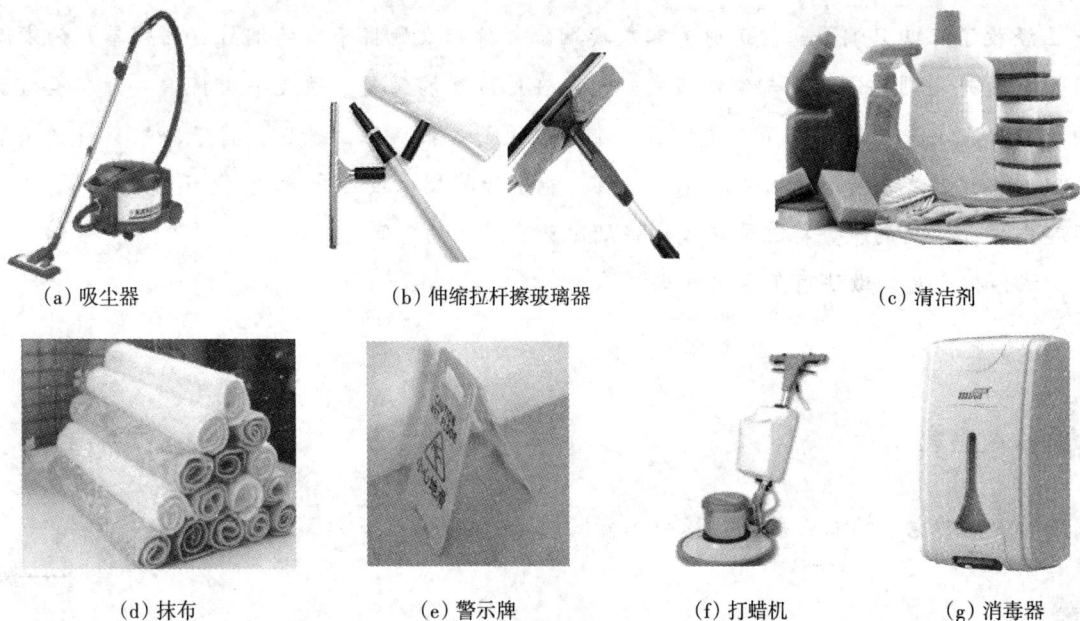

(a) 吸尘器　　　　　　　　(b) 伸缩拉杆擦玻璃器　　　　　　(c) 清洁剂

(d) 抹布　　　　　　(e) 警示牌　　　　　　(f) 打蜡机　　　　　　(g) 消毒器

图4-3　大堂清洁工具及用品

受到踩踏，十分容易受损，每天夜班应对大理石地面进行保养。

对酒店的其他电梯也应参照客用电梯的清洁方法进行清理保养，以保证酒店所用电梯的清洁卫生质量。

（三）其他区域的清洁

其他区域包括健身房、游泳池、桑拿及康乐区域等。其正常清洁工作一般由各营业点自行承担，而公共区域定期保养部分，则根据其地面材料、营业时间等不同分别进行，负责其彻底的清洁保养。

服务流程

推尘→清理烟灰缸和沙缸→整理座位→除尘→其他工作。

应用案例

烟灰缸的摆放

几位客人坐在某饭店大堂休息处的沙发上聊天，其中一位客人沈先生从口袋里掏出一盒三五牌香烟，抽出一支来吸，点燃后，便顺手将放在茶几侧的烟灰缸移至身侧。客人们谈得很融洽，吴先生也一支接一支地抽烟，负责大厅公共区域清洁的保洁员小鹿看到烟缸中已经放了三四只烟蒂，便迅速为客人换烟缸，按标准她将干净的烟缸放回到茶几的中间位置。吴先生刚要弹烟灰却发现烟灰缸已不在他方便的位置，便又一次将烟灰缸移至自己的身旁。在吴先生继续抽了三支烟后，小鹿再次前来换烟缸，她还是将干净烟缸放到了茶几中间，这次，吴先生对小鹿说："小姐，能不能将烟缸放在我旁边？"小鹿回答说："对不起先生，饭店的服务标准要求我们将烟缸放在茶几的中间。"

试分析小鹿的做法有不妥之处吗？

名人名言

劳动受人推崇。为社会服务是很受人赞赏的道德理想。

——杜威

知识拓展

大堂区域规划

酒店建筑首先要明确大堂的规模、气氛及形象。

大堂往往构成酒店所有活动的中心，由它达到全部或者大多数的公共设施以及客房，通过设置合理的服务桌或者服务台，大堂集流通、聚会和等候等功能于一体，直接将客人引向提供接待、信息和出纳服务的前台。在与容纳人数的关系上，大堂的面积将成为限定住宿人数的标准，除此之外，根据设施的等级、其他公共部门的规模和大堂的位置关系等，还将会有所变化。

国际旅游酒店建设方法的标准是每位客人 0.4 平方米，一般酒店都要达到 0.6~1.0 平方米，因为大堂本身不是作为酒店的盈利部分来使用，所以应给大堂分出多大的空间，这在整个酒店运营方面，将是一个非常重要的问题。大堂是体现酒店形象的部分，必须与投资方进行充分的协商。

大堂的各个功能区要运作成功，就要明确各个功能，以便客人在最短的时间内熟悉酒店。除了创建酒店形象外，大堂还是主要的人流区，指引客人去前台、电梯厅、餐厅、宴会厅、娱乐场所等公共空间。同时，这里也是客人非正式的聚集地和安全控制区，员工可以观察、监督通往酒店的各个通道。

酒店一层平面的规划包括入口、大堂、大堂吧、前台、前台办公、西餐厅、商务、精品店以及垂直交通等。

（1）入口。

（2）大堂。

（3）前台办公。它设置在入口左侧位置，临近前台，能看见出入口，也能看见前台，便于客人咨询和解决问题，也靠近前台办公区，以便内部行政事务的安排。

（4）前台。前台设置在进门后可以立刻看到改到左侧大堂的中间位置，这样更有利于组织各功能区的交通路线运营管理，总台分成部分接待，把登记、咨询和退房、服务等功能区分开设计，避免路线冲突，前台工作人员可以看到大堂各个功能区，通往客梯的通道、电梯厅。贵重物品寄存也同时设置在前台和办公区附近。

（5）办公通道。设置在总服务台的后面，以方便酒店内部人员的办公，设置办公室、经理室、出租处、销售部的通道及入口。

（6）裙楼的电梯。改变其电梯的入口方向，以更方便于酒店住房和餐饮娱乐部分的交通路线。

（7）休息区。把休息区放置在大堂空间的中心位置，配置精致的沙发、台灯以及天花吊灯，一是方便顾客的休息；二是使大堂空间更具情趣，具有空间感、层次感，也体现酒店的档次和品位。

（8）大堂吧。根据酒店的规模和前面所说面积的配比情况，将酒吧设在里面。这样可以使大堂在保持原有面积的情况下增加营业内容，让大堂充满商业气氛。作为大堂的重要组成部分，大堂吧也是大堂的看点之一，体现了酒店品位和层次。把它设置在一层楼最中间的位置，设计成圆形的，中间圆形的吧台向四面辐射，以它来组织和引导大堂的交通路线，圆形的分布也使顾客更加亲切和温馨。

（9）精品商店、商务中心。精品商店、商务中心作为酒店的硬件功能，也为商务客人提供简单服务，如复印、会议等。

（10）大堂卫生间。整个酒店内最重要的是卫生间，它是酒店品质的保证，应设置无障碍卫生间。

（11）其他服务区域、办公室。设在前台附近，如衣帽间、电话间、经理助理办公室等。

（12）餐厅、零售店。将餐厅、零售店设在大堂内，这也是目前多数国际五星级酒店的通行做法。在一层中同时也设置了可容纳120人的全日制西餐厅，以便解决城市商务和社交的活动。

👍 **职业能力训练**

1. 单选题

（1）（　　）主要用于扫除地面吸尘器无法吸走的碎片和脏物。

A. 扫帚　　　　B. 拖把　　　　C. 抹布　　　　D. 簸箕

（2）用布条和毛线安装在柄上的清洁工具是（　　）。

A. 扫帚　　　　B. 簸箕　　　　C. 尘拖　　　　D. 拖把

（3）抹布的洗涤最好由（　　）负责。

A. 客房部　　　B. 洗衣房　　　C. 餐饮部　　　D. 工程部

2. 多选题

饭店公共区域管理人员的清洁卫生检查，白天应以（　　）为主。

A. 督促工作　　　　　　　　　　B. 了解员工的工作状态

C. 是否正确使用清洁剂　　　　　D. 是否正确使用清洁工具

3. 填空题

（1）根据饭店公共区域的功能和使用者的类别来分，公共区域可分为（　　）部分和（　　）部分。

（2）公共区域根据其所处的位置，又可分（　　）部分、（　　）部分、（　　）部分和室内部分。

（3）大堂是饭店每天（　　）小时开放使用的场所，它是饭店的（　　）和窗口，直接代表着（　　），影响着公众对饭店的印象。

（4）茶几、茶台上客人正在使用的烟灰缸要经常更换，里面的烟蒂不得超过（　　）个。

👍 观念应用训练

如何做好公共区域清洁卫生的质量控制？

👍 情景模拟训练

半卷卫生纸

　　一位日本客商刚刚住进北京的亚洲宾馆，该宾馆客房部便接到他从房间打来的电话，要求派人去其房间，有事相烦。服务员小白被派前往。小白来到客人门前，轻轻敲门，只听客人大喊一声："进来！"小白轻轻推开房门，不料，一卷卫生纸突然朝她脸上飞来，不偏不倚打个正着。小白顿时蒙了，定睛一看，日商怒容满面，像只好斗的公鸡。原来他刚跨进卫生间，发现卫生纸只有半卷，顿觉受了慢待，便大发脾气。

　　小白捡起卫生纸，心想这是清洁员粗心造成的，忙向客人道歉："对不起，先生，是我们工作失误。"小白回到工作间，想着自己所受的委屈，泪水不禁夺眶而出。但她很快冷静下来，一手拿着一卷完整的卫生纸，一手端着一盆鲜花，面带笑容重新跨进这位日本客商的房间，将鲜花与卫生纸分别安放妥当。面对突如其来的打击，小白考虑再三，认定客人发火事出有因，错在饭店，清洁员不该疏忽，将用过的半卷卫生纸留给新到的客人使用。

后来，这位日本客商也自知有错，遂向饭店总经理正式表示道歉，对服务员良好的服务态度给予了高度的评价，同时，决定在饭店住下，成了一位常住户。

试分析案例，假如你是小白你会如何做？案例中值得学习的是什么？

👍 **思维拓展训练**

夜游的人

夜深人静，客人都已休息了。客房部服务员小张正在值夜班，他按规程在楼面巡逻，不时地来回走动。

凌晨二时许，忽然，一声门响，只见1212房门被打开了，一位日本客人双目紧闭，两手摸着墙一步一步朝前移动。

小张见状走上前去，想询问客人是否需要帮助，刚想开口，突然顿住。暗自叫道："这位客人的行动很奇怪，不像是盲人，难道是夜游症患者？"心中念头一闪，小张赶紧停止询问，他先到楼面打电话报告夜班经理。

"喂，我是12楼客房夜班服务员，这儿有位患有夜游症的客人正在楼道里走动，必要时请提供帮助。"

放下电话后，小张便蹑手蹑脚地跟随着那位夜游客人，心想万一发生险况可及时抢救。

客人慢慢地挪动着脚步，小张轻轻地紧随其后，心情很紧张。

时间一分分过去，约半小时，客人在楼层上摸索了一圈之后，慢慢地摸进了1212房，关上房门。

小张看到客人安全回到自己的客房后，松了一口气，回到值班台。

在以后的几小时中，小张始终注意1212房的动向，以免客人夜游症再次发作，发生意外。

早晨6点，交接班时间到了，小张向来接班的小朱交代了夜半发生的事情："小朱，昨夜1212房的日本客人出来夜游，幸亏没出什么意外，你要多多留意这位客人的动态，看看是不是需要帮助。"

小张迈着轻松的步伐回家了。

阅读上述案例，分析小张的做法正确吗？

任务二 公共洗手间的清洁、地毯清洁保养

任务目标

通过本次任务实训，让学生能够掌握公共洗手间清洁作业规范和地毯清洗与保养的专业技能。

项目任务书

任务名称	公共洗手间的清洁、地毯清洁保养	任务编号		时间要求	
训练要求	1. 掌握公共洗手间清洁的标准与要求以及正确的作业规范 2. 掌握地毯清洗和保养的标准与要求和正确的作业规范				
培养能力	1. 公共洗手间清洁用具的准备；按规定的程序进行公共洗手间的清洁 2. 地毯清洁用具的准备；按规定的程序进行清洁				
涉及知识	1. 了解清洁操作方面的专业知识 2. 懂得针对不同污渍使用正确的清洁剂				
教学地点	教室、机房	参考资料			
教学设备	投影设备、投影幕布、能上网的电脑				
训练内容					
公共洗手间的清洁、地毯清洁保养					
实训成果评价标准					

1. 能按标准准确完成公共洗手间的清洁工作，能按标准准确完成地毯清洗的清洁工作
2. 能按标准较准确完成公共洗手间的清洁工作，能按标准准确完成地毯清洗的清洁工作
3. 能按标准较准确完成公共洗手间的清洁工作，能按标准较准确完成地毯清洗的清洁工作
4. 不能按标准准确完成公共洗手间的清洁工作，不能按标准准确完成地毯清洗的清洁工作

符合上述标准 1，成绩为优秀，可得 90~100 分；符合标准 2，成绩为良好，可得 70~80 分；符合标准 3，成绩为及格，可得 60~70 分；符合标准 4，成绩为不及格，得分 60 分以下；介于这几种标准之间的，可酌情增减分

引导案例（情景导入）

卫生间的味道

我国北方一家二星级饭店，建筑外观还不错，设备也算得上齐全，在当地也算是个名流经常往来之地。一天，住在该饭店 1127 房间的客人在清晨起身后发现客房卫生间地面上有积水，便叫来服务员收拾。因自己急于方便，就来到饭店大堂的公共卫生间。一进卫生间，一股难闻的异味扑鼻而来，该客人差一点呕吐。没办法，憋住气方便以后火速离开，然后便去找服务员提意见。谁知，听了客人的投诉后，服务员回答道："卫生间总是有臭味的。再说，我们饭店

人来人往，有些客人用过后又不冲水。有的客人还不小心拉在地面上，怎么弄得干净？"客人听后很恼火，就去找饭店部门经理。谁知，经理也是个善于打"太极拳"的人，也是同样的话，"卫生间就是有臭味，你就将就一些吧！"客人听后火冒三丈，他说："你们也算是星级饭店，公共卫生间竟然搞成这个样子！我要向你们的上级单位反映，并且告诉熟人，出差时再也不住你们这家饭店了。"

思考：如何做好卫生间的管理工作？

知识链接

一、公共厕所清洁流程

公共厕所清洁流程如下：

1. 清洁前准备工作

（1）工具有扫把、拖把、毛巾、洁厕水、洗衣粉、洁而亮、洁厕刷、空气清新剂等。

（2）在洗手间门前放上"工作进行中"标识牌。

2. 操作程序

（1）首先打开洗手间大小便池每一个冲水阀冲水，并对大小便池进行全面洗刷。

（2）如遇有水锈或顽固污迹，使用洁厕水、洁而亮、去污粉、稀盐酸、小灰铲进行洗刷，直至干净。

（3）用抹布擦洗污垢，使用洁而亮、洗洁精、去污粉等清洁剂擦洗洗手池台面、纸巾盒、镜面、扶手、洗手液盒、门拉手、门窗等，确保干净。

（4）补充更换洗手间香球、纸巾、洗手液。并由更换物品的人员对所更换的物品质量进行检查工作，发现伪劣物品及时向主管汇报并做好相关记录。

（5）清洁完后应拖净地面水迹，清理工具并喷洒空气清新剂。

（6）正常工作期间，保洁员须不断（具体巡视频率以各管理处实际情况而确定）对洗手间进行巡视清洁，以保持洗手间的干净，及时补充纸巾。

3. 注意事项

（1）巡视过程中及时清理垃圾，垃圾篓内垃圾不得超过总容积的2/3。

（2）每天至少一次对电动清洁设备进行检测，确保正常使用。发现问题及时上报保洁班长。

（3）每周至少对洗手间内墙壁、隔板、风口、排风扇等进行一次清洁。

（4）每周至少两次用洁厕水兑水混合液对洗手间地面进行刷洗。

（5）每月对洗手间高位灯饰进行一次全面清洁。

4. 监督

（1）保洁班长每日至少两次对洗手间进行巡视检查。并将检查结果记录在《洗手间检查记录表》上。

（2）保洁主管不定期对洗手间清洁情况进行抽查，并将抽查结果记录于《洗手间检查记录表》上。

公共厕所的清洁程序如图4-4所示。

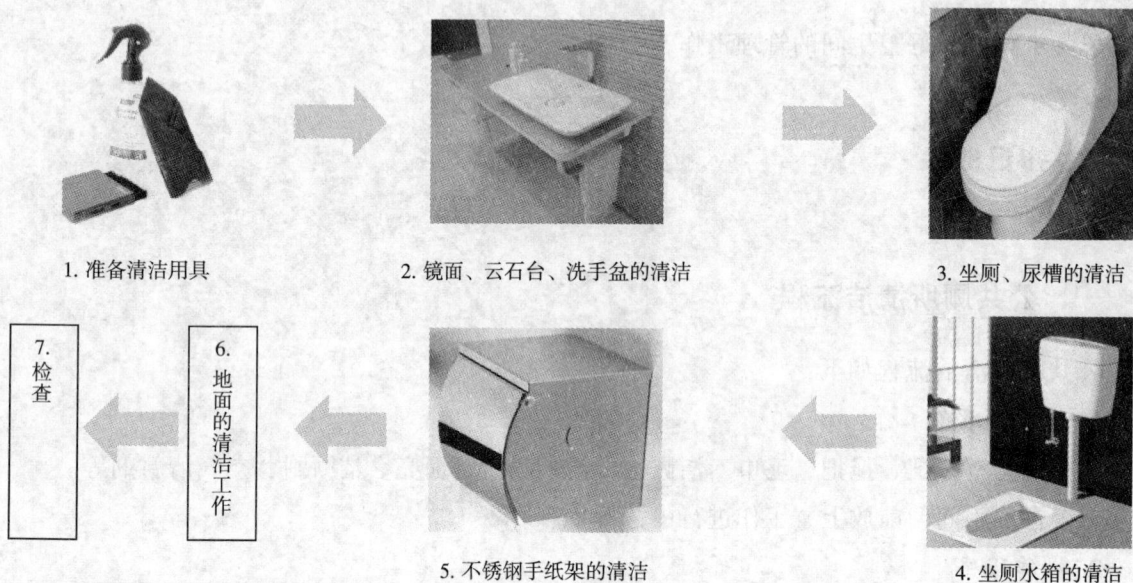

1. 准备清洁用具　　2. 镜面、云石台、洗手盆的清洁　　3. 坐厕、尿槽的清洁

7. 检查　　6. 地面的清洁工作

5. 不锈钢手纸架的清洁　　4. 坐厕水箱的清洁

图4-4　公共厕所的清洁程序

二、地毯清洁保养

（一）地毯的污染形成

地毯污染因素如下：

1. 自然因素

空气中的尘埃落在地毯上。

2. 人为因素

当人踏在地毯上，鞋底的尘沙滞留在地毯上，抛弃的垃圾、烟灰，不小心将茶水、咖啡、饮料或带有油性的液体洒在地毯上，都会造成对地毯的污染。

（二）地毯清洁保养方法

1. 预防性的清洁（铺设门口吸尘地垫及摆设烟盅垃圾桶）

地毯的污染70%是人为造成的。当人们踏在地毯上，鞋底所带来的尘埃沙粒等便会滞留其上。如果行人在踏上室内地毯之前将污物清除在门外，不但可减轻地毯的污染，还可节省清洁保养方面的成本。

所以，铺设门口吸尘地垫是很必要的。特别是雨季天气以及室外多尘沙的地带，更应摆放门口地垫，预防泥沙直接带进室内。另外，在适当的地方摆放烟盅及垃圾桶，可防止未息的烟蒂落下烧坏地毯；也避免房客将纸团、牙签之类的废品丢落地毯之上。

2. 日常的清洁地毯（地毯的吸尘及清除大块的垃圾物）

地毯在保养过程中，吸尘是一项重要的工作。

所以应每天用吸尘机吸掉地毯上的灰尘、沙粒等。如果是大块的纸团、牙签、果壳之类应先用垃圾铲及小毛扫将其扫除，然后再用吸尘机吸尘，可防止吸尘机喉管阻塞或牙签之类的利物刺破尘袋。如地毯发现有很多水分，应及时改用吸水机或地毯抽吸机，以防吸尘机吸进水分而损坏机件。走廊通道多人行走的地方，应采用直立滚刷式吸尘机吸尘，效果最为理想，它能将藏留在地毯纤维底部的污物及沙粒滚刷吸走，并可梳松地毯，使其恢复原有的松软。

3. 地毯的清除污渍（地毯的局部日常保养）

许多酒店的管家对残留在咖啡桌下地毯上的咖啡渍、茶渍的清除方法甚为头痛。因为在绝大多数情况下，这是客房地毯污染最为严重的问题。一般来说，水溶性污渍和油溶性污渍在污染地毯的最初六个小时内，是去渍的最好时机。6个小时之后，污渍会顺着地毯纤维渗入地毯的根部。从而变成顽固性污渍，使地毯变色。一般的清洁剂和清洗方法对此几乎是无能为力。所以，及时清除地毯上的污渍，是地毯清洁最有效的方法。

在处理地毯污渍的时候，要注意操作的方法，避免污渍进一步地扩大，更要仔细选择相对应的清洁剂，才能达到事半功倍的效果。

（三）地毯清洁步骤

（1）一旦地毯上发现水溶性污渍或油溶性污渍，首先要用地毯除渍剂或除油剂，从外到内喷在污渍上，稍等数分钟，让清洁剂与污渍充分反应。

（2）用软毛刷由外到里轻轻擦拭，直至污渍去除。接着再用清水充分过水。

（3）用白色小毛巾吸干水分，并用地毯梳梳理顺地毯纤维。

在进行去渍工作之前，应挑一不显眼处，用白毛巾蘸少许清洁剂擦洗地毯，查看地毯是否会变色，确认一切正常后，方可操作。

根据一些高星级酒店的经验，每个楼层都配备了地毯清洁剂，发现污渍及时进行清除，对地毯的保护所带来的益处是显而易见的。

一般来讲，地毯去渍所用的工具相当简单，一般只要配备胶手套、地毯手刷、喷壶，多功能清洁剂、地毯除渍剂、化油剂，就能应付任何类型的污渍。

服务流程

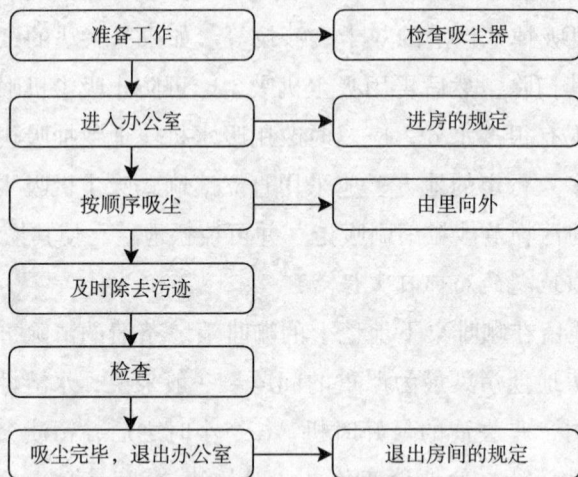

应用案例

一个烟头引发的索赔

一个烟雨蒙蒙的下午，大堂经理刚处理完客人不能上网的事情后往前台走，就听到了前台服务员与回头客卞先生的争执声。于是，她赶紧上前问候客人并了解情况。

卞先生是酒店的 VIP 客人，经常和朋友到酒店入住，之前一直都住得很愉快，信誉也很好。但这次，却因为退房时服务员说房间地板烫了个烟头印要索赔而发火了，他表明自己抽烟很小心，怎么可能会让烟头掉地板上烫伤了地板呢？大堂经理见卞先生此状况，立即将客人引领到了大堂吧休息处，随即递上自己的名片，与卞先生聊了一通后，所做出的处理方法如下：

（1）告知卞先生我们绝对相信他的信誉，但酒店的查房制度也非常的严格。在上一个客人退房之后和您入住之前，服务员和主管都做了检查，并且是在确保房间物品没有任何问题的情况下才出售的。这个烟头印也许是您或您的朋友不经意烫到的，所以您没有注意到，您是否愿意跟我一起到房间查看并做个确认呢？（确认烟头印，让卞先生心里有个底）

（2）告知卞先生因为他们不是故意的，所以现在的赔偿只是地板的部分价格，并且由于地板的破损，酒店就要把此房列为维修房的状态，在修好之前此房间都不能出租，那酒店的损失就不止这块地板的价格了。同时，您也是我们的一卡通会员，在赔偿价格上，我们会给予相应的优惠，希望您能体谅酒店的难处。

卞先生听完大堂经理的解释后，才恍然想起，这次与他一块来的小周是个烟鬼，说不准真的是他昨天不小心烫的，又想想，当初自己就是因为这家酒店的服务态度与信誉都很好，所以才决定花费 8800 元购买会员钻石卡的，酒店应该是不会乱给客人挂账的。随后，卞先生同意了赔偿此笔烟头烫伤印的费用，并表示，下次他一定会多加留意。

　　阅读上述案例，分析酒店处理方式的优劣。

名人名言

　　尊重个人，优质服务，追求卓越。

——IBM（国际商用机器公司）

知识拓展

一、保养清洁知识

（一）地毯清洁的十点建议

（1）预防性的清洁是保养地毯的最佳方法（所有出入口通道，均应铺门口吸尘地毯）。

（2）使用直立滚刷式吸尘机吸尘，其效果最好。因它底部带有滚刷可将地毯内的尘埃沙料擦起吸走，同时将地毯毛梳顺，令地毯清洁美观松软舒适。

（3）使用吸尘机前必须检查马达、皮带、滚刷、电源线及插头，确定该机动作正常。并检查机内尘袋、尘网等是否已清洁及安装正常。吸尘机在使用后要清理掉灰尘，不要让尘袋装满或装尘量过半，以免尘机负荷过量，影响马达发热致损坏。

（4）不能用吸尘的机器用来吸水。如地毯发觉有过量水分，应改用吸水机或地毯抽洗机配用地毯扒将水分吸干，并用地毯吹干机将地毯吹干。

（5）地毯一旦发现有污渍，就要即时清除，不但能减少清洗地毯次数，还可以延长地毯的使用寿命。

（6）地毯在观感未觉肮脏之前就要清洗。并有计划地进行周期性的抽洗。

（7）当地毯污渍清洗后若再次出现，重复的清洗工作是必要的并应注重除渍保养。

（8）经常保持空调机的隔尘网清洁，同样能令地毯及全座大厦的清洁处于良好的环境。清洁及操作人员的技术培养也是很重要的。

（9）清洁剂的选择。除选择清洁能力强之外，更要有保养性能，并要选择有配套使用的效果。

（10）清洁机械及工具。首先要选择有良好信誉的厂家代理商，除了能提供完善的清洁保养之外，长期保持有零配件的供应，其售后服务至为重要。机械的选择要耐用及操作容易，除了专人负责之外，其余人员亦能掌握和使用。

（二）清洁器件

1. 多功能洗地机

150~175 转/分钟，电压 220~240V，尺寸有三种：21、17、更小（楼梯清洁机）。

范围：树胶、大理石、瓷砖、PVC、地毯等一些硬质地面。

配毛刷：①软：淡色；②硬：深色。

插片：擦地、瓷砖（黑色插片洗地砖、水泥地、去蜡。黑色比较耐磨）。

铝盘、数字磨片（6 片装）：翻新大理石，磨大理石缝隙（插片最小 50 倍，数字越小越耐磨、越粗，数字越大越细）。

金刚刷：磨水泥地。

2. 吸尘机

家用小，商用大。

3. 地毯吸尘机

立式吸尘机：滚筒式运作，可以把地毯打软打松。

4. 电子打泡箱

是正方形的箱子用在多功能洗地机上，可以把箱子里的药剂打成泡泡，少水分（洗地毯比较好）。

5. 晶面机

用在大理石上，配红插片加钢丝棉，多功能洗地机与晶面机样子大致一样，但是晶面机相对更重点。

6. 大理石翻新机

用在大理石翻新上，样子与多功能洗地机一样，就是比晶面机还要重，用的插片数值 50 目最低，一般都是数值越小越耐磨、越粗，数值越大越细。

7. 吸水吸尘机

都可以用在吸水吸尘上，但是如果是吸尘机吸水，就要拿掉尘袋。

8. 吸水器

洗地毯要配上钢扒。

9. 三合一地毯清洁器

用在地毯上，配低泡（地毯水），有放、洗、吸功能。

10. 高速抛光机

转速在 3000 转/分钟，配上高速保养蜡，做日常的保养工作。

11. 风干机

主要就是吹干地面或者地毯，有利于后续上蜡，有三挡。

12. 高压水枪

主要是对玻璃幕墙等，需要有压力打得到的地方，压力可以选择挡位。

13. 抛光手提机

主要用在楼梯、角落、墙面上保养，特点：轻便。

14. 全（半）自动洗地机

具有放水、清洗、吸水的功能，用在硬地面上，全自动走，半自动要自己推。

（三）清洁剂

蜡分为面蜡、底蜡、保养蜡、静电蜡（在电子厂里用得到，防止静电，价格贵）四种。

1. 抛光蜡

高速保养蜡：防滑，硬度高，亮度高，修补（木质地板不用去蜡），偏碱性，pH 为 7。

2. 去蜡水

碱性强，可将除蜡及污垢浮起，而达到起蜡的效果，使用时应反复澄清地面后，才能上蜡，pH13~14。

3. 底蜡

具有较强的吸粘地面的作用。

4. 面蜡

可以让大理石有亮度、有硬度。

5. 高泡地毯水

泡沫比较多，配合多功能干擦机。

6. 低泡地毯水

泡沫比较少，配合三合一清洁器。

7. 地毯去渍剂

用在地毯上小块很脏的地方，最好半小时内处理。

8. 地毯去油剂

用在地毯上小块油渍的地方，最好半小时内处理。

9. 玻璃清洁剂

一般呈中性或碱性，用在玻璃镜面和玻璃制品污迹的清除、上光、加保护膜。不容易沾尘，不容易磷化。

10. 浴室清洁剂

pH 弱酸，pH 为 7，有香味，可擦拭浴室里的瓷砖、大理石等，但是不要用在电器和不锈钢材料上。

11. 洁厕净

与草酸、盐酸、硫酸钠用法一样。马桶、洗手盆等卫生洁具顽固污迹，先用清水刷洗，然后喷上洁厕净，用刷子刷干净后清水冲洗，最后用拖把或抹布擦干。尽量减少使用次数，因为会腐蚀下水管道。高档地方建议不用。

12. 全能清洁剂

略带微碱性和表面活性剂，适用于卫生保养方面，对特殊污垢作用不大，可用于瓷砖、地面、镜面、墙面、浴缸、洗手盆、洗手间日常清洁。有消毒作用，一般物品的清洁比例为 1：20；地面、墙面的清洁比例为 1：40；门窗、玻璃幕墙清洁比例为 1：120。

13. 静电牵尘液（剂）

配合尘推作用，干用，不能湿用。在涂后 12~24 小时，再配合推尘，会有更好的洗尘作用。

14. 不锈钢护理液

不锈钢制品的清洁、上光、加保护膜。电镀、镀面上也可以用，不能用在有色金属上。

15. 不锈钢省铜水（擦铜膏）

主要是铜制品的清洁、上光、去锈、加保护膜。

16. 擦银粉

高端酒店多用来擦银餐具，用量少。

17. 消泡剂

化泡泡，泡泡有沾灰尘的作用，消泡剂可以破掉泡泡，方便清理，也可以用在清洁浴缸里的泡泡，用量很少，一般也不太用到。

18. 强力清洁剂

硫酸之类的，如果要用，对象要大得多，一般不用，看情况而定。

19. 盐酸

用于基建时留下的污垢，如水泥、石灰、污垢、洗石水。

20. 去污粉

水泥制品、陶瓷制品油污及亚光面石材表面污迹的清除。

二、技能训练步骤

（1）兑好玻璃水。

（2）铲除玻璃上的污迹。

（3）推擦玻璃。

（4）刮去玻璃上的水迹。

（5）抹去玻璃边角上的水迹。

（一）打蜡顺序

去蜡水（需要稀释，比例为 2:10），具有很强碱性，pH13~14，要用黑色插片（打蜡过程中的顺序为先横再竖，可以按照"井"字，4℃以下不宜打蜡）。用拖把将稀释液均匀涂于地面，保持地面潮湿，但不宜过多。待蜡层分解后 5~10 分钟即可将蜡水和旧蜡一起清洗干净。清水至少需要做两遍，用干风机吹干。干燥后上底蜡两遍，要40分钟后再上面蜡两遍，这样可以达到要求的硬度和亮度（如果是水泥地，就要酸化一下，因为水泥地是碱性）。

（二）做晶面顺序

晶面只能做大理石，作用就是让其能有一定的硬度和亮度，转速175转/分钟左右，做好后，晶面和大理石可以融为一体。要用红色插片和钢丝棉，顺序就是做晶面先要去蜡，还要清洗一下，可以用清水、中性药水、全能清洁剂。吹干后，上K2（先喷一两个平方，1~5分钟就要磨，不磨就会变成硬块）。做好后，一般会用亮度测试器测一下数值，数值在80就可以了。大理石晶面做好，效果就是要能看见上方灯泡里的钨丝反射在大理石晶面上。白色大理石是最好做的，如果做得不好，就要重新去蜡。如果有地方需要修补就要再上K3（K3是有修复功能），上好K3一定要再上一下K2（有保证亮度和硬度的功能）。

可以代替K2、K3的有大理石晶面浆，但是价格有点贵！

（三）大理石翻新顺序

用大理石翻新机（与多功能洗地机一样，就是比较重，但是用晶面机加重块也是可以用的）插片数值最低50目，一般都是数值越小越耐磨、越粗，数值越大越细。翻新就是为了磨掉一薄层。具体用什么插片视大理石表面磨损严重程度而定。

磨掉后会有一层粉，要清洗干净，吹干后可以考虑上晶面还是上蜡（晶面是今后的趋势，保养时间长，价格贵，保养频率低。而打蜡保养时间短，频率高）。

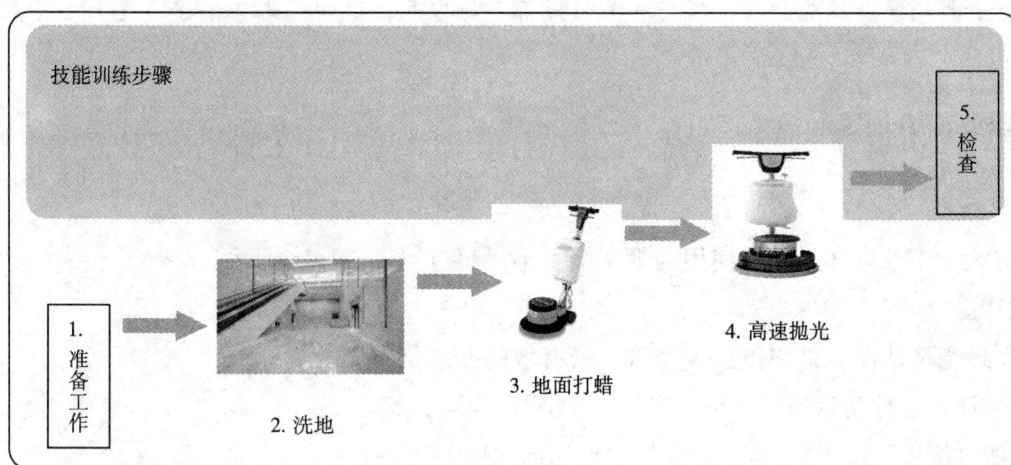

技能训练步骤

1. 准备工作　2. 洗地　3. 地面打蜡　4. 高速抛光　5. 检查

（四）洗地毯顺序

（1）用干泡（高泡），吸水吸尘用钢扒（吸水的是用橡皮头，吸尘的用毛头）。机器用多功能干擦机加白色淡色地毯刷。运动模式为圆圈式转动，不宜清洗长毛地毯，会有损伤。30~60℃温水配药水。

（2）低泡（地毯清洁剂），用的机器是三合一清洁机（放、洗、吸），一般的都用低泡，对长毛的地毯损伤少，运动模式为滚筒式转动（洗地毯后没有干，不能走人）。

（3）地毯清洁粉，用人工撒的，但是不均匀。

地毯清洁的前提先要把地板清洁干净，再把该搬走的东西搬走，吸水（用吸水机或者吸尘机，用吸尘机就要拿掉里面的尘袋），用风干机吹干，如果有一小块很脏的地方或者有污渍就用相应的地毯去渍剂或者地毯去油剂（出现渍迹时越快处理越好）。

（五）保养维修

抛光机：外围维护清洁，用白色软质的插头，一般都是在500~2000转/分钟，3000转属于高速抛光机。涂抹后5~10分钟即可进行抛光，抛光时遵循先上蜡先抛光的原则，确保抛光后的地板不受污染。抛光作业通常使用无纺布毛刷往复直线运动，适当用力按压，以清除剩余蜡水（一般高档的酒店要求比较高，每天晚上都要保养一下，保养就要用到高速保养蜡，要均匀，不能太多。上保养蜡可以先喷10平方米，过10~15分钟再磨）。

大理石有缝隙用晶面机，先在缝的左右把它切开，再用机器补平（配红色插片加上钢丝棉，做晶面时，先去蜡，再吹干，接着上K2药剂，觉得软了不够硬，然后上K3药剂，最后再上一次K2药剂，亮度和硬度就可以保证达到之前要求的效果）。一般来说这个很少用，因为一块大理石坏了其他也会有相应的缝隙。

（六）打蜡工具

（1）蜡突。可以转动，倒蜡的时候不能滴蜡，一定要干净、干燥，最好不要让蜡去碰到水。

（2）打蜡棒。不能转动，蜡突和打蜡棒都不能掉毛，新的就先洗干净，弄干才能做。

👍 职业能力训练

1. 单选题

（1）大堂茶几上客人正在使用的烟灰缸里不得超过（　　）支烟蒂。

A. 1　　　　B. 2　　　　C. 3　　　　D. 4

（2）地毯清洁保养最积极、最经济、最有效的办法是（　　）。

A. 采取预防性防污措施　　　B. 经常吸尘

C. 适时清洗　　　　　　　　D. 局部除迹

（3）新铺的（　　）地面在启用前必须清洗打蜡。

A. 瓷砖　　　B. 大理石　　　C. 木地板　　　D. 水磨石

2. 多选题

（1）属于饭店后台区域的是（　　）。

A. 洗手间　　　B. 办公室　　　C. 阅览室　　　D. 服务员食堂

（2）聚酰胺纤维又叫（　　）。

A. 尼龙　　　　　　B. 丙纶　　　　　　C. 锦纶　　　　　　D. 涤纶

3. 填空题

（1）饭店客用洗手间的清洁保养工作可分为（　　）和体面彻底的清洁保养。

（2）后台区域即服务员活动区域，包括服务员走道、（　　）、（　　）、服务员卫生间、（　　）、服务员食堂和倒班宿舍等。

（3）饭店公共区域的清洁保养制度和标准一般包括（　　）和分期清洁保养计划。

（4）地毯的分类主要是根据地毯的纤维种类和（　　）分类。

👍 观念应用训练

1. 饭店公共区域清洁保养工作有哪些特点？

2. 为什么说公共洗手间是饭店的"名片"？

👍 情景模拟训练

大理石的哭泣

某酒店装潢档次很高，大堂地面用材是进口的天然大理石——意大利的金花米黄。为了保证整洁的环境，酒店采用稀释的硫酸、煤油加锯末的方法，每周对地面进行一次清洁保养工作。不到一年的时间，大理石地面的表面失去了光泽，而且油污渗透到大理石的内层，大堂的清洁卫生状况引起不少客人的投诉和不满，直接影响了酒店的经济效益和社会效益。

阅读上述案例，思考大堂的清理应该多久进行一次？清洁状况对酒店有何影响？

👍 思维拓展训练

节能的管理

某酒店重视节能管理。如客房走廊、公共区域有多路筒灯、灯带、各式不同型号的装饰灯、局部区域射灯，五花八门的灯光照明是酒店的节能重点。酒店根据每日营业时间段所需的光亮度，设置定时开、关照明电源，实行部门节能奖惩考核责任制，每日由专人管控、专人记录，每月分析各时节、各时段的节能情况，并结合经营效益，分析每日、月度、季度、半年、年度的节能效率。

阅读案例后，试思考为何倡导节能？

项目五

客房安全管理

酒店火灾关系到人们生命财产的安全，关系到社会的稳定，关系到酒店的生死存亡。所以，从事酒店事业的全体员工，必须认真探讨火灾的规律，切实做好深入细致的消防工作，把火灾这只猛虎消灭在"下山"之前。

 项目导图

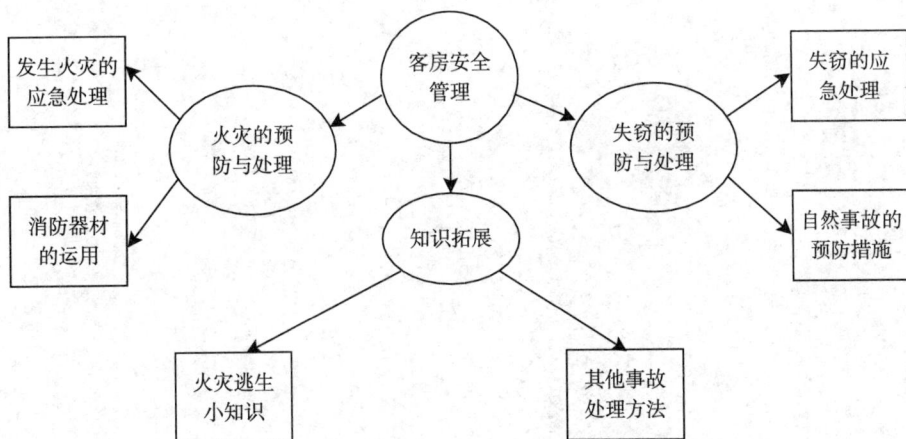

 学习目标

知识目标

（1）掌握发生火灾的应急处理方法。

（2）了解客房服务中防盗工作。

（3）了解自然事故的预防处理方法。

技能目标

（1）发生火灾的应急处理、消防器材的运用。

（2）失窃的应急处理、自然事故的预防措施。

任务一　发生火灾的应急处理、消防器材的运用

任务目标

通过本次任务实训，让学生能熟练地掌握防止火灾的发生和发生火灾时的应急处理方法。

项目任务书

任务名称	发生火灾的应急处理、消防器材的运用	任务编号		时间要求	
训练要求	1. 了解火灾的起因，掌握发生火灾的应急处理方法 2. 消防器材的运用				
培养能力	1. 了解客房防火的安全设备 2. 了解火灾的起因 3. 掌握发生火灾的应急处理方法				
涉及知识	了解火灾的起因，掌握发生火灾的应急处理方法				
教学地点	教室、机房	参考资料			
教学设备					
训练内容					
发生火灾的应急处理方法、消防器材的运用					
实训成果评价标准					
1. 学生能熟练地应对火灾突发状况，沉着冷静地处理，能正确地使用消防器材 2. 学生能较熟练地应对火灾突发状况，沉着冷静地处理，能正确地使用消防器材 3. 学生能较熟练地应对火灾突发状况，较沉着冷静地处理，能较正确地使用消防器材 4. 学生不能熟练地应对火灾突发状况，不能沉着冷静地处理，不能正确地使用消防器材 符合上述标准 1，成绩为优秀，可得 90~100 分；符合标准 2，成绩为良好，可得 70~80 分；符合标准 3，成绩为及格，可得 60~70 分；符合标准 4，成绩为不及格，得分 60 分以下；介于这几种标准之间的，可酌情增减分					

引导案例（情景导入）

火灾的产生

宾馆、酒店是火灾"青睐"的场所之一。70%的火灾是由电气引发的。2005 年 6 月 10 日，广东省汕头市华南宾馆由于电气线路发生短路故障引燃可燃物，造成特大火灾事故。事故导致 31 人死亡、28 人受伤，过火面积 2800 平方米，直接经济损失 81 万余元。

思考：小小的电线电路何以引起如此大规模的火灾？

知识链接

一、酒店发生火灾事故应急预案

酒店一旦发生火灾，为能够有领导、有组织、有效地进行扑救和疏散住店宾客和员工，抢救国家财产，保护宾客和员工的生命安全，把火灾损失控制在最低程度，特制定本预案。

（一）发现火情立即报警

每个员工发现火情都有责任报警，必须迅速将火情信息传到总机室和消防监控中心（监控室）。

（1）员工发现火情时，不要惊慌失措，要沉着冷静，就近用电话通知总机室和监控室。紧急情况下可采用各通道、楼层墙面上的红色紧急报警按钮报警（对着中间的触点用力按一下即可）。

（2）员工在报警时，应语言清晰地将火情发生地点、区域、楼层房号、燃烧物品、目前状况、报警人的部门、姓名（或工号）报告监控室和总机。

（二）接到报警的行动措施

（1）总机值班人员接警后应立即报告安保部经理和总经理。

（2）监控室和总机值班人员应迅速准确地记录火情信息，冷静详细地了解火情发生的区域部位和火势大小等情况。

（3）监控室值班员应立即通知安保领班携带对讲机赶赴现场，及时了解火情并扑救初起火灾，随时向监控室反馈火情信息。

（4）火情经确认后，总机值班人员立即通知安保部、客房部，工程部经理（或值班人员）立即赶赴现场并组成调查、甄别、确认小组，迅速查清下列问题：

①火情的具体位置，燃烧物品类别，燃烧范围大小及火势走向。

②火源是什么，是电起火还是其他原因。

③火场的详细情况，有无人员被困，有无贵重物品。

（三）灭火指挥

调查、甄别、确认小组确认火情后，应立即通知总机值班员报告总经理。总经理在查看现场情况后，应迅速成立灭火指挥部，由总经理担任总指挥。指挥部由总经理、总支书记、副总经理、安保、工程、客房部及有关部门经理（或值班人员）组成。指挥部设在监控室。酒店内一切人员必须服从灭火指挥部的领导和指挥。

（1）确定现场灭火指挥人。及时召集组织力量，布置救人、抢救物资、供水、排烟、灭火等任务，并检查执行情况。

（2）视火势大小，迅速做出是否通知消防队的决定。

（3）视火势情况，决定是否通报人员疏散，并组织实施。

（4）消防队到达后，及时向消防队或火场总指挥报告情况，按照统一布置带领员工实施各项灭火工作。

（5）密切注意酒店内的一切情况，稳定客人情绪，做好安全保卫工作。

（四）组织疏散

如无法控制火情，迅速组织疏散，以免遭受重大伤亡。

酒店全体人员必须了解和牢记本消防应急预案，熟悉疏散通道并牢记消防器材存放部位。掌握使用消防器材的方法，为保护国家财产，保护客人的生命安全，做出自己最大的贡献。

二、组织疏散

1. 疏散的通知

疏散广播或者扬声器连续重复播放，宾馆同时发布疏散撤离的通知，员工和客人疏散撤离至宾馆外面安全的空旷地带。

2. 疏散先后次序

（1）先燃火房间，后燃火房间的相邻房间。

（2）先燃着火层以上各层，后燃着火层以下各层。

（3）疏散指导组沿着消防楼梯穿越火层进入安全区，引导护送行动不便的人员安全疏散。

（4）先客人后员工，先妇孺后男士。

现场救护，组织本单位义务人员在安全区及时对伤员进行急救处理或送医院救治。

3. 疏散方法

（1）利用就近的紧急出口（EXIT）撤离，员工可自由利用任何紧急出口而不受处分。

（2）尽量靠右走，严禁使用电梯。

（3）所有的人都朝防火门开启的方向撤离，不得从非防火门撤离。

（4）在烟雾中可使用逃生面罩（或用湿毛巾捂住口鼻），尽量低下身子，必要时匍匐前进，尽量减少吸入烟雾。

（5）严禁大声呼叫、一哄而下，严禁贸然打开房门，通过防火门后一定要随手关门，隔绝火势。

（6）撤离至集合点，立即向值班领导报到。

（7）疏散撤离时，当日签到记录必须由前台负责人携带至撤离集合地点，以便各主管领导进行人员清点。

（8）程序。当火势蔓延时，将由在场最高指挥人员下达局部疏散或全部疏散命令，将由宾馆前台负责人员使用广播呼叫全体人员疏散撤离，打开所有的疏散通道门。

4. 客房部

（1）客房服务人员接到疏散指令（信号）后迅速通知客人离开房间，引导客人走疏散楼梯，并用粉笔在门上标上"√"记号，证明客人已离开房间。

（2）客房部办公室及各楼层服务人员在无生命威胁的情况下，至少有一名员工留守，接受、传达指示并对客房警戒，以防客人财物丢失，如无紧急情况不得随意使用电话，以保证通信线路畅通。

（3）客房部各班随时做好拿取毯子、枕头、活动床垫救人的准备。

重要事项：

（1）在疏散时根据起火地点和火势，确定一个"安全区"，这一区域将作为所有受到火灾影响的客人的集中点和急救中心。

（2）在疏散时考虑问题和采取行动要果断，反应要敏捷，行动要沉着、冷静、迅速，但尽量不要奔跑，因为奔跑容易导致呼吸急促、慌乱。

技能训练步骤：

（1）选择合适的灭火器。

（2）正确使用灭火器。

（3）灭火彻底。

技能训练注意事项：

（1）发生火灾时客房服务员要有高度的责任心，沉着冷静，机智果断。

（2）注意使用泡沫灭火器不要将桶盖、桶底对着人体，以防万一爆炸。

（3）注意保护客人人身及财物的安全。

服务流程

发现火情立即报警→通知值班人员→组织疏散。

应用案例

大火无情

【案例一】2004 年 2 月 1 日，河南省洛阳市经济开发区深森宾馆，由于值班人员用煤炉取暖时，煤炉引燃值班人员的大衣而造成特大火灾。火灾导致 10 人死亡、16 人受伤。

【案例二】2007 年 7 月 26 日，辽宁省朝阳市百姓楼酒店工作人员擅自使用柴油灶，操作严重违规，导致发生特大火灾事故，造成 11 死亡、16 人受伤。

试分析上述案例发生的原因。

名人名言

成熟的和真正的公民意识就把为社会服务看作一个人最主要的美德。

——苏霍姆林斯基

知识拓展

一、各部门的任务

1. 义务消防队的任务

（1）听到报警后，立即带好消防器材和工具赶赴现场，等候命令。

（2）听从指挥部的命令，实施各项灭火工作。

2. 安保部的任务

（1）安保部经理带上对讲机和必备物品赶赴指挥部。

（2）主管携带对讲机赶赴现场，随时将火情反馈给监控室值班员。

（3）大堂岗要阻止一切无关人员进入酒店，保持高度警惕性，密切注视可疑情况，防止治安、刑事案件发生。

（4）员工岗要及时清理酒店周围的通道，为保证消防车接近大楼做好一切准备。

（5）指派专人保护财务部，加强对有关财务电脑资料、资金、账册存放处的巡逻和戒备。必要时，按指令护送出纳、会计将电脑资料、现金和账本转移到安全地方，并注意保护好其他贵重物品。

（6）监控员要通过监视器密切注意火灾现场及其他区域的情况，随时向指挥部报告。迅速开启紧急广播系统，听从总指挥命令，随时发出紧急疏散通知。

（7）指派义务消防队员，迎接消防车的到来，指示室外消防栓、水泵接合器的位置，告知火灾现场及酒店灭火指挥部的位置。

（8）指派义务消防队员在出入口及着火层下一层担任警戒工作。

（9）指派义务消防队员协同安保员加强警戒巡逻、防止犯罪嫌疑人趁火打劫和进行破坏、捣乱活动。

3. 工程部的任务

（1）指派一名技工携带对讲机迅速进入消防泵房，按指令启动、关闭消防泵，保证消防用水正常供应。

（2）派电工控制火灾部位的电源，并设法解决现场必需的照明。

（3）采取排烟措施，指定专人负责，按指令关闭空调装置，切断所有电源，专人值守油库。

（4）其他人员服从指挥部命令，参加灭火工作。

（5）如火情发生在工程部空调房、配电房、发电房、变压器房等部位，工程部理应赶赴现场，坚守岗位，随时将火情报告指挥部，如油库着火，应采用专用灭火器灭火并采取隔绝空气措施。

4. 前厅部的任务

（1）总台停止营业，管好财物、账册和客人登记簿及电脑资料。

（2）按指令转移贵重物品、保险箱和客人行李。

（3）大堂经理要劝阻、告诫客人不要回房间和乘坐电梯，并劝客人离开大楼前往安全地带。

（4）行李员要将电梯控制在一楼，禁止使用，并打开大堂大门以利疏散人员。

（5）总机室保证灭火期间指挥部、火场及有关消防部门的通信畅通。

（6）其他人员协助安保部将所有通向酒店外的门打开，引导客人疏散，并维护治安秩序。

5. 客房部的任务

（1）客房发生火情，客房部经理迅速赶赴灭火指挥部，主管应立即赶赴现场，及时将火情报告监控室和总机。

（2）领班应迅速准备足够的湿毛巾，以备灭火员急用。

（3）楼层服务员平常应熟记本楼层各住客房号、人数和消防通道的走向。着火楼层服务员按指令组织引导疏散客人，检查清理楼道和防火门，使楼道畅通，便于客人疏散；非着火楼层服务员听到火警后，应坚守在消防通道处，随时安抚客人不要惊慌。当听到疏散命令后，应快速逐房通知并检查督促住客离开房间，随手关上房门并挂上"无人"指示牌，在确保楼层内已无住客后，才能离开并向指挥部汇报。

（4）检查、寻找火源和被围困的人员。

（5）撤离后关闭防火门，派专人警戒。

6. 餐饮部的任务

（1）如火情发生在餐饮部的中餐厅、宴会厅和厨房，餐饮部经理和厨师长应立即赶赴现场，坚守岗位，随时将火情报告监控室和总机。

（2）停止营业，管好钱物。迅速组织引导客人疏散。按指令转移贵重物品。

（3）迅速关闭炉灶煤气或输油阀门、通风抽风设备，关闭电源及电器设备。

（4）迅速转移可能助燃的煤气罐及食油和其他易燃物品。

（5）如火情发生在其他区域，应组织本部门人员备勤，随时听从指挥部门命令和安排。

7. 娱乐部的任务

（1）如火情发生在保龄球馆、宴会厅、楼层会议室、歌舞厅、大堂吧、商品部书店，娱乐部经理应立即赶赴现场，坚守岗位，随时将火情报告监控室和总机。

（2）停止营业，管好钱物，迅速组织引导客人疏散，按指令转移贵重物品。

（3）寻找检查火源，进行初期扑救。

（4）如火情发生在其他区域，应组织本部门人员备勤，随时听从指挥部的命令和安排。

8. 营销部的任务

（1）如火情发生在营销部，营销部经理应立即赶赴现场，坚守岗位，随时将火情报告监控室和总机。

（2）按指令转移贵重物品，并协助财务部、物料仓库、前厅部总台转移物品。

（3）如火情发生在其他区域，应组织本部门人员备勤，随时听从指挥部的命令和安排。

9. 财务部的任务

（1）如火情发生在财务部或者火势有可能危及财务部，财务部经理应按指令迅速整理现金、账册及电脑软件，在安保部人员的保护下转移到安全地带。

（2）其他财务人员按指令转移贵重物品及账本资料。

（3）如火情发生在财务部物料、调料、杂料仓库，财务部经理应立即赶赴现场，坚守岗位，随时将火情报告监控室和总机。

（4）如火情发生在其他区域，财务所有工作人员，应坚守自己的工作岗位，接受指挥部的命令和安排。

10. 其他

办公区域其他部门的任务，停止工作，按指令转移工作档案、账册、贵重物品，引导访客或外来人员安全疏散，关闭各办公室门、窗，关闭此区域防火门。工作人员集中备勤，随时听从指挥部的命令和安排。

二、消防器材的运用

（一）消防器材的管理

一是定点摆放，不能随意挪动。二是定期对灭火器进行普查换药，定期巡查消防器材，保证处于完好状态。三是定人管理。经常检查消防器材，发现丢失、损坏应立即上报领导及时补充，做到消防器材管理责任到人。

（二）常见的消防器材

常见的手提式灭火器有三种：手提式干粉灭火器、手提式二氧化碳灭火器和手提式卤代型灭火器。其中卤代型灭火器由于对环境保护有影响，已不提倡使用。目前，在宾馆、饭店、影剧院、医院、学校等公众聚集场所使用的多数是磷酸铵盐干粉灭火器（俗称"ABC 干粉灭火器"）和二氧化碳灭火器，在加油、加气站等场所使用的是碳酸氢钠干粉灭火器（俗称"BC 干粉灭火器"）和二氧化碳灭火器。

根据二氧化碳既不能燃烧，也不能支持燃烧的性质，人们研制了各种各样的二氧化碳灭火器，有泡沫灭火器、干粉灭火器及液体二氧化碳灭火器、风力灭火器等。

（三）消防器材的选择

（1）扑救 A 类火灾即固体燃烧的火灾应选用的器材。水型、泡沫、磷酸铵盐干粉、卤代烷型灭火器。A 类火灾指固体物质火灾，这种物质往往具有有机物性质，一般在燃烧时能产生灼热的余烬，如木材、棉、毛、麻、纸张火灾等。

（2）扑救 B 类即液体火灾和可熔化的固体物质火灾应选用的器材。干粉、泡沫、卤代烷、二氧化碳型灭火器（这里值得注意的是，化学泡沫灭火器不能灭 B 类极性溶剂火灾，因为化学泡沫与有机溶剂接触，泡沫会被迅速吸收，使泡沫很快消失，这样就不能起到灭火的作用，如醇、醛、酮、醚、酯等都属于极性溶剂）。B 类火灾指液体火灾和可熔化的固体物质火灾，如汽油、煤油、原油、甲醇、乙醇、沥青等。

（3）扑救 C 类火灾即气体燃烧的火灾应选用的器材。干粉、卤代烷、二氧化碳型灭火器。C 类火灾指气体火灾，如煤气、天然气、甲烷、乙烷等。

（4）扑救 D 类火灾即金属燃烧的火灾应选用的器材。粉装石墨灭火器和灭金属火灾专用干粉灭火器。在国内尚未定型生产灭火器和灭火剂的情况下可采用干砂或铸铁沫灭火。D 类火灾指金属火灾，如钾、钠、镁、钛、铝镁合金等。

（5）扑救 E 类火灾应选用的器材。磷酸铵盐干粉、卤代烷型灭火器。E 类火灾指带电物体的火灾，如发电机房、变压器室、配电间、仪器仪表间和电子计算机房等在燃烧时不能及时或不宜断电的电气设备带电燃烧的火灾。

（6）扑救 F 类火灾即烹饪器具内的烹饪物（动植物油脂）火灾应选用的器材。灭火时忌用水、泡沫及含水性物质，应使用窒息灭火方式隔绝氧气进行灭火。

（四）消防器材种类

1. 灭火类

（1）灭火器具。二氧化碳灭火器、1211 灭火器、干粉灭火器、酸碱泡沫灭火器、四氯化碳灭火器、灭火器挂具、机械泡沫灭火器、水型灭火器、其他灭火器具等。

（2）消火栓（包括室内消火栓系统和室外消火栓系统）。室内消火栓系统包括室内消火栓、水带、水枪。室外消火栓包括地上和地下两大类，室外消火栓在大型石化消防设施中用得比较广泛，由于地区的安装条件、使用场地不同，受到不同限制，石化消防水系统已多数采用稳高压水系统，消火栓也由普通型渐渐转化为可调压型消火栓。

（3）破拆工具类（包括消防斧、切割工具等）。至于其他的，都属于消防系统了，如火灾自动报警系统、自动喷水灭火系统、防排烟系统、防火分隔系统、消防广播系统、气体灭火系统、应急疏散系统等。

灭火器是一种可由人力移动的轻便灭火器具，它能在其内部压力作用下，将所充装的灭火剂喷出，用来扑救火灾。灭火器种类再繁多，其适用范围也有所不同，只有正确选择灭火器的类型，才能有效地扑救不同种类的火灾，达到预期的效果。

2. 报警类

（1）火灾探测器。火灾探测器具体包括感温火灾探测器、感烟火灾探测器、复合式感烟感温火灾探测器、紫外火焰火灾探测器、可燃气体火灾探测器、红外对射火灾探测器。

（2）报警按钮。报警按钮包括手动火灾报警按钮、消火栓按钮。

（3）报警器。报警器包括火灾声报警器、火灾光报警器、火灾声光报警器。

（4）火灾报警控制器。火灾报警控制器包括报警主机、CRT 显示器、直接控制盘、总线制操作盘、电源盘，消防电话总机、消防应急广播系统。

（5）多功能报警器。多功能报警器的主机主要有一个有线的无线防区（八路无线四路有线防区），即可以连接有线探头、有线门磁、有线煤气探测器。还可以使用遥控器进行操纵，其拥有多种操纵方式：可以使用电话机对系统进行操纵；可以在别处用电话进行操纵；可以及时将各种报警信号以数字的形式传至报警中央；还可以设置六路电话号码。具备提高设备的抗干扰、防雷击特性。

（五）大型消防器材

1. 消火栓箱

遇有火警时，根据箱门的开启方式，按下门上的弹簧锁，销子自动退出，拉开箱门后，取下水枪拉转水带盘，拉出水带，同时把水带接口与消火栓接口连接上，按下箱体内的消火栓报警按钮，把室内消火栓手轮顺开启方向旋开，即能进行喷水灭火。

2. 消防水枪

消防水枪是灭火的射水工具，用其与水带连接会喷射密集充实的水流。具有射程远、水量大等优点。它由管牙接口、枪体和喷嘴等主要零部件组成。直流开关水枪，是由直流水枪、增加球阀开关等部件组成，可以通过开关控制水流。

3. 水带接扣

水带接扣用于水带、消防车、消火栓、水枪之间的连接。以便输送水和泡沫混合液进行灭火。它由本体、密封圈座、橡胶密封圈等零部件组成，密封圈座上有沟槽，用于扎水带。具有密封性好、连接既快又省力、不易脱落等特点。

管牙接口装在水枪进水口端，内螺纹固定接口装在消火栓、消防水泵等出水口处。它们都由本体和密封圈组成，一端为管螺纹，一端为内扣式。它们都用于连接水带。

4. 消防水带

消防水带是消防现场输水用的软管。消防水带按材料可分为有衬里消防水带和无衬里消防水带两种。无衬里水带承受压力低、阻力大、容易漏水、易霉腐，寿命短，适合于建筑物内火场铺设。有衬里水带承受压力高、耐磨损、耐霉腐、不易渗漏、阻力小，经久耐用，也可任意弯曲折叠，随意搬动，使用方便，适用于外部火场铺设。

5. 室内消火栓

一种固定消防工具。主要作用是控制可燃物、隔绝助燃物、消除着火源。室内消火栓使用方法：①打开消火栓门，按下内部火警按钮（按钮是报警和启动消防泵的）。②一人接好枪头和水带奔向起火点。③另一人接好水带和阀门口。④逆时针打开阀门水喷出即可。注：电起火要确定切断电源。

6. 室外消火栓

一种安装在室外的固定消防连接设备，种类有室外地上式消火栓、室外地下式消火栓、室外直埋伸缩式消火栓。地上式在地上接水，操作方便，但易被碰撞，易受冻；地下式防冻效果好，但需要建较大的地下井，且使用时消防队员要到井内接水，操作不方便；室外直埋伸缩式消火栓平时消火栓压回地面以下，使用时拉出地面工作，比地上式能避免碰撞，防冻效果好；比地下式操作方便，直埋安装更简单。

7. 水箱

水箱是连接消防管道的储存水的设备，主要用于火灾中的供水，能更好地防止火灾的蔓延和熄灭。

（六）简易式灭火器

简易式灭火器是近几年开发的轻便型灭火器。它的特点是灭火剂充装量在 500 克以下，压力在 0.8 兆帕以下，而且是一次性使用，不能再充装的小型灭火器。按充入的灭火剂类型分，简易式灭火器有 1211 灭火器，也称气雾式卤代烷灭火器；简易式干粉灭火器，也称轻便式干粉灭火器；还有简易式空气泡沫灭火器，也称轻便空气泡沫灭火器。简易式灭火器适用于家庭使用，简易式 1211 灭火器和简易式干粉灭火器可以扑救液化石油气灶及钢瓶上角阀，或煤气灶等处的初起火灾，也能扑救火锅起火和废纸篓等固体可燃物燃烧的火灾。简易式空气泡沫适用于油锅、煤油炉、油灯和蜡烛等引起的初起火灾，也能对固体可燃物燃烧的火进行扑救。

（七）灭火器材的使用方法

1. 手提式干粉式灭火器的使用方法

（1）可手提或肩扛灭火器快速奔赴火场，在距燃烧处 5 米左右，放下灭火器，如在室外，应选择在上风方向喷射。

（2）使用的干粉灭火器若是外挂储压式的，操作者应一手紧握喷枪，另一手提起储气瓶上的开启提环。如果储气瓶的开启是手轮式的，则向逆时针方向旋开，并旋到最高位置，随即提起灭火器。

（3）当干粉喷出后，迅速对准火焰的根部扫射。

（4）使用的干粉灭火器若是内置式储气瓶的或者是储压式的，操作者应先将开启把上的保险销拔下，然后握住喷射软管前端喷嘴部，另一只手将开启压把压下，打开灭火器进行灭火。

（5）有喷射软管的灭火器或储压式灭火器在使用时，一手应始终压下压把，不能放开，否则会中断喷射。

（6）干粉灭火器扑救可燃、易燃液体火灾时，应对准火焰重要部扫射，如果被扑救的液体火灾呈流淌燃烧时，应对准火焰根部由近而远，并左右扫射，直至把火焰全部扑灭。

（7）如果可燃液体在容器内燃烧，使用者应对准火焰根部左右晃动扫射，使喷射出的干粉流覆盖整个容器开口表面；当火焰被赶出容器时，使用者仍应继续喷射，直至将火焰全部扑灭。

（8）在扑救容器内可燃液体火灾时，应注意不能将喷嘴直接对准液面喷射，防止喷流的冲击力使可燃液体溅出而扩大火势，造成灭火困难。

（9）如果当可燃液体在金属容器中燃烧时间过长，容器的壁温已高于扑救可燃液体的自燃点，此时极易造成灭火后再复燃的现象，若与泡沫类灭火器联用，则灭火效果更佳。

（10）使用干粉灭火器扑救固体可燃物火灾时，应对准燃烧最猛烈处喷射，并上下左右扫射。

（11）如条件许可，使用者可提着灭火器沿着燃烧物的四周边走边喷，使干粉灭火剂均匀地喷在燃烧物的表面，直至将火焰全部扑灭。

手提式干粉灭火器的使用方法如图5-1所示。

图5-1　手提式干粉灭火器的使用方法

2. 手提式1211灭火器的使用方法

先拔掉保险销，然后一手开启压把，另一手握喇叭喷桶的手柄，紧握开启压。

两个人操作，一个人取下喷枪，并展开软管，然后用手扣住扳机；另一个人拔出开启机关的保险销，并迅速开启灭火器的开启机关。

3. 泡沫灭火器

泡沫灭火器的灭火液由硫酸铝、碳酸氢钠和甘草精组成。灭火时，将泡沫灭火器倒置，泡沫即可喷出，覆盖着火物而达到灭火目的。适用于扑灭桶装油品、管线、地面的火灾。不适用于电气设备和精密金属制品的火灾。

4. 四氯化碳灭火器

四氯化碳汽化后是无色透明、不导电、密度较空气大的气体。灭火时，将机身倒置，喷嘴向下，旋开手阀，即可喷向火焰使其熄灭。适用于扑灭电器设备和贵重仪器设备的火灾。四氯化碳毒性大，使用者要站在上风口。在室内灭火后要及时通风。

5. 二氧化碳灭火器的使用方法

二氧化碳是一种不导电的气体，密度较空气大，在钢瓶内的高压下为液态。灭火时，只需扳动开关，二氧化碳即以气流状态喷射到着火物上，隔绝空气，使火焰熄灭。适用于精密仪器、电气设备以及油品化验室等场所的小面积火灾。二氧化碳由液态变为气态时，大量吸热，温度极低（可达到-80℃），要避免冻伤。同时，二氧化碳虽然无毒，但是有窒息作用，应尽量避免吸入。

按照燃烧原理，一切灭火方法的原理是将灭火剂直接喷射到燃烧的物体上。或者将灭火剂喷洒在火源附近的物质上，使其不因火焰热辐射作用而形成新的火点。

三、灭火的方法

1. 冷却灭火法

冷却灭火法的原理是将灭火剂直接喷射到燃烧的物体上，以降低燃烧的温度至燃点以下，使燃烧停止。或者将灭火剂喷洒在火源附近的物质上，使其不因火焰热辐射作用而形成新的火点。冷却灭火法是灭火的一种主要方法，常用水和二氧化碳作灭火剂冷却降温灭火。灭火剂在灭火过程中不参与燃烧过程中的化学反应。这种方法属于物理灭火方法。

2. 隔离灭火法

隔离灭火法是将正在燃烧的物质和周围未燃烧的可燃物质隔离或移开，中断可燃物质的供给，使燃烧因缺少可燃物而停止。具体方法如下：

（1）把火源附近的可燃、易燃、易爆和助燃物品搬走。

（2）关闭可燃气体、液体管道的阀门，以减少和阻止可燃物质进入燃烧区。

（3）设法阻拦流散的易燃、可燃液体。

（4）拆除与火源相毗邻的易燃建筑物，形成防止火势蔓延的空间地带。

3. 窒息灭火法

窒息灭火法是阻止空气流入燃烧区或用不燃烧区或用不燃物质冲淡空气，使燃烧物得不到足够的氧气而熄灭的灭火方法。具体方法如下：

（1）用沙土、水泥、湿麻袋、湿棉被等不燃或难燃物质覆盖燃烧物。

（2）喷洒雾状水、干粉、泡沫等灭火剂覆盖燃烧物。

（3）用水蒸气或氮气、二氧化碳等惰性气体灌注发生火灾的容器、设备。

（4）密闭起火建筑、设备和孔洞。

（5）把不燃的气体或不燃液体（如二氧化碳、氮气、四氯化碳等）喷洒到燃烧物区域内或燃烧物上。

👍 职业能力训练

1. 单选题

主要用于 A 类火灾的是（　　）。

A. 喷水灭火器　　　　　　　　　　B. 二氧化碳灭火器

C. 卤化灭火器　　　　　　　　　　D. 干化学药品灭火器

2．多选题

不是用于 A 类火灾的灭火器是（　　）。

A．喷水灭火器　　　　　　　　B．二氧化碳灭火器

C．卤化灭火器　　　　　　　　D．干化学药品灭火器

3．填空题

（1）饭店中常用的灭火器有（　　）、（　　）、（　　）及（　　）等。

（2）客房区域常见的消防器材有（　　）和（　　）两大类。

观念应用训练

预防火灾有哪些措施？

情景模拟训练

无知的代价

2003 年 2 月 2 日 17 时 59 分，黑龙江哈尔滨市天潭大酒店，一名酒店服务员用汽油代替煤油燃料添加取暖炉引发特大火灾，造成 33 人死亡，10 人受伤，其中服务员有 7 人死亡，2 人重伤，他（她）们都是来自农村的青年人，进酒店之后未曾接受过防火知识的教育培训。

思考：

1．为何会发生火灾？

2．如何更好地预防火灾？

思维拓展训练

小小的失误

2001 年 1 月 9 日，位于湘潭市雨湖区车站路 16 号的湘潭市金泉大酒店发生特大火灾，造成 12 人死亡、12 人受伤，烧毁建筑 1053 平方米以及中央空调、家具等物品，直接财产损失 79 万元。13 时左右，三楼美容美发厅钟点工谢美云将 3 条湿毛巾用电暖气进行烘干，其间一直无人照看。20 时左右，睡在 320 房间的张虹燕在看电视时感到烟气呛人，就跑到美容美发室报告老板段缘明。段缘明跑回美容美发室拿盆，在卫生间接水出来后发现 322

房间屋顶上全部是火，地上也有火，就往房顶泼水灭火。由于火势已大未能扑灭，段缘明只好跑出来，并与其他人一起逃离了现场。

经调查，该起火灾系 322 房间的电源插座板与导线接触不良，在通电负载情况下局部接触电阻过大发热引燃导线绝缘层和可燃装饰材料所致。

阅读材料，分析火灾为何造成如此巨大的损失？

任务二 失窃的应急处理、自然事故的预防措施

任务目标

通过本次任务实训，让学生能掌握防止偷盗事故的发生和发生偷盗事故、自然事故的预防措施。

项目任务书

任务名称	失窃的应急处理、自然事故的预防措施	任务编号		时间要求	
训练要求	1. 掌握发生偷盗事故的应急处理方法 2. 掌握发生自然事故的应急处理方法				
培养能力	1. 客房服务中防盗工作 2. 偷盗事故的应急处理方法 3. 发生自然事故的应急处理方法				
涉及知识	1. 了解避免偷盗事故发生的方法 2. 了解避免自然事故发生的方法				
教学地点	教室、机房	参考资料			
教学设备	投影设备、投影幕布、能上网的电脑				
训练内容					
如何预防、处理失窃事件，报警					
实训成果评价标准					

1. 对于发生的偷盗事件、自然事故，能正确处理，保持沉着冷静，应对自如
2. 对于发生的偷盗事件、自然事故，能较正确处理，保持沉着冷静，应对自如
3. 对于发生的偷盗事件、自然事故，能较正确处理，较沉着冷静，应对自如
4. 对于发生的偷盗事件、自然事故，不能正确处理，不能保持沉着冷静，应对自如
符合上述标准 1，成绩为优秀，可得 90~100 分；符合标准 2，成绩为良好，可得 70~80 分；符合标准 3，成绩为及格，可得 60~70 分；符合标准 4，成绩为不及格，得分 60 分以下；介于这几种标准之间的，可酌情增减分

引导案例（情景导入）

"潇洒走一回"

某大都市一家豪华酒店。一位装束不凡的男士跨进大堂，他中等身材，穿一套笔挺的银灰色的皮尔·卡丹西装，内穿雪白的衬衣，佩戴金利来领带，足蹬鳄鱼皮鞋，戴一副 24K 金眼镜，还留着两撇整齐的仁丹胡子，俨然是一个日本贵族。但他身上却散发出一种令人难闻的口臭和

脚臭。漂亮的服务员小黄恭敬而又有点疑惑地看着那男士从西装上衣里掏出护照。她打开护照一看，果然是位日本客人，名叫"北川太郎"。

小黄忙用日语致辞："欢迎您下榻本酒店！""北川太郎"显得神态迷茫，没想到这位日本客人不懂日文！小黄又用英语重复一遍，"北川太郎"更是把头摇得像个拨浪鼓。她还想用别的语言再问候一遍，谁知他硬邦邦地甩出一句："干啥呀，别瞎整了，干脆给咱弄间客房就得了！"小黄想想不大对劲，"管他呢，只要能给钱就好！"小黄又一转念，就客气地给"北川太郎"办好了入住手续。

"北川太郎"入住酒店后，从不到日本风味餐厅光顾，更不用说吃和食、喝清酒了。倒是顿顿跑中国餐厅，尝遍川、粤、京，喝足茅台、五粮液，甚至连小笼包子、油炸臭豆腐等风味小吃也吃得津津有味。其食欲之贪、胃口之大，令人咂舌。而且他付账只用信用卡，从不用现金。很快全店各个餐厅员工都知道有这么一位嗜好中国饮食、出手阔绰的日本贵客。

一天，客房服务员小白在打扫"北川太郎"的房间时，却发现了一双锦丽园大酒店的拖鞋。这可就蹊跷了！谁不知道饭店每天都供应一次性拖鞋？"人家爱穿什么拖鞋，谁还管得了那么多？"小白这么一想，也就作罢。

正巧当天下午，酒店保安部门接到市公安局发来的追捕犯罪通缉令。通缉令称，锦丽园大酒店发生了一起盗窃日本游客北川太郎财物的恶性案件。案犯为东北地区一农民，身高170厘米左右，留有胡子。保安部朴经理漫不经心地把通缉令往抽屉里一塞，自言自语道："这事管得过来吗？再说，哪会这么巧跑到我们饭店来？"

当晚，"北川太郎"到总台办离店结账手续，当服务员小黄打开他的信用卡计算机储存键一看，大吃一惊，原来那是一张已经宣布作废的信用卡！等她转过身来时，"北川太郎"已经无影无踪了。

后来，这个冒充日本贵客"北川太郎"的盗窃犯，在另一家酒店故技重演时落网。而先前这家酒店为此事不仅损失了几十万日元，而且还受到了有关部门的通报批评。

思考：为何"北川太郎"破绽百出，却得以"潇洒走一回"呢？

知识链接

酒店对发生盗窃案件的应急处理预案

酒店客房、商务楼租赁单位、办公区域、公众场所及区域、员工更衣室及宿舍、停车场内的车辆，一旦发生房门被撬、车窗被砸、车门被撬、客人报称财物被盗时，立即进入应急处理程序。

（一）报警

发现人应就近用电话通知安保部监控室，讲清盗窃案件发生的地点、区域、楼层房号，基本状况。报警人的部门（或单位）、姓名（或工号）。保护现场，不准客人或其他人员进入现场。

（二）处理程序

监控员接到报警后：

（1）立即通知安保部主管或领班赶赴现场，保护现场。主管或领班赶到现场后，严禁客人或其他人员进入现场。

（2）立即通知安保部经理、大堂经理（夜间通知值班经理赶赴现场）。如案件发生在客房，大堂经理应马上就近安排房间安顿客人，做好安抚工作。安保部经理或值班经理了解基本案件后，立即向总经理或总支书记报告。

（3）总经理或总支书记到达现场后，视情况立即做出向公安局治安大队或刑侦大队报警的决定。公安人员到达现场后，安保部配合公安人员工作，有关部门按总经理或总支书记指令做好善后工作。

（三）防范措施

1. 安保部

（1）大堂岗密切注视、仔细观察大堂内各种人员的动向，发现可疑情况，立即通知领班与大堂经理前去查看。

（2）员工岗对从后门进入的非酒店工作人员，一律进行盘查，密切注视停车场内的情况，发现可疑情况立即通知领班前去查看。

（3）领班巡查时，注意观察各区域的异常情况和可疑人员。

（4）如发现犯罪分子正在作案，立即组织力量进行围堵，将其抓获。

2. 前厅部

（1）大堂经理注意观察大堂内各种人员的动向，发现可疑情况立即通知监控室或安保部。

（2）前台接待员、收银员注意观察接待区域各种人的动向，发现可疑情况立即向大堂经理报告。

3. 客房部

楼层领班、服务员注意观察本区域内的异常情况或可疑人员；听到异常响声，应立即前往查看；发现可疑情况迅速通知监控室实施监控。

4. 餐饮部

为客人服务的同时注意观察可疑人员的异常动向，一旦发现立即通知监控室。安保部领班迅速前去查看。

5. 娱乐部

在宴会厅举行商业性会议或活动时，人员非常复杂，注意观察可疑人员的异常情况，一旦发现立即通知监控室，安保部领班迅速前去查看。

商务楼各租赁单位一旦发现可疑人员、可疑情况，立即通知监控室，安保部领班迅速前去查看。

　　酒店全体人员、各租赁单位、承包户全体工作人员务必随时保持高度警惕，注意发现可疑人员与可疑情况，做好防范工作，防止盗窃案件发生，以避免国家财产、客人、单位人员及酒店员工的财产和物品遭受损失。

防盗工作训练1　客人丢失现金和物品

技能训练步骤：

（1）接收客人报失。

（2）立即报警。

（3）了解情况。

（4）查访和找寻。

（5）征询是否报案。

（6）材料整理。

技能训练注意事项：

（1）如果客人物品确实被盗，在报公安部门之前，需征得饭店有关部门同意，由保安部负责。

（2）假若被盗财物涉及某一服务员，在未掌握确凿证据之前，管理人员不可妄下结论。

（3）客人有时会报假案，要注意分析、辨明。

防盗工作训练2　客人拿走房内物品

技能训练步骤：

（1）及时发现。

（2）联系上报。

（3）恰当处理。

技能训练注意事项：

（1）客房服务员要向客人介绍饭店的有关规定。

（2）询问客人时语气要婉转，不要让客人感觉到是在偷饭店的东西。

应用案例

机智的小含

南通大饭店大堂登记处，挤满了准备住店的客人。此时，一名男青年推搡着等候的客人使劲儿挤，引起一阵小小的骚动。正在大堂巡逻执勤的保安员小含见状走过去，对他说："先生，您别着急。我来替您拿登记单好吗？"那男子连忙摇头说："不用，不用，我是替别人拿的。"说罢，挤了进去，拿了一张登记单填写起来。

按饭店规定替人登记是不允许的，特别是近来饭店作案较多，客人安全得不到保障之事屡有发生。眼前的大堂情况更引起了小含的警觉，他仔细打量了那位男子，见他未带行李，穿着随便又不太整洁，像是从县区来的或是过路客，但对饭店又比较熟悉。于是，他走近那位男子，眼光飞快地在登记单上扫视，"都某，男，26岁，住南通县平潮镇云台山村三组，工作单位：平潮综合厂。"霎时，6个月前发生的一件事浮现在他的脑海里：

那一天，住608房的房客不辞而别，收款部门转来一叠账单，请保安部协助追账。小含从账单中翻到了608房住客登记单："马某，男27岁，住南通县平潮镇云台山村三组，工作单位：平潮综合厂。住店三天。"于是，他顺着这条线索与当地派出所联系，告知查无此单位，马某有其人，但他声称从未到过大饭店，而身份证曾在南通天南大酒店附近被人连包抢劫，报过案。"马某"逃账案就此石沉大海。

那么，眼前这位"都某"为什么仍填写一个名不副实的单位呢？他与逃账的那位"马某"又是什么关系呢？小含不禁疑窦丛生。他便找出了当初"马某"的那张登记单。令他兴奋不已的是，两张登记单的笔迹完全一致！于是，他请示了总经理，决定与都某进行正面交锋。

小含找到那位男子，开门见山问道："先生，你今天是替谁登记住店？""是我，又怎么样？"对方态度强硬。"你叫什么名字？在什么单位工作？请出示你的身份证。"小含紧追不放。都某掏出身份证，往桌上一扔："姓韩，在平潮综合厂工作。""先生，我告诉你，平潮根本没有什么综合厂。"都某的谎言被一语道破，他不觉一愣，尽快改口掩饰："我以前在这个厂，现在可能撤销了吧。"小含突然又话锋一转，问道："你以前住过大饭店没有？""住过。不，没住过。我以前来饭店玩过。"都某猝不及防，说话语无伦次。"不对！"小含断喝一声，把登记单亮到他眼前。都某一看，顿时傻了眼，"这……这……"半晌说不出话来。最后，都某终于承认冒用他人名字登记住宿逃账的事实，并表示愿意付清所有欠款，承担一切责任。

都某又坦白，他在饭店筹建时期曾进店参加过装潢工程，比较熟悉饭店情况，"马某"则是他的一个朋友，对于都某曾使用的马某被抢劫的身份证的来源，小含又与公安局取得了联系，公安局即派来两位民警，继续对都某审查。

分析小含为何能抓住不法分子？

名人名言

人生最美好的，就是在你停止生存时，也还能以你所创造的一切为人们服务。

——奥斯特洛夫斯基

知识拓展

酒店对爆炸及可疑爆炸物品的紧急处理预案

为了确保酒店财产的安全，确保住店客人和员工的人身财物不受侵害，对可能发生爆炸的部位，必须采取切实可行的防范措施。做到发生意外爆炸事故时能及时扑救，使损失减少到最低限度，特制定本预案。

（一）报警程序

（1）发现者应立即通知监控室和总机，语言清晰地讲明发现可疑爆炸物或发生爆炸的时间、区域部位和详细情况以及报警人的部门（单位）、姓名（或工号）。

切记：不要轻易触动可疑爆炸物，尽可能保护、控制现场。

（2）监控室、总机值班员接到报警后，应详细记录报警人的姓名、部门（或租赁单位），发现可疑爆炸物品或发生爆炸的时间、区域部位等情况。总机值班员应立即通知下列人员赶赴现场：

①安保部、工程部、前厅部、客房部经理。

②总经理或总支书记、副总经理、总经理助理。

③发现可疑爆炸物品或发生爆炸的部门经理或租赁单位（户）的负责人。

通知时要简明扼要地将发生的情况、时间、区域位置讲清楚。

（二）各部门人员到达现场后的职责

（1）总经理或总支书记。应立即组织临时指挥部，根据各部门汇报的情况，组织、指挥、协调各项工作，统一下达指令，采取有力措施进行抢救，布置有关部门做好善后工作。

（2）安保部。按总经理指令立即向公安部门报警并迅速组织人员，布置以爆炸现场或可疑爆炸物为中心的警戒线，控制现场；待公安专业人员到达现场后，安保部应听从公安人员指挥，配合公安人员做好工作；随时将现场情况报告总经理。如有人员伤亡，应及时与市内急救中心联系做好抢救伤员的准备工作。

（3）工程部。立即关闭现场附近由于爆炸可能引起恶性事故的电器设备；指派专人坚守消防泵房和配电房，按总经理指令随时应付紧急情况。

（4）前厅部、客房部。负责向客人解释发生的情况，做好安抚客人情绪的工作，需要时按指令组织、引导疏散客人到安全区域。

（5）义务消防队。集结待命，按总经理指令转移现场附近可能引起助燃的物品和贵重物品。

酒店全体人员，租赁单位（户）全体工作人员，当发现可疑爆炸物品或发生爆炸时，请不要惊慌失措，应该沉着冷静，及时报警，不要轻易接近和移动爆炸物，听从指挥，服从安排，坚守岗位，配合专业人员排除险情。

（三）事故分析

1. 事故发生的主要原因

发生事故，其原因是多方面的，除自然灾害外，主要有以下几方面的原因：

（1）设计上的不足。

（2）设备上的缺陷。

（3）操作上的错误，如不遵守安全规章制度等。

（4）管理上的漏洞，如规章制度不健全，人事管理上的不足。

（5）不遵守劳动纪律，对工作不负责任，缺乏主人翁责任感等。

2. 违规操作

服务员违规操作行为的主要表现：

（1）主观心理因素。懒惰蛮干，贪图方便。有的员工工作时不愿多出力，耍小聪明，总想走捷径，操作时投机取巧，图一时方便，结果造成违规操作。马虎敷衍，固执，麻痹、存在侥幸心理，自我表现好胜心态。

（2）客观因素影响。安全意识差，安全责任心不强，工作不负责任。缺乏安全教育意识，安全监督不够。

3. 遏制违规操作应该采取的措施

（1）发挥教育员工的职能，不断强化员工的安全意识，提高员工的自我保护能力。加强员工的思想教育、安全教育、技能教育以及安全操作规程教育。不断教育员工的安全素质，从本质上杜绝违规操作。

（2）加强安全管理水平，实行通过考核和竞争，使安全管理的"责、权、利"相统一，使安全与每个人或每个集体的荣誉、利益紧密相连，促进全员安全意识的提高。

（3）加强安全教育与安全活动的展开。组织开展"安全周"、"安全月"、"百日安全无事故竞赛"、"安全知识竞赛"、"消防演习"、"重点部位事故演习"、"每人查找身边一些隐患"、"我为安全生产献一计"等活动，增强服务员的安全意识，提高员工的安全技能。

4. 事故的预防措施

（1）人的过失预防措施。人的性格、理想、追求等各不相同，但搞好安全，保证生命安全和健康这一点则是共同的。

发生了事故，人总是直接受害者。提高人的思想认识，加强主人翁的责任感，责任感加强了，就能自觉克服不良习惯，工作时就会有高标准严要求，集中精神把工作做好，失误便会大大减少。

人发生失误事先是意识不到的。因此一起工作的同事应互相提醒，互相督促，及时纠正不安全行为，这是非常可贵的。它体现出对同事的真正关心和爱护，也是对工作和自己负责的表现。

（2）坚持复查制度或者二人互相监督制度，可以减少事故的发生。

（3）借助科学的手段来弥补人的不足，从而防止过失。

加强管理人员的隐患排查，做到勤检查、勤发现，把事故隐患消灭于无形，做到真正的预防。

👍 职业能力训练

1. 单选题

（1）一般不应安装饭店监控系统的是（　　　）。

A. 大堂　　　　　　　B. 客用电梯　　　　　　C. 楼层客房　　　　　D. 公共娱乐场所

（2）电视监控系统是由（　　　）手动图像切换等组成。

A. 摄像机、录像机、监视器　　　　　　B. 摄像机、录音机、监视器

2. 多选题

如果客人的贵重物品丢失，一般（　　　）参与现场寻找。

A. 客人　　　　　　　B. 服务员　　　　　　C. 保安人员　　　　　D. 管理人员

3. 填空题

饭店的安全设施设备包括（　　）、（　　）、（　　）、（　　）、（　　）等。

👍 观念应用训练

客房部应怎样预防盗窃事故的发生？

情景模拟训练

奇怪的习惯

小白去南方一家四星级饭店参观学习。

富丽堂皇的吊灯，色彩艳丽的地毯，美丽庄重的迎宾小姐，均未能使小白驻足流连。但当小白走出电梯，来到第14层楼时，一辆工作车引起了小白的注意：它不是按惯例放在过道中间，而是紧紧地堵住房门。

小白轻轻地推开工作车。

"谁啊？"里面传出和蔼可亲的声音，走出一位年约20的小伙子，手上拿着抹布。

"是我，客人"，小白出示了住宿证。

"您有什么需要帮助的吗？"

"我是一家饭店的经理，很想知道工作车堵住房门的原因。"

"噢，是这么回事了。"他讲了一起严重的客房失窃事件。

当地的另一家五星级宾馆。11层1127房。女服务员正在打扫卫生间。她一边轻声哼着流行歌曲，一边用刷子清洗马桶。门敞开着，工作车放在走道中间。一个西装革履、留着长发的小偷，绕过工作车，轻手轻脚地溜了进来。坐在床旁，背对房门，拿起话筒，假装打电话。

服务员清洗完毕，走出卫生间。

她看见有一个人坐在床旁打电话，以为客人回来了，不宜干扰，于是退出来，关上房门，到其他房间做清洁整理。

由于客房内没有配备小型保险箱，客人的公文包放在写字台上，大衣挂在衣橱里，旅行箱放在沙发旁的圆桌上。

小偷乘机行事。

他用螺丝刀撬开公文包，翻寻值钱的物品。其中有一个豪华的钱包，他搜出一叠美元。

他从衣橱中拿出客人的长大衣，从口袋中翻出一叠人民币，一支名贵金笔。

他打开旅行箱，把里面的杂物一股脑儿地倒在地上，寻找珍贵物品。

他找到一串珍珠项链，一只装金戒指的首饰盒，将它们塞进自己的西装口袋。然后，迅速地将看不中的物品塞回旅行箱，把大衣、公文包放回原处，打开房门溜了出去。

傍晚，客人回房，发现失窃，立即报案。保卫人员和公安人员赶到现场，搜集线索，拍摄脚印、指印照片，询问女服务员。

她一边哭，一边讲述了事情的经过。5天后，公安机关在小商品市场抓获了正在向行人兜售珍珠项链的罪犯。

读罢案例，你是否明白了案例开头为什么用工作车堵住房门？如果是你，你会怎么做？

思维拓展训练

华丽的骗子

一天傍晚，上海某饭店服务总台的电话铃响了，服务员小桃马上接听，对方自称是住店的一位美籍华人的朋友，要求查询这位美籍华人。小桃迅速查阅了住房登记中的有关资料，向他报了几个姓名，对方确认其中一位就是他找的人，小桃未思索，就把这位美籍华人所住房间的号码708告诉了他。

过了一会儿，饭店总报务台又接到一个电话，打电话者自称是708房的"美籍华人"，说他有一位谢姓侄子要来看他，此时他正在谈一笔生意，不能马上回来，请服务员把他房间的钥匙交给其侄子，让他在房间等候。接电话的小桃满口答应。

又过了一会儿，一位西装笔挺的男青年来到服务台前，自称是小谢，要取钥匙。小桃见了，以为果然不错，就毫无顾虑地把708房钥匙交给了那位男青年。

晚上，当那位真正的美籍华人回房时，发现一只高级密码箱不见了，其中包括一份护照、几千美元和若干首饰。

以上即是由一个犯罪青年分别扮演"美籍华人的朋友"、"美籍华人"、和"美籍华人的侄子"而演出的一出诈骗饭店的丑剧。

几天后，当这位神秘的男青年又出现在另一家饭店用同样的手法搞诈骗活动时，被具有高度警惕性、严格按饭店规章制度、服务规程办事的总台服务员和总台保安员识破，当场被抓获。

阅读以上材料，试着分析总台服务员的表现。

项目六

客房服务综合实训

学习目标

> ### 知识目标
> 完成中级客房服务员的职业资格证的考试。

> ### 技能目标
> 中级客房服务员职业资格证考试的针对性训练。

一、实训要求

具体要求如下：

（1）能够熟练掌握客房中、西式包床的程序、方法和动作要领，能在规定时间按标准完成一张中式或西式床。

（2）能够按程序和标准独立完成走客房的清扫。

（3）能够掌握进房规范，做到自然、熟练和操作标准。

（4）能够掌握开夜床的方法和标准。

（5）能够掌握领班客房卫生检查的程序、要求与标准，学会查房的操作方法。

（6）能够掌握 VIP 客人接待的程序和标准。

（7）能够掌握宾客入住阶段主要服务项目的服务方法。

二、实训内容和安排

编号	实训项目名称	实训组织形式	要点
1	准备房务工作车	校内	
2	进入房间	校内	观察情况，按门铃、开锁、报身份、进房
3	整理房间	校内	进入房间，检查冰柜，观察房内情况，收集垃圾，撤换床铺，整理床铺（根据整理床铺的程序去做）。补充房内用品，清洁浴室、吸地
4	清理浴室	校内	进入浴室，将清厕剂喷洒于坐便器内，拿掉客人用过的毛巾，清洁坐便器，清洁云石台，抹干浴帘、墙壁、浴缸及云石台和洗手盆，补充浴室用品，抹镜、抹地及打蜡，最后查看
5	撤床	校内	卸下床单，首先将床罩折好，放置椅子上，卸下枕套，卸下毛毯，并放于椅子上，卸下床单（一层一层地卸下），拿走客人曾用过的床单及枕套，并放入清洁车中的布草袋中
6	西式铺床	校内	站于床尾将床拉出，将床垫放平并拉直，将第一张床单铺在床上，包边包角，将床推回原位，将第二张床单铺上，将毛毯铺在床上，将第二张床单反折到毛毯上，包边包角。将枕头放置于床头中央位置，铺床罩
7	中式铺床	校内	将床拉离床头板，准备铺床。铺床单，包边包角。套被套，打枕线，套枕芯，将床复位
8	夜床服务	校内	将床罩叠好放入衣柜内，将第二张床单、毛毯一齐翻折45度或30度角，将睡袍和晚安卡放置洗手盆内以备洗。放置早餐牌，将杯子与烟缸放置洗手盆内清洗。整理房内客人散放的杂志与报纸。将客人衣服挂在衣柜内。补充睡房物品，整理浴室，放地巾
9	会议服务	校内	完成会议准备工作，熟悉会场的摆设，能独立完成检查。会议接待期间为客人提供服务，会议结束，清扫会场

三、实训项目

客房部服务技能训练内容一

训练项目	准备房务工作车
训练目标	让学生掌握房务工作车的要求和标准
训练标准	1. 清洁工作间，并用湿毛巾将全车内外清洁干净 2. 将垃圾袋和布巾袋挂在车钩上 3. 将床单及枕袋放在下格上，将布巾置于上格上 4. 将房间用品放置架中，大件物品放在后，小件物品放在前 5. 将清洁用品置于清洁工桶内（清洁剂、百洁布、手套、家具蜡、空气清新剂及尘布）
训练方法	讲解和示范相结合
讲授	装车的标准要求
示范	如何装车
练习	让学生进行练习
要点总结	1. 装车前留意车辆有无损坏，车内外尚没干时，切勿摆放布巾及用品 2. 较贵重物品不要暴露在当面处，以防他人取走 3. 切勿放置过多或不充足的清洁用品于桶内

客房部服务技能训练内容二

训练项目	进入房间
训练目标	让学生掌握进房程序和要求
训练标准	1.观察门外情况，看看有没有挂上"请勿打扰"牌或房内双重锁的标志 2.按门铃或用中指在门的表层轻敲三下 3.站在门前适当位置，约等候五秒钟时间 4.第二次按门铃或敲门 5.第二次等候 6.开门。将钥匙插入锁内轻轻转动，用另一只手按着门锁柄 7.报出自己身份。例如：早安！（您好）房务员，打扫房间可以吗？/House keeping 8.进入房间。抽出钥匙，将门开启
训练方法	讲解和示范相结合
讲授	进房的要求
示范	观察情况，按门铃、开锁、报身份、进房
练习	组织学生分组训练
要点总结	1. 按门铃不要过急，勿用过重手法敲门 2. 等候时，眼望防盗眼 3. 从防盗眼中观察是否有人影活动 4. 勿用太猛烈的手法转动门锁 5. 报身份时，需要比平时大声一点 6. 进入房间时要轻步前行

客房部服务技能训练内容三

训练项目	整理房间
训练目标	掌握整理房间的程序
训练标准	1. 进入房间，根据进房的程序和要求去做 2. 检查房间贮藏食品的小型冰柜，与固定的数额相比较 3. 观察房内情况，若此房客人刚迁出，需留意是否有遗留物品，同时留意房间内的设施物品是否损坏和丢失 4. 拉开窗帘 5. 熄灭多余的灯光 6. 撤走房内用毕的餐具或餐车 7. 收集垃圾 8. 清洗杯子和烟缸 9. 撤换床铺 10. 整理床铺（根据整理床铺的程序去做） 11. 抹尘及打蜡 12. 补充房内用品 13. 关拉纱帘 14. 将铜器擦亮 15. 清洁浴室（根据清理浴室程序做） 16. 吸地 17. 环顾房间 18. 关闭房间 19. 记录
训练方法	讲解和示范相结合
讲授	程序和要点
示范	如何整理房间
练习	组织学生分组训练

续表

训练项目	整理房间
要点总结	1. 留意房间内是否有客人遗留的物品 2. 留意设施设备有无丢失和损坏 3. 铺床要快速而准确

客房部服务技能训练内容四

训练项目	清理浴室
训练目标	掌握清理浴室的程序
训练标准	1. 进入浴室,开亮浴室灯,将清洁用品放置浴室的中央 2. 将清厕剂喷洒于坐便器内 3. 拿掉客人用过的毛巾 4. 洗杯 5. 洗皂碟 6. 洗烟灰缸 7. 抹干杯子、皂碟及烟灰缸,罩杯套 8. 清洁坐便器,并罩消毒封条 9. 清洁浴缸 10. 清洁云石台 11. 清洁洗手池 12. 抹干浴帘、墙壁、浴缸及云石台和洗手盆 13. 补充毛巾 14. 补充浴室用品 15. 抹镜 16. 抹地及打蜡 17. 最后查看 18. 离开浴室,将门虚掩
训练方法	讲解和示范相结合
讲授	程序和要点
示范	如何清理浴室
练习	组织学生分组训练
要点总结	1. 留意灯泡有无损坏 2. 留意杯子有无破裂 3. 清洁浴缸,不要用百洁布用力摩擦,不要用酸性清洁剂或粉清洗浴缸

客房部服务技能训练内容五

训练项目	撤　床
训练目标	掌握撤床的程序和技巧
训练标准	1. 卸下床单。首先将床罩折好,放置椅子上,勿将床罩放于地上 2. 卸下枕套 3. 卸下毛毯,并放于椅子上 4. 卸下床单(一层一层地卸下) 5. 拿走客人曾用过的床单及枕套,并放入清洁车中的布草袋中
训练方法	讲解和示范相结合
讲授	讲授撤床程序
示范	如何撤床
练习	让学生练习

续表

训练项目	撤 床
要点总结	1. 卸下床罩时，留意上面有无其他物品 2. 卸枕套时，不要过分猛烈撕扯 3. 卸毛毯时留意是否有破损或烧迹 4. 卸床单时留意是否有客人的物品夹在其中

客房部服务技能训练内容六

训练项目	西式铺床
训练目标	掌握铺床的程序和技巧
训练标准	1. 站于床尾将床拉出 2. 将床垫放平并拉直 3. 将第一张床单铺在床上，包边包角 4. 将床推回原位 5. 将第二张床单铺上，不包边包角 6. 将毛毯铺在床上，毛毯顶端与床头相距约 30 厘米左右 7. 将第二张床单反折到毛毯上 8. 包边包角，四角呈 90 度或 45 度 9. 将枕头放置于床头中央位置 10. 铺床罩 11. 整形并认真观察
训练方法	讲解和示范相结合
讲授	铺床程序
示范	如何甩单铺床
练习	先让学生甩单，然后练习铺床
要点总结	1. 定期翻转床垫，延长其使用时间 2. 甩单时手腕下压，床单中缝与床头中线相对，第一张单要包住床垫头 3. 第二张床单甩至床头 4. 毛毯的商标须在床尾右下方 5. 两个枕头上下重叠摆放 6. 将床罩剩余部分夹于两枕头之间，打出枕线

客房部服务技能训练内容七

训练项目	中式铺床
训练目标	掌握铺床的程序和技巧
训练标准	1. 教师讲解中式铺床的基本步骤、操作路线、操作时间 2. 教师分步骤示范各环节的操作要领和应达到的效果 3. 学生操作练习，教师加以指导。具体操作程序包括 ①将床拉离床头板 ②准备铺床 ③铺床单 ④包边包角 ⑤套被套 ⑥打枕线 ⑦套枕芯 ⑧将床复位
训练方法	讲解和示范相结合
讲授	铺床程序
示范	如何套被子

续表

训练项目	中式铺床
练习	中式铺床
要点总结	1. 甩单时手腕下压,床单中缝与床头中线相对,第一张床单要包住床垫头 2. 两个枕头上下重叠摆放

客房部服务技能训练内容八

训练项目	晚间整理服务
训练目标	掌握夜床服务和标准
训练标准	1. 依据"怎样进入房间"程序,进入房间 2. 点亮床头灯 3. 将厚窗帘拉上 4. 将床罩叠好放入衣柜内,将第二张床单、毛毯一齐翻折45度角或30度角 5. 将睡袍和晚安卡放置洗手盆内以备洗 6. 放置早餐牌 7. 将杯子与烟灰缸放置洗手盆内清洗 8. 收集垃圾 9. 整理房内客人散放的杂志与报纸 10. 将客人衣服挂在衣柜内 11. 补充睡房物品 12. 清洗杯子与烟灰缸 13. 整理浴室放地巾 14. 离开房间
训练方法	讲解和示范相结合
讲授	晚间整理服务的要求
示范	如何进行晚间的整理服务
练习	让学生进行练习
要点总结	1. 留意房内灯泡有无损坏 2. 将床罩折好放于衣柜底部或梳妆台下柜内 3. 留意杯子和烟灰缸有无破损 4. 不得随意丢掉报纸杂志或其他有记录的纸片 5. 不得查看住客房已摆放客人私有物品的抽屉

客房部服务技能训练内容九

训练项目	会议服务
训练目标	让学生掌握会议服务的要求和标准
训练标准	1. 完成会议准备工作 2. 熟悉会场的摆设,能独立完成检查 3. 会议接待期间为客人提供服务 4. 会议结束,清扫会场
训练方法	讲解和示范相结合
讲授	会议服务的标准要求
示范	如何进行准备及进行会议服务
练习	让学生进行练习
要点总结	1. 要注意客人是否有特殊要求 2. 如果当班不能完成会场清洁所有工作,应征得主管同意并与下班次做好口头和文字交班 3. 提醒客人注意贵重物品

客房服务员国家职业标准

一、职业概况

职业名称：客房服务员。

1. 职业定义

在饭店、宾馆、旅游客船等场所清洁和整理客房，并提供宾客迎送、住宿等服务的人员。

2. 职业等级

本职业共设三个等级，分别为初级（国家职业资格五级）、中级（国家职业资格四级）、高级（国家职业资格三级）。

3. 职业环境

室内，常温。

4. 职业能力特征

具有良好的语言表达能力；能获取、理解外界信息，进行分析、判断并快速做出反应；有一定的计算能力；有良好的动作协调性，能迅速、准确、灵活地完成各项服务操作。

5. 基本文化程度

初中毕业。

6. 培训要求

（1）培训期限。全日制职业学校教育，根据其培养目标和教学计划确定。晋级培训期限：初级不少于70标准学时；中级不少于80标准学时；高级不少于100标准学时。

（2）培训教师。培训初级客房服务员的教师应具有本职业中级以上职业资格证书；培训中、高级客房服务员的教师应具有本职业高级职业资格证书或本专业中级以上专业技术职务任职资格，同时具有2年以上的培训教学经验。

（3）培训场地设备。教室、服务台（配备电脑）、标准客房（或模拟标准客房）以及相关教具及设备。

7. 鉴定要求

（1）适用对象。从事或准备从事本职业的人员。

（2）申报条件。初级（具备以下条件之一者）：

①经本职业初级正规培训达规定标准学时数，并取得毕（结）业证书。

②在本职业连续见习工作2年以上。

中级（具备以下条件之一者）：

①取得本职业初级职业资格证书后，连续从事本职业工作2年以上，经本职业中级正规培训达规定标准学时数，并取得毕（结）业证书。

②取得本职业初级职业资格证书后，连续从事本职业工作3年以上。

③连续从事本职业工作 5 年以上。

④取得经劳动保障行政部门审核认定的、以中级技能为培养目标的中等以上职业学校本职业（专业）毕业证书。

高级（具备以下条件之一者）：

①取得本职业中级职业资格证书后，连续从事本职业工作 2 年以上，经本职业高级正规培训达规定标准学时数，并取得毕（结）业证书。

②取得本职业中级职业资格证书后，连续从事本职业工作 3 年以上。

③取得高级技工学校或经劳动保障行政部门审核认定的、以高级技能为培养目标的高级职业学校本职业（专业）毕业证书。

（3）鉴定方式。分为理论知识考试和技能操作考核。理论知识考试采用闭卷考试方式，技能操作考核采用现场实际操作方式。理论知识考试和技能操作考核均实行百分制，成绩皆达 60 分以上者为合格。

（4）考评人员与考生配比。理论知识考试考评人员与考生配比为 1:15，每个标准教室不少于 2 名考评人员；技能操作考核考评员与考生配比为 1:10，且不少于 3 名考评员。

（5）鉴定时间。各等级理论知识考试时间：初级不超过 100min，中、高级不超过 120min；技能操作考核时间：初级不超过 30min，中、高级不超过 40min。

（6）鉴定场所设备。

场所：

①标准教室。

②标准客房或模拟标准客房。

③会议室。

设备：

①笔记本。

②吸尘器。

③清洁消毒器具。

④楼层服务台。

⑤会议室用具。

二、基本要求

职业道德。

1. 职业道德基本知识

职业守则：

（1）热情友好，宾客至上。

（2）真诚公道，信誉第一。

（3）文明礼貌，优质服务。

（4）以客为尊，一视同仁。

（5）团结协作，顾全大局。

（6）遵纪守法，廉洁奉公。

（7）钻研业务，提高技能。

2. 基础知识

计量知识：

（1）法定计量单位及其换算知识。

（2）行业用计价单位的使用知识。

（3）清洁用化学剂。①百分比配制。②份数比配制。

3. 清洁设备知识

（1）一般清洁器具的使用知识。

（2）清洁设备的使用知识。①吸尘器。②洗地毯机。③吸水机。④洗地机。⑤高压喷水机。⑥打蜡机。

（3）常用清洁剂的种类和使用知识。①酸性清洁剂。②中性清洁剂。③碱性清洁剂。④上光剂。⑤溶剂。

4. 客房知识

（1）客房种类。①单人间。②大床间。③双人间。④三人间。⑤套间。⑥特殊客房。

（2）床种类。①基本类型。②特殊类型。

（3）功能空间的设备使用和维护知识。①睡眠空间设备。②盥洗空间设备。③起居空间设备。④书写和梳妆空间设备。⑤贮存空间设备。

（4）客房用品知识。①房间用品。②卫生间用品。

（5）地面种类。①硬质地面。②地毯。③胶地面（树脂地面）。④其他地面。

（6）墙面材料知识。①花岗岩、大理石。②贴墙纸。③软墙面。④木质墙面。⑤涂料墙面。

5. 相关法律、法规知识

（1）《劳动法》的相关知识。

（2）《消费者权益保护法》的相关知识。

（3）《治安管理处罚条例》的相关知识。

（4）《旅馆业治安管理办法》的相关知识。

（5）《旅游安全管理暂行办法》的相关知识。

（6）《旅游涉外人员守则》的相关知识。

（7）《消防条例》的相关知识。

（8）有关旅馆安全的地方法规。

三、工作要求

本标准对初级、中级、高级的要求依次递进，高级别包括低级别的要求。

（一）初级

职业功能	工作内容	技能要求	相关知识
一、迎客准备	（一）了解客情	1. 能掌握客人的基本情况 2. 能了解客人的基本要求	1. 我国兄弟民族的习惯、民俗 2. 主要客源国的概况 3. 旅游心理常识
	（二）检查客房	1. 能检查客房的清洁情况 2. 能检查客房的电器与设备的运转情况 3. 能检查客房用品的配备及摆放要求	1. 客房清洁程序及标准 2. 电器与设备操作知识 3. 客房用品配备及摆放标准
二、应接服务	（一）迎候宾客	1. 能做好个人仪表、仪容准备 2. 能热情主动地接待宾客 3. 能正确使用接待礼貌用语	1. 仪表、仪容常识 2. 语言运用基本知识 3. 英语基本接待用语 4. 普通话基础
	（二）引领宾客	1. 能简单地做自我介绍 2. 能征询客人是否需帮提行李	接待服务常识及相应的礼节礼貌
	（三）茶水服务	1. 能根据宾客的爱好习惯，提供相应饮料 2. 能掌握茶叶、咖啡的泡、沏方法	1. 饮料服务规范 2. 常用饮料常识
	（四）介绍情况	1. 能向宾客介绍饭店服务项目 2. 能介绍客房设备的使用方法（会做示范）	1. 中、西餐风味特色 2. 客房、娱乐等服务项目的内容 3. 客房设备使用常识
三、对客服务	（一）清洁客房与卫生间	1. 能做好清洁客房的准备工作 2. 能检查客房设备是否完好 3. 能按标准整理床铺并除尘 4. 能清洁卫生间并进行消毒 5. 能进行茶具消毒 6. 能按要求进行地毯吸尘 7. 能按标准补充客房用品 8. 能正确使用清洁设备	1. 清洁工具、清洁剂的名称、作用和特性 2. 电器及清洁设备的使用保养常识 3. 家具保养常识 4. "做床"标准及操作程序 5. 吸尘程序与地毯保养常识 6. 卫生间的清洁、消毒要点 7. 茶具消毒要点 8. 一次性用品管理常识 9. 用品摆放标准 10. 卫生防疫常识
	（二）晚间整理	1. 能按要求进行"开床"整理 2. 能按顺序清理垃圾 3. 能按标准进行卫生间的清洁 4. 能正确铺放防滑垫 5. 能按要求拉上窗帘	1. "夜床"的规格要求 2. "夜间服务"程序 3. 卫生间小清洁标准
	（三）楼层安全	1. 能检查并发现客房内各种不安全因素 2. 能按规定做好钥匙管理 3. 能做好访客的接待工作 4. 能做好客人的保密工作 5. 能正确使用手动灭火器 6. 当火灾发生时，能及时报警并协助疏散客人 7. 能按规定处理"DND"（请勿打扰）牌 8. 能按规定处理宾客的失物	1. 客房安全规定 2. 客房钥匙管理规章制度 3. 楼层消防常识 4. 访客接待须知 5. 失物处理规定
	（四）提供饮料服务	1. 能适时补充饮料 2. 能正确核对"饮料签单" 3. 能配合餐饮部门做好房客用餐工作 4. 能核对饮品有效期	1. 饮料补充规定 2. 饮料结账方式 3. 房客用餐服务规程
	（五）借用物品服务	1. 能向客人介绍租借物品的使用方法 2. 能向客人介绍租借物品的管理规定	1. 出借物品的名称、用途、性能及出借程序 2. 赔偿规定

职业功能	工作内容	技能要求	相关知识
四、送客服务	（一）宾客行前准备	1. 能及时掌握离店客人的情况 2. 能明确并落实客人嘱咐的代办事项 3. 能正确进行"叫醒服务" 4. 能了解客人是否结账	1. 宾客行前准备工作的内容 2. 代办事项须知
	（二）送别客人	1. 能协助行李员搬运行李 2. 能用合适的敬语向客人告别 3. 能礼貌地征询客人意见	服务告别用语
	（三）善后工作	1. 客人离店后能对房内物品及时进行检查与清点 2. 能正确处理设备及物品被损事项 3. 能按规定处理客人遗留物品 4. 能及时将查房情况通告相关部门	1. 失物招领程序 2. 饭店对宾客损坏客房用品的赔偿规定

（二）中级

职业功能	工作内容	技能要求	相关知识
一、迎客准备	（一）了解客情	1. 能用计算机查询客房信息 2. 能按宾客的等级安排接待规格	饭店计算机管理系统一般操作方法
	（二）检查客房	1. 能向客人正确介绍客房设备的各项性能 2. 能布置各种类型的客房	1. 报修程序 2. 客房类型及布置要求
二、应接服务	（一）迎候宾客	能用英语介绍客房服务的内容	1. 饭店常用接待用语 2. 中外礼仪、习俗常识
	（二）介绍情况	1. 能向客人介绍客房所有设备的使用方法 2. 能向客人介绍饭店各项服务以及特点	饭店各部门的服务设施与功能
三、对客服务	（一）清洁客房与卫生间	1. 能发现初级客房服务员在工作中存在的问题，并给予指导 2. 能清洁贵宾房	贵宾房清洁要求
	（二）清洁楼层公共区域和进行计划卫生	1. 能实施"大清洁"计划 2. 能正确使用清洁剂 3. 能定期对清洁设备进行保养	1. 清洁设备的维护保养常识 2. 各类清洁剂的成分、性能 3. "大清洁"计划的范围、内容及程序
	（三）特殊情况处理	能掌握住店生病客人及醉酒客人的基本情况，并给予适当的照顾、帮助	1. 基本护理常识 2. 客人个人资料
	（四）代办客人洗衣及擦鞋服务	1. 能介绍洗衣服务项目、收费事项 2. 能正确核对《洗衣单》 3. 能根据客人需要提供擦鞋服务	1. 《洗衣单》填写要求 2. 皮革保养常识
四、会议服务	会议布置与服务	1. 能根据宾客要求，布置、安排不同类型的会议室，安排服务人员 2. 能准备所需文具、用品 3. 能提供饮品服务 4. 能使用视听设备	1. 会议室布置规范 2. 会议礼仪常识 3. 会议服务常识 4. 视听设备使用基础知识
五、客房用品管理	（一）楼层库房的管理	1. 能进行楼层库房物品的保管 2. 能正确掌握客房的储备量 3. 能正确使用登记表	1. 一次性用品的名称与数量配备 2. 一次性用品的收发制度 3. 有关表格填写常识
	（二）控制客用品	1. 按客房等级发放一次性用品 2. 按饭店规定，计算客房每日、每月、每季客用品的使用量 3. 能进行盘点	盘点知识
	（三）布草管理	1. 能掌握楼层布草间的基本储存量 2. 能进行布草的盘点工作 3. 能根据使用情况，适时提出更换处理旧布草的意见 4. 能正确填写《报损单》	1. 布草质量的要素与规格 2. 楼层布草房管理基本要求 3. 楼层布草配备标准 4. 布草的收发制度

（三）高级

职业功能	工作内容	技能要求	相关知识
一、迎客服务	制订服务方案	1. 能正确制订人员计划及物品准备计划 2. 能根据需要对各种用品的配置及摆放提出设计意见 3. 能协调客房服务员工作	1. 楼层（或公共区域）设备的使用、保养知识 2. 成本控制基础知识 3. 工作定额标准
二、对客服务	（一）清洁客房	1. 能控制并实施清洁、整理客房的程序与标准 2. 能正确实施检查客房清洁的程序与标准 3. 能设计各类客房的布置方案 4. 能制定客房清洁与检查的各种表格 5. 能掌握客房清洁设备的性能与使用方法	1. 饭店星级划分常识 2. 本饭店客房类型 3. 常见地面、墙面材料的性能与保养方法
	（二）接待贵宾	1. 能根据贵宾的级别制订接待方案 2. 能协调员工为贵宾服务 3. 能独立处理贵宾接待中存在的问题，并采取相应的解决方法	1. 对客服务的两种模式 2. 贵宾等级与服务共性的要求 3. 贵宾服务接待标准 4. 贵宾服务礼仪规范
三、沟通与协调	（一）协调与其他部门的关系	1. 能正确协调与其他部门的关系 2. 能妥善处理客人的疑难问题	1. 各部门的运转程序 2. 部门间的协调原则
	（二）协调与宾客的关系		
四、客房管理	（一）客房用品管理	1. 能根据客房用品运转情况确定储存量 2. 能及时提供客房用品申购要求 3. 能检查客房用品的质量，保证客房标准	1. 客用品成本与计算方法 2. 对一般客用品的品质要求和对星级饭店的客用品品质要求 3. 动态控制能力
	（二）员工培训	1. 能承担专业理论培训 2. 能承担专业技能培训	客房部员工业务培训知识

四、 比重表

（一）理论知识

项目		初级（%）	中级（%）	高级（%）
基本要求	职业道德	5	5	5
	基础知识	20	20	20
相关知识	迎客准备	15	15	5
	应接服务	20	15	
	对客服务	25	15	15
	送客服务	15		
	会议服务		15	
	沟通与协调			20
	客房用品管理		15	20
	客房管理			15
合计		100	100	100

（二）技能操作

	项目	初级（%）	中级（%）	高级（%）
技能要求	迎客准备	20	15	15
	应接服务	25	15	
	对客服务	30	25	20
	送客服务	25		
	会议服务		20	
	沟通与协调			15
	客房用品管理		25	20
	客房管理			30
合计		100	100	100

中级客房服务员理论知识鉴定要素细目表

职业：服务员　　　　等级：中级　　　　鉴定方式：理论知识　　　　页码：

一级		二级		名称		重要程度
名称代码重要程度比例	鉴定比重	名称代码重要程度比例	鉴定比重	代码	鉴定点	
基本要求 A (16:08:01)	25	客房服务基础知识 A (05:00:01)	5	001	饭店类型、等级的划分	Z
				002	饭店产品的特点	X
				003	服务员仪容、仪表的要求	X
				004	满足宾客心理需求的方法	X
		饭店基本服务项目 A (03:01:00)	6	001	康乐服务	X
				002	餐饮服务和酒吧服务	X
				003	商务服务	X
				004	委托代办服务	Y
		客房管理基础知识 A (04:04:00)	9	001	客房部组织机构	Y
				002	客房服务中心模式	X
				003	楼层服务台模式	X
				004	客房服务员岗位职责	X
				005	财产建账的方法	Y
				006	财产保管制度的制定	Y
				007	低值易耗品的管理方法	X
				008	对客用品的日常控制	Y
		前厅部业务知识 (04:03:00)	5	001	前厅部和客房部的关系	Y
				002	前厅部主要负责项目	Y
				003	总服务台的职能	X
				004	迁入、迁出服务	X
				005	客房预订服务	X
				006	排房中应注意的事项	X
				007	大厅服务工作的内容	Y

续表

一级		二级		名称		重要程度
名称代码重要程度比例	鉴定比重	名称代码重要程度比例	鉴定比重	代码	鉴定点	
专业知识 A (50:20:03)	65	客房服务规程 A (11:03:00)	18	001	客房服务主要的环节	X
				002	优质服务基本的要求	X
				003	对客服务质量标准	X
				004	迎宾准备服务规程	X
				005	客房布置要求	Y
				006	客房检查程序	X
				007	客房迎宾工作程序	X
				008	客房小酒吧的控制	Y
				009	挂有"请勿打扰"客房的处理办法	X
				010	住客房清扫程序和要求	X
				011	晚间客房整理程序	X
				012	代办服务工作要求	Y
				013	宾客离店服务	X
				014	走客房清扫程序和要求	X
		客房布置和装饰 A (07:02:01)	8	001	客房家具配置原则	X
				002	客房家具基本格调	Y
				003	客房布置装饰要求	Y
				004	VIP 房布置要求	X
				005	墙面、地面颜色的选择	Y
				006	卫生间布置的要求	X
				007	墙饰种类和布置的要求	X
				008	摆件种类与布置要求	X
				009	客房花草布置的方法	Z
				010	插花注意的事项	Y
		客房用品知识 B (04:03:00)	5	001	客用品的分类	Y
				002	客用品选择的基本原则	Y
				003	客房布件配置的要求	Y
				004	客房布件的质量要求	X
				005	客房布件的规格要求	X
				006	卫生用品的质量要求	X
				007	文具用品的质量要求	X
		会议服务知识 A (07:04:00)	8	001	会见厅布置要求	Y
				002	会见厅席位要求	X
				003	会见服务程序	X
				004	会见服务注意事项	X
				005	会谈厅布置要求	Y
				006	会谈厅席位安排	X
				007	会谈服务程序	X
				008	会谈服务注意的事项	X
				009	签字厅布置要求	Y
				010	签字议事服务程序	X
				011	其他会议厅的布置要求	Y

一级		二级		名称			重要程度
名称代码重要程度比例	鉴定比重	名称代码重要程度比例	鉴定比重	代码	鉴定点		
		针对性服务 B (06:01:01)	10	001	宾客类型的划分		Y
				002	政府代表团服务程序		X
				003	政府代表团注意事项		X
				004	VIP 的范围		Y
				005	VIP 的接待程序		X
				006	VIP 服务注意事项		X
				007	团队服务程序		X
				008	团队服务应注意的事项		X
				009	散客服务注意的要求		Y
				010	常住客人服务要求		Z
				011	特殊客人服务要点		Y
		安全知识 C (09:03:01)	4	001	防火措施		X
				002	发生火灾的应急处理		X
				003	防盗措施		X
				004	自然事故的预防措施		Y
		外语知识 A (06:04:00)	12	001	客房服务项目的英文		X
				002	客房服务礼节、礼貌的基本用语		X
				003	客房设备英文名称		X
				004	客房用品英文名称		X
				005	关心病人的问候语		X
				006	洗衣服用语		Y
				007	迎送宾客服务用语		X
				008	前厅服务项目英语名称		Y
				009	前厅服务常用语		Y
				010	常用外国酒的名称		Y
相关知识 A (09:03:01)	10	洗衣房、布件房 (03:01:00)	4	001	棉织品洗涤要求		X
				002	客衣洗涤要求		X
				003	常用去污的方法		X
				004	布草领取及存放的方法		Y
		餐饮服务基础知识 (02:00:00)	2	001	中餐宴会服务知识		X
				002	洗碗机的使用及保养		X
		中外酒水知识 (02:01:01)	2	001	酒水的分类		Z
				002	中国名酒知识		X
				003	外国名酒知识		X
				004	客房小酒吧酒水的种类		Y
		一般急救知识 (02:01:00)	2	001	宾客患病处理步骤		Y
				002	醉酒宾客的处理		X
				003	宾客意外事故的处理		X

客房服务中英文对照

一、客房用品中英文对照

door lock 门锁

door bell 门铃

door closer 闭门器

door frame 门框

door hinge 门合页

door viewer 门猫眼

door knob 门手柄

door stopper 门吸

door latch 门插销

signage number 门牌

fire exit plan 走火图

energy device 节能器

ceiling 天花

ceiling moulding 天花边角线

down light 大门灯

emergency light 应急灯

fire sprinkler 消防喷淋

A/C return air grille 回风口

air filter 隔层网

closet door 衣柜门

light switch 灯开关

door handle 门把手

drawer 抽屉

drawer track 抽屉轨道

closet inside 衣柜侧板

shelving 搁板

wall paper 墙纸

cloth rod 挂衣杆

tie rack 领带架

window board 窗台板

window kerb 窗台

window frame 窗框

frame rubber 窗门胶边

window seal 玻璃胶

curtain 窗帘

curtain track 窗帘轨道

curtain hook 窗钩

lace curtain 窗纱

bedside 床沿

bedside lamp 床头灯

night light 夜灯

bedside table master 床头板开关

picture 画

bedside board 床头板

bed mattress 床垫

bed stand 床座

bed spread 床罩

bed leg 床脚

a/c thermostat 空调调温器

fan speed 空调风速

bed room 卧室

ceiling wooden skirting 天花木边

skirting board 地角线

air diffusing 出风口

bathroom 浴室

marble kerb 云石门槛

door hook 衣钩

door stopper 门吸

marble counter 云石台面

front wood 台前木板

light tube 灯管

washing basin 面盆

basin drain 面盆排水

tap 水龙头

tap hot 热水龙头

drainage pipe 排水管

make-up mirror 化妆镜

shaving socket 剃须刀插座

hairdryer 电吹风

toilet paper cover 卫生纸盖

toilet tank 马桶水箱

flush handle 冲水开关

toilet bowl 马桶

toilet seat 马桶坐垫

cover hinge 盖合页

toilet stand 马桶底座

shower rod 浴帘杆

cloth string device 晾衣绳

shower head 喷头

bath tub 浴缸

tub stopper turner 浴缸溢水孔

soap dish 肥皂碟

towel rack 毛巾架

grip bar 扶手

wall tile 墙砖

wall skirting 墙围

floor skirting 地围

floor tile 地砖

floor drainage 地漏

ceiling moulding 天花边

access panel 检修口

exhaust air duct 排气扇

wooden hook 木钩

light tube 灯管

closet to 衣柜顶板

closet base 衣柜底板

mirror 镜子

marble top 云石台

cabinet light 衣柜灯

cabinet outside 橱柜外板

kettle socket 水壶插座

fridge cabinet 冰箱橱柜

luggage cabinet 行李柜

metal protector 金属护条

wall guard 护墙木条

bottom shelf 底架

television 电视

tv table 电视柜

tv turner board 电视转盘

antennae socket 天线插座

remote control 遥控器

writing desk 写字台

writing chair 写字椅

table lamp 台灯

lamp shade 灯罩

arm chair 扶手椅

coffee table 咖啡桌

table top 桌面

coffee table stand 咖啡桌桌脚

standing lamp 落地灯

lamp stand 灯座

the status of equipment 设备状态描述

bubbled 冒气泡

chipped 有缺口

cracked 开裂的

damaged 损坏的

leaky 渗漏的

loose 松的

missing 失踪的

peeling 脱皮的

rusty 生锈的

sagging 下陷的

scratched 刮伤的

tarnished 失去光泽的

blocked 堵塞的

squeaky 咯吱咯吱响的

HSKP 清洁剂：

空气清新剂 air freshener

家具蜡 polish wax

全能清洁剂 purpose cleaner

马桶清洁剂 toilet bowl cleaner

玻璃清洁剂 glass cleaner

不锈钢清洁剂 stainless steel clea-ner

抛铜膏 brass polish

墙纸清洁剂 wall paper cleaner

地毯香波 carpet shampoo

无泡地毯香波 extraction shanpoo

地毯除渍剂 spot&stain remover

静电除尘剂 dust mop spray

尘拖油 conquer-dust

不锈钢光亮剂 deep gloss

玻璃光亮剂 glance

金属膏 twinkle

洗手液 liquid hand soap

起蜡水 stripper

面蜡 sealer

底蜡 finish

抛光清洁蜡 buffing wax

全能蜡 one step wax

修补蜡 snap back

二、客房前台常用英语

B=行李服务员（Bellman） C=服务员（Clerk） H=客房服务员（House keeping） G=客人（Guest）BC=领班（Bell Captain）

1. Front Office/Restaurant/Recreational Meeting Room/Guestroom/Operator，May I help you? 您好，总台/餐厅/康乐中心/总机（我能为您做些什么?）

2. May I have your name/room number, please? 您可以告诉我您的姓名/房号吗？

3. One moment, please. 请您稍候。

4. Thank you for waiting. 您久等了。

5. Sorry to keep you waiting. 对不起让您久等了。

6. Do you speak Chinese/English? 请问您讲中文/英文吗？

7. Do you have a reservation? 请问您有预订吗?

8. Show me your passport or identification, please. 请出示一下您的护照或证件。

9. How would you like to pay? In cash or by credit card? 您用什么方式付款,是用现金还是信用卡?

10. please show me your credit card. 请出示您的信用卡。

11. Please sign here. 请在这儿签字。

12. Here is your charge please. 这是找您的零钱。

13. This way, please. 这边请。

14. Follow me, please. 请跟我来。

15. After you, please. 您先请。

16. Hope you enjoy your stay! 希望您在这里过得愉快!

17. Hope you have a good trip! 祝您旅途愉快!

18. Have a nice day! 祝您一天愉快!

19. Here you are. 给您。

20. Not at all. 没关系。

21. Pardon? 请您再重复一遍,好吗?

22. Hold on, please. 请别挂电话。

23. The lift/toilet is over there. 电梯/洗手间在那边。

24. Banquet Hall is on the second floor. 宴会厅在二楼。

25. The Conference Center is just a cross the street. 会议中心在马路对面。

26. How many people, please? 请问你们是几位?

27. What kind of room do you want? 请问您需要哪种房间?

28. A single/twin room/suite is ¥1200 per day. 单间/标准间/套间每天是 1200 元。

29. Breakfast is included in the price. 早餐已包含在房费中。

30. The local call is free, please press 9 before. 市话是免费的,请先拨 9。

31. Check out time is before 2:00pm. 退房时间是下午 2 点以前。

32. Do you need a morning call? 请问您需要叫早服务吗?

33. Check out, please? 请问是结账吗?

34. Please show me your room card and your receipt. 请出示您的房卡和收据。

35. Housekeeping, may I come in? (客房)服务员,我可以进来吗?

36. May I clean your room now? 我可以现在打扫房间吗?

37. This is a hair-dryer you need. 这是您需要的吹风机。

38. If you need any help, please redial (1111) four ones. 如果您需要帮助,请拨 1111。

39. Here's your table. 这是您的座位。

40. What would you like to drink? 请问您喝点什么饮料?

41. Small or large？ 您需要大份还是小份？

42. Anything else？ 您还需要别的吗？

43. Let me repeat your order，please. 我给您重复一下菜单吧。

44. Hope you enjoy your meal！ 祝您用餐愉快！

45. The total is￥38. 总消费是 38 元。

46. Please write the invoice payer. 请写一下您的发票付款单位。

47. Please keep your charge and invoice. 请收好您的零钱和发票。

48. Do you need a taxi？ 请问您需要出租车吗？

49. May I take your luggage，please？ 我帮您拿行李好吗？

50. Where are you going to，please？ 请问您要去哪里？

51. Welcome to our hotel next time. 欢迎您再次光临我们的酒店。

52. Taking a guest to the room. 带领客人至客房。

三、例句

To the Front Desk. 带客人到柜台。

B：Good evening，Ms. Welcome to Hotel. 小姐，晚安。欢迎光临××酒店。

G：Thank you. 谢谢你。

B：How many pieces of luggage do you have？ 请问您有多少件行李？

G：Just this three. 只有这 3 件。

B：Two suitcases and one bag. Is that right？ 2 个旅行箱和 1 个手提皮包，这样对吗？

G：Yes. That's all. 对，就这些了。

B：I'll show you to the Front Desk. This way，please. I'll put your bags by the post over there.
我来带您到柜台，这边请。我先将您的行李放在柱子旁边。

G：I see，thanks. 我知道了，谢谢。

B：A bellman will show you to your room when you have finished checking-in.
当您办好住宿登记时，行李服务员会带您到房间。

G：OK. Fine. 好极了。

B：Please enjoy your stay！ 祝您住宿愉快！

四、房态的中英对照

OOO=Out Of Order 待修房

VC=Vacant Clean 干净的空房、待售房

Occ=Occupied（S=Stay） 住客房、当日不退房

L=leaving 将要走的客房

VD=Vacant Dirty（Check Out） 脏的空房

LS=Long Stay 常住房

VIP=Very Important Person 重要客人房

DND=Do Not Disturb 请勿打扰

MUR=Make Up Room 请即打扫

五、情景对话

1. 特殊请求

（1）

G：Good morning, miss.Would you do me a favor?

早上好，小姐。你能帮个忙吗？

H：Yes，what can I do for you?

行，帮什么忙？

G：Well, yesterday evening one of my friend told me on phone he and several hign school mates would visit me morning. you see，I've to wait in the room. Would buy some fruit for me?

是这样，昨晚我的一位朋友给我打电话，今天早上他和几个中学校友要来看我。你瞧，我必须在房间等候，你能帮我买些水果吗？

H：Certainly. What do you want to buy?

当然可以，您要买些什么水果？

G：I want a hand of bananas，three jin of oranges and two jin of apples.

要一串香蕉，三斤橘子，两斤苹果。

H：Do you need some drink and refreshment?

您要一些饮料和点心吗？

G：Yes，I do. I'll give you 100 yuan. I've no idea what else should be bought.You are to buy them with the money left.

是的，我要买些饮料和点心。我给您好 100 元，我不知道再买些什么好，您用剩下的钱随便帮我买吧。

H：I'll do what you told me to. See you then.

我将按您的吩咐办。再见。

G：Thank you very much. See you then.

非常感谢您，等会见。

（2）

H：Good afternoon，Mr.Mike.

下午好，迈克先生。

G：Good afternoon. Can you give me a hand?

下午好，你能帮我个忙吗？

H：Yes，with my pleasure.

可以，乐意效劳。

G：Today is my daughter's birthday. I'm going to hold a birthday party for her.

今天是我女儿的生日，我打算为我女儿举办一个生日晚会。

H：What can I do for you?

我能为您做点什么吗？

G：I need a birthday cake with the words of "Happy birthday" on it，15 candles and a basket of flowers.

我要一个生日蛋糕，上面有"生日快乐"的祝词，要 15 根蜡烛和一篮鲜花。

H：Do you want some fruit and drinks?

您要一些水果和饮料吗？

G：No，I've got them already.

不要，我已经准备好了。

H：Have you got enough glasses，knives and forks?

您有足够的玻璃杯、刀和叉吗？

G：Yes，I think I've got enough. Well，I almost forgot to give you money. Here is 200 yuan. If you are free，please join us in the party.

是的，我已经有了。噢，差点忘了给你钱，这儿是 200 元。如果你有空的话，请赏光参加生日晚会。

H：Thank you. I'll come to say "Happy Birthday" to your daughter.

谢谢，我会来祝贺您的女儿的生日。

2. 调换房间

H：Is this Room 3201?

这是 3201 房吗？

G：Yes，it is.

是的。

H：You said the toilet doesn't work and we sent a repairman to fix it，but it's hard to fix it at once. I'm afraid you will change rooms.

您说过马桶不好用，我们曾派修理工来修，但一下子很难修好。恐怕您要换个房间。

G：Change rooms? How long does it need?

换房间？要多长时间？

H：At least one day.

至少一天。

G：OK. Where shall I move?

行。搬到哪里？

H：The room is 3421. The bellman will help you soon. I'm sorry to give you trouble.

房号是 3421，应接员马上会来帮您，很抱歉给您添麻烦。

G：Never mind.

没关系。

3. 提出赔偿

（1）

H：May I come in, Miss Rosa?

我可以进来吗？罗莎小姐？

G：Please come in.

请进。

H：Miss Rosa, I owe you an apology. This morning while cleaning the room, I broke your vase on the table. I'll compensate for it.

罗莎小姐，我该向您道歉。今天上午扫房间时我打破了您放在桌子上的花瓶，我要向您赔偿。

G：I don't think it's a serious thing.That's all right if you apologize.

我想问题不大，你道歉就够了。

H：It's our hotel policy. Can you tell me where you bought it?

这是我们宾馆规定的。您能告诉我在什么地方买的吗？

G：I bought it in the Friendship Store.

我是在友谊商店买的。

H：I'll go and buy a new one straight away. See you later.

我立刻就去买一个新花瓶。再见。

G：See you then.

再见。

（2）

G：I feel awfully sorry, miss. I have broken the thermos bottle on the desk carelessly.

十分抱歉，小姐，我不小心打破了桌上的热水瓶。

H：Were you hurt, sir?

先生，您伤着没有？

G：No, I was all right. Thank you for your concern. I'm sorry about it and how can I compensate you for it?

没有，我没事。谢谢你的关心。很抱歉，我怎么赔偿你们呢？

H：It's good that you were unhurt. I'm afraid you have to pay for it according to the hotel policy.Wait a second. Here are the rules. You see, the indemnity for a thermos bottle is 30 yuan.

您没伤着就好了。根据宾馆规定，恐怕您得赔钱。等一下，这是宾馆规定，您看，赔偿一个热水瓶是 30 元。

G：All right. Here is 30 yuan.

行，这是 30 元。

H：Here's the receipt. Thanks a lot.

这是收据，多谢您了。

4. 祝贺生日

H：May I come in, Mr.Paul?

我能进来吗？保罗先生？

G：Come in, please.

请进。

H：I'm here to say A Happy Birthday to you.

我是来祝您生日快乐的。

G：Thank you. How do you know it is my birthday today?

谢谢。你怎么知道我今天过生日呢？

H：We learned from the registration record. Please accept this birthday card and these flowers from our attendants.

我们从登记簿上得知的。请接受我们服务员送您的生日卡和鲜花。

G：I already appreciate your congratulations. It is very considerate of you.

我十分感激你们的祝贺，你们想得真周到。

H：It's our pleasure to do so.We wish you many happy returns of the day.

能为您祝贺生日我们不胜荣幸。祝您健康长寿。

5. 问候病人

H：Miss Julia，may I come in？

朱莉亚小姐，我可以进来吗？

G：Come in, Please.

请进。

H：Are you feeling better now?

您现在好点了吗？

G：Yes，I'm feeling a bit better，yesterday evening I got a splitting headache.

是的，现在觉得好点了，昨晚头痛得厉害。

H：Shall I send for a doctor?

要我去给您请医生吗？

G：No, thanks. I can go to hospital by myself. Can you tell me which hospital I shall go to?

不用了，谢谢。我自己能去，你能告诉我去哪家医院看吗？

H：There is a People's hospital nearby. It's convenient to go there by No.8 bus from here.

附近有一家人民医院。从这儿坐 8 路汽车去那很方便。

G：Thank you for your seeing me.

谢谢你来看望我。

H：Don't mention it. I hope you'll soon get over your sickness. Shall I ask the restaurant to prepare some porridge for your lunch？

不用谢。希望您的病很快就会好。要我叫餐厅为您准备点稀饭做午餐吗？

G：That's nice. It's very thoughtful of you.

很好，你想得真是太周到了。

6. 送客

G：Excuse me, have you made out my bill？ I'm leaving in an hour. I'm going to pay my account right now.

对不起，请问你把我的账单算好了没有？再过一个小时我就要离店了，我现在要去付账。

H：Yes, madam. Here you are. That's the total amount payable at the bottom there.

算好了，女士。这是您的账单，那里下面的就是您要付的总额。

G：Thank you. I don't want to come back to the room after I settle my bill at the Cashier's Counter. May I take my baggage downstairs now？

谢谢。我在收款处付完账后不想再回房间了。我现在可以把行李拿下楼去吗？

H：Yes, you may. Have you got your baggage ready？

可以。您的行李都准备好了吗？

G：Yes, I have packed everything up.

是的，我把所有的东西都收拾好了。

H：Shall I have the bellman help you with your things downstairs？

要我叫应接员帮您把行李拿下楼去吗？

G：No, I can manage them by myself. I have only two bags. they're not too heavy.

不用了，我自己拿好了。我只有两个包，不太重。

H：Fine. Would you mind my checking the room？

很好。我检查一下房间您不介意吧？

G：Of course not. Let's go, shall we？

当然不介意。我们走吧，好吗？

H：Yes, let's go. Is everything to your satisfaction during your stay here？

好的，我们走吧。您在我们宾馆住宿期间一切都满意吗？

G：Yes, I'm quite satisfied. I have had a good time at your hotel.

是的，我很满意。我在贵宾馆过得很愉快。

H：After you, madam.

女士，请您先进房。

G：Now please do your duty.

现在请你履行你的职责吧。

H：Thank you for your co-operation. The desk lamp is there. The vacuum-flask is not broken. Here are teacups and the saucer. The TV set is all right. Very Good. You may go now. May I have the key back?

谢谢您的合作。台灯在那，热水瓶没打破，这是茶杯和茶托，电视机也没事。很好。您现在可以走了。请把房门钥匙给回我好吗？

G：Yes, here it is.

好的，给你。

H：Thank you. Let me carry one of the bags to the lift for you.

谢谢。我来帮您拿一个包到电梯去。

G：Many thanks. Let's be off now.

多谢，我们现在走吧。

H：Here comes the lift. I wish you a pleasant journey. Good-bye.

电梯来了，祝您旅途愉快。再见。

G：Good-bye.

再见。

7. 进房补物品

H：I'm sorry to disturbed you. May I come in to add a bath towel?

不好意思，打扰您了。我可以进来补一条浴巾吗？

G：Come in, please.

请进。

H：Thank you. ... Have a nice day. Please call me whenever you need anything.

谢谢。……祝您愉快，有什么需要请叫我。

8. 离开客人房间

H：Is there anything else I can do for you ?

还有什么事我可以帮忙吗？

G：No, thank you.

没有了，谢谢。

H：Okay, Goodbye. Have a nice day! Please call me whenever you need anything.

您太客气了，再见。祝您愉快！有什么事请通知我。

课后答案

项目一

任务一

引导案例

【案例解析】小韬对客人积极主动的服务热情首先应该充分肯定，她按服务规程不厌其烦地给客人介绍客房设备设施，一般说也并不错（客人给她小费，本身也包含了对她服务工作的肯定，说明她所做的工作并没有错）。但是，服务规程有个因人而异灵活运用等问题，对服务分寸的掌握也有个适度的问题。这样来看，小韬对两位客人地道的服务确有欠妥之处。显然，将客房的常用设备设施甚至普通常识详细介绍给档次较高的客人，是大可不必的，特别是当客人已显出不耐烦时，还是继续唠叨，那更是过头了，显得非常呆板，会让客人感到对方以为他们未见过世面而在开导他们，使其自尊心受到挫伤，或者误解服务员是变相索要小费而看不起她，从而引起客人的不满和反感，好心没有办成好事，这是刚步入服务工作行业、具有满腔热情的小韬始料未及的，这其中其实蕴含了很多服务技巧的问题。

应用案例

【案例解析】（1）服务员在前一天受到 VIP 客人质疑时，不应该进行辩解（这是服务员犯下的第一个错误），应先向 VIP 客人表示歉意并及时清扫客房，还应告知 VIP 客人明天一定尽早清扫房间，并应及时通知领班做好记录，以便及时跟进落实，避免第二天同样情况再次出现。根据酒店客房部的要求，客房服务员应当在每天中午前将房间清扫完毕。

（2）服务员在工作中没有按照规定的工作程序操作。服务员在每天早晨开始工作时，应先确定客房的清扫顺序，检查有无挂"请即打扫"牌子的房间，但本案例中服务员根本没有按照工作程序操作，只是按房间顺序清扫（这是服务员在本案例中犯下的第二个错误）。

（3）在本案例中，服务员对 VIP 客人提出的要求不重视，过分地强调了自己的理由，推卸自己的责任，让 VIP 客人感觉到自己是在被敷衍，因而失去对酒店的信任，酒店会失去 VIP 客人。此案例说明了服务员没有深刻体会到服务业是依靠顾客生存的道理，缺乏对宾客服务的意识。服务员如果不认真做好自己的本职工作，客人类似的投诉会很多，会影响酒店的声誉和生存。

职业能力训练

1. C

2.（1）AB （2）ABC

3.（1） 3—2—3~5

（2）迎客准备工作　客人到店迎接工作

观念应用训练

【案例解析】

1.（1）感谢客人好意，说明这只是我们应该做的，请客人不必介意。声明我们不收小费。

（2）客人执意要送，在婉拒无效的情况下，先收下礼品，再次感谢客人。

（3）及时将礼物、小费上交客房部由部门处理。

2. 答案：这种客人不易和别人交往，个人观念很强，发生矛盾后往往恶语伤人或有失礼的动作，服务员不要与其计较，尽量按他们要求完成接待服务，不与其发生冲突，保持冷静。

情景模拟训练

【案例解析】客房工作人员在行为举止和仪表姿态上必须按照要求严格执行。如在走道上，客房工作人员应靠右侧行走，遇有客人迎面走来，与客人相遇时，应当停住脚步，面向客人身体微侧，向客人问好，并伸手示意客人先行。如客房工作人员与客人在同一侧行走时，应先问候客人同时伸手示意客人先行，并说"您先请"，且应与客人保持一定的距离，不得超越客人。如确因有较急的事要超越客人，应从客人的左侧超越，超越时应向客人说"对不起"，切忌并排行走或从说话的客人中间穿越。如果客人是靠左侧行走的，则可以从客人右侧超越，但同样要向客人示意。

客房主管向客人道歉并承担了责任，这种做法是正确的，维护了客人的面子和尊严。但是仅仅在客人面前承担责任还是不够的，员工在工作中做得不好，管理者有责任。礼节礼貌知识是酒店服务人员的必修课。管理者应当在平时经常性地对员工加强礼节礼貌方面的教育，加强日常工作中的检查，使员工素质得到不断的提高。因为员工的一言一行、一举一动，反映了酒店的整体形象，反映了酒店的服务水平和管理水平。

思维拓展训练

【案例解析】每个服务员每天都有自己定量的清洁房间数，但并不代表要清洁的房间一定要由本人去完成而不能调换。在没有特殊情况时，服务员可以按照工作安排完成自己的房间数。但是在特殊的情况下，服务员之间应该具有团队合作精神和高度的责任心，永远把客人的要求摆在第一位，灵活应变进行处理。同时，员工之间的沟通与反馈也非常重要，这个案例就体现了沟通上的问题。真正良好的沟通应把每项工作都落到实处，这是每个员工必须具备的工作素质。

任务二

引导案例

【案例解析】这是一个客人进入酒店的基本过程，顾客对服务工作的认识是从感觉开始的，它激发着顾客一定的情感与消费态度，是顾客基本的消费心理现象，所以满意的服务往往体现于细微之处。

国际大酒店通过从客人进入酒店—登记入住—客人进房，每一个环节都有服务人员随时为客人服务，从而让客人找到了一种满意的感觉。尤其是对第一次下榻的客人来说，就是这些点点滴滴的细微服务才给客人留下深刻的印象，为客人再度光临打下基础，从而产生"星级酒店服务"的感觉。

职业能力训练

1. D

2.（1）ABCD （2）BC

3.（1）送客人离开客房 查房

（2）及时报告 分类 保存 认领

观念应用训练

【答案解析】查房时首先查看房间内设施设备是否齐全，有无损坏；其次检查房间内有无客人遗留物品，无论大小一律及时通知前台告知客人处理；再次检查客人房间是否有消费及时与前台联系告知；最后检查客房单被是否污染或损坏。

上述情况，由于小李的不负责任，造成酒店损失，小李应当承担责任，根据酒店规定进行赔付。

情景模拟训练

【案例解析】（1）问题出在服务员没有及时联系前台，时间观念需加强。

（2）客人提出退房到查房结果出来一般控制在2分钟内，如果超过时间，可能就会造成投诉，如客人在其他区域消费通知楼层退房，然后直接到前台结账，就会出现等待时间过长的情况。如果客人开的是钟点房，客人在只打电话通知楼层退房，而楼层查房不及时的话，就会造成时间延长的情况等。因此客房部应在有关服务操作上对时间等做出明确的规定，真正提高服务效率。

思维拓展训练

【案例解析】"五星"饭店到底该是什么样的服务标准，恐怕专家们能说出很多条款，除了硬件设施够"五星"标准外，主要是加强软件建设。这便是以"诚"和"信"去满足每位顾客的特殊需求，创造饭店的忠诚顾客。这个问题虽然是老生常谈，但说起来容易做起来难。客人遗失东西，应该说翻遍整个房间，饭店便已尽到责任，完全可以向客人交差了事。但是锦都某宾馆的员工却有一种信念："不能够让客人把遗憾带走。"三位宾客服务员不顾垃圾井有多脏、多臭，用真诚和智慧，急客人所急，终于使客人的戒指失而复得，可以感到我国五星级那种以顾客为中心、想方设法恰到好处地为客人办好每件事的细腻的服务精神，这体现出跨入21世纪的我国现代饭店的服务特色。

项目二

任务一

引导案例

【案例解析】

1.（1）报告主管，并安慰李先生。

（2）向李先生解释此客房已出租给了其他客人，并说明相关情况，告知李先生要进入此客房，必须征得新入住客人的同意。

（3）立即与黄先生联系，告知实情，请求得到其帮助。

（4）将整个情况详细记录，以备核查。

2.（1）认真倾听客人的投诉。

（2）客人讲话时，表现出足够的耐心，不与客人争辩。

（3）处理投诉时，注意语言，如批评小张。

（4）慎用了"微笑"，如严肃地批评了小张。

（5）真诚地向客人道歉。

（6）对客人表示了同情，使黄先生感觉受到尊重。

（7）维护了黄先生的利益。

（8）果断地解决了问题。

应用案例

【案例解析】1.①干扰了客人休息；②进房前没先想想和留意；③没注意房间有无"请勿打扰"的牌子或者指示灯；④没有敲门通报；⑤没征得客人同意就进了房间；⑥进房后没观察房内情况。

2.①开门后先观察房内情况；②进房前先敲门通报；③注意有无"请勿打扰"的牌子；④进房前先思索；⑤选择客人不在房间时清扫。

职业能力训练

1.（1）D　（2）B　（3）D

2.（1）ABD　（2）ABCD　（3）BCD

3.（1）盥洗空间

（2）针线包

（3）云台

观念应用训练

【案例解析】1.消灭虫害是指消灭饭店的蚊子、苍蝇、蟑螂、蚂蚁、老鼠等其他害虫。定期喷杀虫剂，按说明比例配置杀虫剂，保证杀虫效果。虫害的滋生地，如地毯下、床下、墙角、卫生间要放药物进行毒杀，被杀灭的害虫要及时清除干净。对老鼠经常出入的地方要堵洞，防止其进入房间。

2.（1）若发现客人已醒，应真诚地向客人表示道歉。马上退出房间，并轻轻地将房门关上。

（2）若发现客人未被吵醒，则应马上退出房间，并轻轻地将房门关上。

情景模拟训练

【案例解析】在本案例中，服务员之所以遭到VIP客人投诉，主要有以下几个原因：

第一，VIP客人前一天找到服务员，问为什么没有搞卫生，服务员的回答就存在问题。服务员应先向VIP客人表示歉意并及时清扫。同时，还应告知VIP客人"明天我们一定尽早给您清扫房间"，并应及时通知领班做好记录，以便及时跟进落实，避免第二天同样情况再次出现。而不应该说是VIP客人出去时没有把"请即打扫"的牌子挂在门上。如果这样说了，那就表示自己没有责任了，反而倒成了VIP客人的责任。其实VIP客人挂牌与不挂牌，只是清扫的先后与急缓不同。但除确认VIP客人上午出去后，中午不会回房外，服务员是应当在中午前将房间清扫完毕的。

第二，服务员在工作中没有按照规定的工作程序操作。服务员在每天早晨开始工作时，应首先了解住客情况，检查有无挂"请即打扫"牌子的房间，以确定客房的清扫顺序。从第二天的情况看，服务员根本没有按照工作程序操作，只是按房间顺序清扫，只为自己工作起来方便。另外，与VIP客人讲自己一天负责清扫多少间房子，要一间一间地清扫，就更是没有道理，那不关VIP客人的事。如果这是理由，不管有什么情况都是按自己的方法一间一间地清扫，那么VIP客人提出的要求和"请即打扫"的牌子以及工作程序就失去作用了。

第三，服务员在任何时候都不要将责任推给VIP客人，VIP客人并不想知道你的原因，他们要的是你的行动和结果。否则VIP客人会因此失去对饭店的信任 如果说服务员第一天不知道，那么，是自己告诉VIP客人挂上牌子，第二天VIP客人挂了牌子而服务员依然不去理睬，说明服务员对VIP客人说的话根本就没往心里去。VIP客人的要求既没向领班汇报，也没有做记录，服务员是不负责任的。VIP客人的感觉就是酒店在敷衍他，是对VIP客人的戏弄。

从表面看，这名服务员说话的语气和方式存在问题，总是解释、强调自己的理由。其实关键是缺乏宾客意识。服务业是依靠顾客生存的，VIP客人是服务员的"衣食父母"。不从根本上转变观念，类似的投诉会更多。在VIP客人失去对饭店的信任后，饭店就会失去VIP客人。

思维拓展训练

【案例解析】一件很简单的事情却失掉一位重要的客人。本案例中服务员犯了两个错误：

第一，服务员对交接事项不重视，以致擅自将衣服送入房间；

第二，服务员为了掩盖事情真相又进入房间将衣服取出，就是这个重大的错误导致客人的离去。

如果服务员能够主动向宾客承认错误，那么，客人应该不会愤而离去。

另外，商务客人为防止商业资料外泄对饭店保密要求较高，因此在接待商务客人时须特别注意做好保密工作，严格按客人要求做事，防止不必要的事情发生。

任务二

引导案例

【案例解析】此事件反映该服务员在日常的工作过程中不细心造成客人的投诉，首先服务员在撤布草时没有认真查看是否巾类标志有不同的地方；其次没点数量，客房配备的巾类有固定数，撤多了应引起察觉；最后客人自带巾类体现了客人对清洁卫生的关注，其中最为关注的是与自己身体接触的设备和用品的卫生程度，因此服务员在日常服务过程中应特别注意这类用品的清洁卫生。

此事件中的客人显然是一位经常住酒店而且十分关注卫生状况的客人。因此，当她得知自己的巾类混同其他物品一起洗过时，就自然怀疑自己的巾类不卫生了，她觉得自己的卫生习惯得不到保证，自然要向酒店投诉赔偿。因此酒店应严格执行操作流程，加强对员工业务操作的培训，工作中做到细心、耐心、留心，以防止类似的投诉再次发生而给酒店的服务及经营带来影响。

应用案例

【案例解析】这个案例是宾馆接待过程中经常会遇到的现象，处理起来比较棘手，尤其是那些不讲道理的客人，无法理解酒店的善意解释，有些甚至闹得很厉害。

本案例中的客人在醉酒后，将布草污染，为了逃避责任，隐瞒了这一情况。但当天值夜班的服务员在开夜床的时候，也没有及时告知客人，同时次日清晨也没向白班服务员进行交接，也未向领班汇报，导致信息沟通脱节，从而发生客人在前台发生争执，给酒店带来负面影响。如果楼层夜班服务员在开夜床时，及时发现并及时告知客人，也就不会发生这一情况。

为避免再有类似情况发生，楼层服务员必须将每班发生的情况及时写入交接班记录簿，以便提醒白班服务员在查房时特别注意，避免发生此类现象，并应在第一时间告知客人，如客人不在房间，可写留言条委婉地告知客人，及时解决问题，避免争执的发生。

职业能力训练

1.（1）B　　（2）D

2.（1）CD　　（2）BD

3.（1）物理消毒　　化学消毒　　生物消毒

（2）感官标准　　生化标准

观念应用案例

【案例解析】1.（1）在开空调之前，应先关闭门窗，防止冷（热）气外泄。

（2）使用冷气时，送风口横栅格以水平方向为佳，竖栅格因冷气量重，尽量朝上排气，可使空调冷气扩散均匀、送风顺畅。

（3）清洁过滤网，当关闭空调再启动时，至少停机三分钟后再启动。团队客人到达前一小时开机，使客人进房后感到非常舒适。

2. 按房情房态排出清扫的顺序：

（1）总台和客人吩咐要清扫的房间。

（2）门挂"请即清扫"牌或 VIP 房。

（3）走客房。

（4）住客房。

（5）常包房（征求客人意见，如是否早、中、晚清扫）。

（6）空房。

（7）"请勿打扰"房。

情景模拟训练

【案例解析】（1）在此案例中虽然客人将化妆水倒在酒店免费的矿泉水瓶内且未作任何表示，也有一定责任，但在处理问题时，只能将过错揽在店方，给客人留有面子，这样才不会激化矛盾，才能使事情达到圆满解决。

（2）客房服务中，整理房间是每天例行的工作，但我们要明确一点，所有服务工作都必须遵守操作程序和规范，在客房清扫过程中，服务员对于一切属于客人的东西，只能稍加整理，不能随意挪动位置，更不能将客人的东西或客人用过的东西自作主张进行清理。只要是客人没有扔进垃圾桶，哪怕是空瓶、小卡片，都要谨慎对待，更不能随意倒掉或扔掉。

（3）细微之处见功夫，养成细心负责的工作作风，认真按照服务程序与规范去做，同时提供个性化的服务，才能让客人在酒店有宾至如归之感。另外，作为服务员，要养成良好的职业习惯和服务意识，才能避免不必要的投诉。

思维拓展训练

【案例解析】本例反映了该酒店在管理上的问题。在员工培训方面，管理人员片面强调服务员执行规定和按程序操作，没有把服务上的灵活性告诉他们。一切规范和程序的根本目的是保证服务质量，因此制定各种规范和程序的唯一依据是站在客人的立场上为客人考虑，一味强调程序固然能在一般情况下保证大多数客人的满意，毕竟还有一部分客人的特殊需求不在规范之内甚至可能与酒店服务程序相悖，只要那些特殊需求是合理的，酒店应尽量予以满足。

任务三

引导案例

【案例解析】每个服务员每天都有自己定量的清洁房间数，但并不代表要清洁的房间一定要由本人去完成而不能调换。在没有特殊情况时，服务员可以按照工作安排完成自己的房间数。但是在特殊的情况下，服务员之间应该具有团队合作精神和高度的责任心，永远把客人的要求摆在第一位，灵活应变进行处理。同时，员工之间的沟通与反馈也非常重要，这个案例就体现了沟通上的问题。真正良好的沟通应把每项工作都落到实处，这是每个员工必须具备的工作素质。

应用案例

【案例解析】（1）有偿服务品，必须明确标价，配置到位，主管、领班、服务员应仔细检查，防止漏配情况发生。

（2）客房主管和房务中心服务员，应对有偿物品建立明细账单，交接班时，应该核对有偿物品存发数量、领取人员姓名和配置地点，以便核对房间内物品是否配置到位，如发现有疑问，应立即请楼层主管核对，查找领出的有偿物品去向，避免不必要的损失。经检查没有配置到位的有偿物品，要监督服务员补配到位。

（3）卫生清洁员在房间进行清洁时，对所撤收物品要妥善保存，清洁后应将其归位，查房领班和主管应对照有偿用品明细表，认真核对清洁员是否将有偿物品配置到位，实行表格化管理，以防漏配。

（4）房务中心服务员做夜床时也应对房间内物品进行核查，发现漏配，应补配到位，事后再让主管和清洁员检查漏配原因。

（5）一些有偿物品可以打上提示字样，以防客人误认为是赠送品而随手带走。可以在书刊表面贴附提示卡：如"非赠品"或"若您喜欢，可以付款购买"。

（6）服务员检查退房时应仔细，以防漏查，而误让客人赔书。

（7）服务员忘记配书时，应立即向客人道歉，请求客人原谅。

（8）客房部应加强对有偿用品的控制、检查与管理，预防失误发生。

职业能力训练

1.（1）C　（2）C

2. ABCD

3.（1）吸尘器　洗地毯机

（2）长柄扫帚　单手扫帚　小扫帚

（3）清洁桶　车架

（4）电动真空吸尘器　直立式　混合式　直立式吸尘器

（5）单刷　双刷　三刷机

观念应用训练

【案例解析】1. 应婉转地说明，自己要为客人服务，不占用您的时间，请客人回房间休息。然后去做楼面服务的工作（送开水、洗茶杯、拖大厅等）并请客人原谅。不能生硬地叫客人走开或流露出不高兴的神色。

2. 人们把讲究环境保护的饭店称为"绿色饭店"。就是减少消耗和资源的重复利用，以及避免使用污染环境的物质。楼面服务员应注意清洁剂的使用。收拾可回收的垃圾物品。节省用电用水，讲究物品配备的方法，既保证了客人需求，又增加物品的重复利用。

情景模拟训练

【案例解析】本案例中客人挂错牌是原因之一，但也不能排除其他客人恶作剧所引起的，但是连续两天都是如此，就值得酒店要认真研究问题的症结在哪里？客人休息时被打扰是非常生气的，如不尽快处理，就会导致客人投诉，甚至退房，影响到酒店的声誉，若及时地与客人沟通解释，使得客人的怨气有了发泄的渠道，通过沟通从而大事化小。同时，也提示我们，怎样避免客人挂错牌，以防止类似事件发生。

思维拓展训练

【案例解析】服务员在客人离店前检查客房的设备、用品是否受损或遭窃，以保护宾馆的财产安全，这本来是无可非议的，也是服务员应尽的职责。然而，本例中服务员小吴、小郑的处理方法是错误的。在任何情况下都不能对客人说"不"，这是酒店服务员对待客人一项基本准则。客人要离房去总台结账，这完全是正常的行为，服务员无权也没有理由限制客人算账，阻拦客人离去。随便阻拦客人，对客人投以不信任的目光，这是对客人的不礼貌，甚至是一种侮辱。正确的做法应该是：第一，楼层值台服务员应收下客人钥匙，让他下楼结账，并立即打电话通知总服务台，×号房间客人马上就要来结账。总台服务员则应心领神会，与客人结账时有意稍稍拖延时间，或与客人多聊几句，如："先生，这几天下榻宾馆感觉如何？欢迎您提出批评。""欢迎您下次光临!"或查电脑资料放慢节奏，如与旁边同事交谈几句，似乎在打听有关情况；或有电话主动接听，侃侃而谈，等等。第二，客房服务员也应积极配合，提高工作效率，迅速清点客房设备、用品，重点检查易携带、供消费的用品，如浴巾、冰箱内的饮料、食品等，随即将结果告诉楼层服务台，值班服务员则应立即打电话转告楼下总台。第三，总台服务员得到楼上服务台"平安无事"的信息，即可与客人了结离店手续。

项目三

任务一

引导案例

【案例解析】酒店客人的遗留物品应统一归客房部房务中心保管。服务员在检查退房时应认真仔细，发现遗留物品首先应电告总台通知客人取走，若客人已离去，应立即交至房务中心。房务中心必须设置专柜用来保管遗留物品，并在遗留物品登记簿上登记遗留物品的时间、房号、物品名称、房主姓名、拾物人等项目，做到规范管理。

2. 应用案例

【案例解析】本例中的客人显然是错了，因为他既没有说清楚要用新毛巾，也没有明确交代要换红茶。而小杨对客人的服务并没有错。小杨主动向客人认"错"，说明她对"客人永远是对的"这句饭店服务的座右铭有着正确的认识，并具有服务员出色的素质和修养，值得称赞。具体表现在两个方面：

第一，从换毛巾到调茶叶，可以看出这位台湾客人是一个爱挑剔的客人。然而，小杨却周到、妥帖地"侍候"好了这位爱挑剔的客人，表现了充分的忍耐心、足够的心理承受能力和无可挑剔的服务质量，这是服务员一种很高的素质和修养，难能可贵。

第二，无论是新、旧毛巾之别，还是红、绿茶之分，客人一次又一次地无端指责小杨，这对小杨确实是非常不公的，而小杨却能自觉地承受委屈，用自己的委屈换取客人的满意，这正是服务员应努力达到的一种高尚的境界。

职业能力训练

1.（1）C （2）B （3）B

2.（1）AB （2）AB

3.（1）饭店满足客人需求的能力和程度 客人的感受和客人的评定

（2）真诚

（3）做好心理方面的准备 做好物质方面的准备 优良服务

观念应用训练

1.（1）遇到客人时，应微笑主动走向客人问候，熟客应称呼其××先生，客人会感到亲切。

（2）要主动侧身让路或放慢步伐，不能只顾自己行走，视而不见，要有良好的示意表示。

2.（1）先礼貌地对客人说："对不起，先生（小姐）请问能让一下吗？"然后超越。

（2）有两位客人同行时，切忌从客人中间穿行。

（3）超越后，应回头向客人点头表示谢意。

情景模拟训练

【案例解析】服务员对客人的问询应有问必有答，绝不能说"不知道"，"不懂"，"不会"，"不行"，"没有"。若自己确实不知道，也要尽可能弄清楚后再告诉客人。

当服务员在张先生提出增加茶几时，应当立即回答："您请放心，我们一定想办法给您解决。"假若找不到备用茶几，应马上向领班或部门经理反映，从其他会议室等处暂挪用几个。一旦待客人提了意见后再来解决问题，主动服务转变成了被动服务，客人是不会满意的。另外，小赵在不知道上水库风景区怎么走的情况下，应请张先生在房间稍候，待询问总台后立即告知，并抱歉地说："对不起，先生，让您久等了。"那样，张先生不会因为服务员"不知道"而怪罪。相反，他会被其热情服务所感动。

思维拓展训练

【案例解析】"顾客是上帝"，"服务出效益"。我们说了多少年，但现实中服务行业总把自己摆在居高临下的位置，商量用语总脱不了教训人的口气。这怎么能让客人满意呢？这怎么能吸引"回头客"呢？本案例中的宾馆《宾客须知》，使人看了如沐春风，格外温馨，加以他们热情周到的服务，颇令人难忘。

任务二

引导案例

【案例解析】（1）服务员小边，服务热情，细心观察客人所需，发现客人脸色不太好，猜测客人生病，体现出服务员服务细致。

（2）服务员小边把客人当家人，将药送到房间并附上留言条提醒客人注意身体，对客人体贴入微。

（3）但应当注意的是服务员小边不是医生，不能擅自给客人买药，如果客人因吃感冒药导致其他并发症，立刻把饭店置于不利位置，易造成好心办坏事。

（4）正确做法应该是，可以询问客人是否需要请饭店医务室人员亲临诊断，或者询问客人平时感冒通常用的药品，请医务室人员为客人开药，或者提供更人性化的服务，如果是在夏季，可为客人冲一杯冰糖水；如果是在冬天，则为客人冲泡一杯姜汤驱寒。

应用案例

【案例解析】 （1）客人会用电话通知或将需洗衣物袋放在门边，服务员发现后及时收取。

（2）楼面服务员每天 9∶30 前进房检查客房时，留意房内有无客人要洗的衣物袋，如有，要及时收取。小李专门上门去收取待洗衣物，按进房程序敲门通报，是无可厚非的，但她处事不能随机应变，不动脑筋，说到底，还是缺少服务意识。

职业能力训练

1．（1）C　　（2）C　　（3）B

2．（1）BCD　　（2）CDAB

3．（1）迎客准备工作　客人住店期间的服务　客人离店时的服务

（2）楼层主管　总台

观念应用训练

【答案解析】因工作需要，客房部服务员，特别是楼层服务员每天都要进出客房，因而，有机会接触客人的行李物品，特别是贵重物品和钱物等。因此，客房部服务员必须具有良好的职业道德和思想品质，以免发生利用工作之便偷盗客人财物的事件。服务员在走客房内发现客人遗留的物品，应立即打电话通知客房中心，设法找到客人交还物品，如客人已离开，则应按饭店遗留物品的处理规定进行处理。

情景模拟训练

【案例解析】客人都先生最后的表态，的确有一定的道理。理应受到客人所信赖的叫醒服务项目，该饭店却没有完全做好，至少应当吸取以下几点教训：

第一，饭店应当确认，叫醒服务是否有效。当话务员叫醒客人时，如果觉得客人回答不大可靠，应该过一会儿再叫一次比较保险。

第二，如果许多客房的客人要在同一时间叫醒，而此时只有一名话务员来负责的话，为了避免叫醒时间的推迟，应当由 2~3 名话务员同时进行，或通知有关人员直接去客房敲门叫醒客人。

第三，最好在客房服务中心安装一台录音电话，将叫醒服务的通话记录下来，作为证据保存，录音磁带至少应保存两三天，这样遇到有人投诉时便容易处理了。

思维拓展训练

【案例解析】本案例中将名贵衣服干洗错作湿洗处理引起的赔偿纠纷，虽然起因于客房服务员代填洗衣单，造成责任纠缠不清，但主要责任仍在宾馆方面。

第一，客房服务员不应接受替客人代写的要求，而应婉转地加以拒绝。在为客人服务的过程中严格执行酒店的规章制度和服务程序，这是对客人真正的负责。

第二，即使代客人填写了洗衣单，也应该请客人过目后予以确认，并亲自签名，以作依据。

第三，洗衣房的责任首先是洗衣单上没有客人签名不该贸然下水；其次，洗衣工对名贵西

服要湿洗的不正常情况若能敏锐发现，重新向客人了解核实，则可避免差错，弥补损失，这就要求洗衣工工作细致周到，熟悉洗衣业务。

另外，就本案例的情况而言，酒店一般可按规定适当赔偿客人损失，同时尽可能将客人损坏的衣服修补好，由于投诉客人是常包房客，为了稳住这批常包房客源，这家酒店领导采取了同意客人巨额赔款要求的处理方法，这是完全可以理解的。况且，尽管客人的确也有责任，但酒店严格要求自己，本着"客人永远是对的"原则，从中吸取教训，加强服务程序和员工培训，也是很有必要的。

任务三

引导案例

【案例解析】从本案例可以看出，从表面看小黄在说话语气上不够婉转，是造成宾客投诉的主要原因，但是从中折射出了管理中的不足。针对这种情况，部门从强化服务意识开始，教育员工尊重、明白宾客需求，不管是主观需求还是心理愿望，让员工从心里明白服务的标准和需要达到的境界，在工作中，尤其是对客服务工作中，采用换位思考的方式来进行工作。

如在本案例中，宾客在房间谈话，服务员应适时提醒宾客，给宾客一个选择的空间，目的是请两位客人离开房间，服务员尽快查房，才能够尽快地为宾客办理退房手续。"两位先生是否还要在房间停留一会儿，如果是这样的话，我可以待会儿再来查房。"淡然话语怎样讲，不做统一要求，只是让员工明白不同的说话方式会达到不同的效果。

本案例给了我们一定的教训和警示，那就是酒店无小事，做任何事情都要认认真真，严格按照工作流程，把工作一环一环落到实处，每一个点都要做到位了，那么这条线也就贯通了，达到宾客满意也就水到渠成了。

应用案例

【案例解析】为了方便客人，房务部应该提供擦鞋服务。客人要求擦鞋服务，通常是晚上入睡前将鞋放在走廊房门旁，服务员要及时将皮鞋擦好，送还客人，提供周到服务。如果是雨天或雪天，客人从外面回到房间，服务员应主动地为客人擦鞋，这也可防止弄脏地毯。这位服务员不但不主动为客人提供擦鞋服务，还表示不满，显然是不对的。是大堂经理首先应向客人道歉，及时为客人做好服务工作，取得客人谅解。对服务员进行批评教育，必要时应对服务员做出恰当处分，并将结果告知客人。将此事记录，以免此类事情的再次发生。

职业能力训练

1.（1）C　　（2）C

2.（1）CD　　（2）AB

3.（1）电话　书面　当面　30%

（2）百分之百地肯定该客人正是某房间的住客　客人持的大堂经理或接待处主管签发的要求服务员为他打开房门的证明

（3）让座赠茶　认真做好记录　对客人表示同情

（4）服务项目本身应具备的实际效用　服务人员的具体表现以及和客人的相互关系

观念应用训练

【答案解析】两种方法交叉或同时使用。

方法一：①快速处理客人投诉是宾馆的服务宗旨；②绝不能轻率地对待客人投诉，应为客人着想，慎重处理；③认真倾听，了解投诉的前因后果，保持友好，礼貌冷静的态度；从速解决权限范围内的事件，超出权限的，逐级上报处理。

方法二：①避免客人在营业场所大声喧嚣，导致不良影响，选择适当的场所如办公室，引导客人，妥善解决问题；②注意做好记录以示重视；③如果需要他人或其他部门协助，要随时掌握事态的进展情况，尽量使客人心平气和地离开；④做好投诉记录并交上级审阅，对书面投诉要做出书面回答。

情景模拟训练

【案例解析】第一，该饭店的淋浴器是老式的，出水口固定在上方，下面是开关的把手。用这种结构的淋浴器，只得一边淋着还没有调节好的水，一边调节水温。看来最好将原有的淋浴器改成不固定、带有把手、可自由移动的，这样，身体不淋水也能调节好水温。这种新型的淋浴器排除了危险因素，客人使用起来也方便。

第二，该饭店以为使用淋浴器的方法是常识性的，事先不必明确告诉客人。就拿水龙头的开头来说，右边是冷水，左边是热水，往右拧开关水量减少，往左拧开关水量增大。红色的记号是热水，蓝色的记号是冷水。这些虽然是普通常识，但还是应该将它的使用方法以简明的文字告知客人，这样就自然消除客人被水烫伤之类的隐患了。

第三，当客人提出申诉或索赔时，饭店服务员和主管人员应该掌握客人的心理，注意使用合适的证言技巧，乱顶硬争，不留余地都会使事态恶化，带来消极不良的后果。

思维拓展训练

【案例解析】由于酒店工作安排原因引起了客人投诉，后经大堂副经理及时有效的处理最终取得了客人谅解。

（1）接到投诉电话后立即采取相关补救措施，为下一步的投诉处理做好充分准备。

（2）在向客人解释时大堂经理表示恢复热水要一小时，事实上只需要半个小时就可以恢复，但考虑到如果延误水箱清洗的工作将导致第二天无法正常恢复热水，会给更多的客人带来影响，而且再让客人等待半个小时可能会导致客人更严重的投诉，为避免事态的扩大大堂经理在向客人解释时撒了个善意的"谎言"。

（3）客人投诉时坚持不愿意换房，大堂经理表现了真诚的态度，敢于承认酒店的工作失误，并从关心客人的角度出发，帮客人准备热水、姜茶、安排晚退房、房内早送餐等一系列的实际行动后取得了客人的谅解。

（4）为避免类似情况的再次发生，大堂经理根据实际情况提出了建议，为其他部门今后在安排类似工作时提供了参考意见。

项目四

任务一

引导案例

【案例解析】小小的两伞套，折射出了酒店对环境的重视程度，通过本案例对如何保持酒店的环境有了更深的体会。

应用案例

【案例解析】在饭店的清洁保养过程中，所有客用设施设备及物品的摆放均应考虑到客人的使用方便，在具体的服务过程中应照顾到客人的使用习惯，并尊重客人的意愿。

在本例中的公共区域保洁员小鹿机械地理解饭店的对客服务标准，在为吴先生更换烟灰缸时没有照顾到他的使用习惯，只是考虑了饭店的标准。特别是当吴先生要求小鹿将烟灰缸放在他的旁边时，小鹿还向客人说这是饭店的服务标准，她没有理解服务标准是为了更好地为客人服务而制定的，在实施标准过程中，员工必须灵活处理，以满足客人的实际需要，只有如此，饭店的标准才有意义。

在实际工作中，一个优秀的公共区域保洁员应能够通过观察，了解客人的习惯与需要，并适时地加以满足，如小鹿完全可以在清理烟灰缸后，尊重吴先生的习惯，而将干净的烟灰缸放回他所喜欢的位置，而不是饭店服务标准规定的位置。

职业能力训练

1.（1）A　（2）C　（3）B

2. AB

3.（1）客用　服务员使用

（2）前台　后台　室外

（3）24　门面　饭店的形象

（4）2

观念应用训练

【答案解析】（1）重视清洁服务员的选择和培训。

（2）制定清洁保养制度及标准。

（3）配备齐全的设备用品。

（4）划片包干，责任落实到人。

（5）加强巡视检查，保证质量。

情景模拟训练

【案例解析】客人对饭店服务的评价，不是简单针对某一事项、某一位服务员的，不满意，也是对酒店的不满意。本案例中，负责清洁整理客房的服务员没有按照走客房的清洁整理规范进行操作，重新配置新的卫生纸，而是将前一位客人没有用完的半卷卫生纸继续留用。让新住客使用别人剩的东西，使新住客感到是对其人格尊严的冒犯，难怪客人会怒不可遏，做出反常举动。从表面看，日本客商不做调查了解，不问青红皂白，在尚未弄清谁是过失责任人的情况下，便做出用半卷卫生纸打服务员小白的过激行为，显然有错。但是，客人注重效果和感受，把个别员工的服务过失视为饭店的服务质量差，并将对饭店服务质量问题的愤慨，针对某个无辜的服务员撒气，也无可厚非。因此，酒店每一位员工都应清楚地认识到：他们的服务绝不只是个人行为，而是代表酒店，不管在任何岗位上碰到任何问题，都必须站在酒店的整体立场上，满足宾客的需求，这就是服务的整体意识。

试想，服务员小白如果当着客人的面把责任推给卫生服务员，对客人的过激举止痛斥一番，当然只能是火上浇油、扩大事态。其结果将会使酒店从此永远失去这位客人。服务员小白难能可贵之处在于：她表现出高度的整体服务意识，把一切责任揽在了自己的头上，并以责任人身份向客人致歉："对不起，先生，是我们工作失误"，而不去计较客人的过激行为。小白不仅把"对"让给客人，而且"一手拿着一卷完整的卫生纸，一手端着鲜花，带着笑容重新跨进这位日本客商的房间"，圆满地处理好了半卷卫生纸引起的风波，使日本客商成为饭店的常住客人。

思维拓展训练

【案例解析】碰到这一类事件，一个普通服务员的灵活机动、随机应变能力，对提高服务质量十分重要。设想一下，如果小张不善于随机应变，走到夜游客人身边，发出问话：

"先生，需要我帮忙吗？"

客人被突然来临的干扰惊醒，一下子便可能昏厥倒地，造成的后果不堪设想。

如果小张没有认真的服务态度，不采取保护措施，客人也许因为夜游不慎摔倒而发生意外。所以培养服务能力，树立良好的服务态度是服务员最重要的素质。

任务二

引导案例

【案例解析】在经济落后的地区和国家，人们往往把脏和臭看成是卫生间的代名词，其实这是人们的一种偏见，越是讲究现代文明的国家、单位和个人，就越重视卫生间的文明和卫生。既然我们要与世界接轨，就要从根本上转变对厕所的各种偏见。

国家旅游局早在 20 世纪 80 年代就多次召开各省市旅游部门负责人会议，专门讨论厕所问题，并明确指出，厕所文明不"达标过关"，不能成为文明城市、文明单位。作为对外开放的窗口，饭店卫生间的脏臭状况必须彻底改观。因此，饭店内的卫生间要专人管理、及时清扫、经常检查。

应用案例

【案例解析】客人损坏物品，饭店方索赔，这是饭店通常会遇到的情况。本案例中卞先生在退房时，前台服务员告知其应赔付地板烫伤费。但由于一开始没有与客人沟通好而引起客人的不满，虽然后来通过进一步的沟通使问题得到了圆满解决，也得到了客人的理解与支持。但从中仍能看到饭店前台服务及客房服务存在的不足。

第一，客房服务员在平时做客房清洁时，没有及时发现烟头印，以致饭店方未能及时与客人沟通，使得客人直到离店时才被告知，也令客人觉得茫然和不满。

第二，当客房服务员报告客房的地板有烟印时，可按以下程序处理：

（1）大堂经理上楼查看烟印现场，交代客房服务员先不要清理现场，待客人回房后通知大堂经理。

（2）客人回房后，即与客人取得联系，说明情况，告知饭店的赔偿政策。

（3）如客人否认，则可提醒客人是否是访客所为。

（4）最后提醒客人，为了本人及饭店的安全着想，吸烟时应多加注意。

（5）在确定客房存在被损的情况下，待客人离店后及时将房间封闭为维修房，待修复后可再出售。

职业能力训练

1.（1）A　（2）C　（3）B

2.（1）CD　（2）AC

3.（1）一般性清洁保养

（2）电梯　更衣室　办公室

（3）日常清洁保养制度

（4）地毯构造

观念应用训练

【答案解析】1.（1）众人瞩目，要求高，影响大。

（2）范围广大，情况多变。

（3）专业性较强，技术含量较高。

2. 饭店公共洗手间是饭店的重要组成部分，饭店公共洗手间清洁保养水准直接影响或代表整个饭店的水准。客人往往根据他们对饭店公共区域的感受来评判饭店的管理水平和服务质量。因此说，公共洗手间是饭店的"名片。

情景模拟训练

【案例解析】天然大理石的主要成分是碳酸钙，应完全避免使用酸性清洁剂和油类的物质，它会与大理石发生化学反应，在表面形成细孔，使大理石表面失去光泽，同时污渍还会通过煤油渗透到大理石的内部。因为对大理石的性能不熟悉，没有购买相应的抛光机、吸水机及封蜡和上光蜡，不重视保养工作是导致酒店大理石地面毁坏的主要原因。

思维拓展训练

【案例解析】酒店实施节能管理应有前瞻性，要从设计装修时就开始重视。此案例，酒店挖空心思在经营时间段的电源控制上做文章，不仅建立了严格的考核制度，实行节能管控责任到人，还与经营效益挂钩，从每日到全年的各个时节、时段分析节能效果。酒店在节能工作上的精细化管控，真可谓用心良苦。

项目五

任务一

引导案例

【案例解析】由于现代化酒店的主要能源是电,电线如网,用电设备多,整个酒店像是一个大的带电体。用电设施不完好、线路老化、人员操作失误都易造成电气线路短路起火。电气线路和电器设备的管理使用不当,是造成酒店火灾的头号原因,占70%以上。因此,用电设施的科学规划布局,设备的完好,规范电气操作以及严格管理是减少和杜绝酒店火灾的关键。用火不慎容易酿成大祸。

应用案例

【案例解析】用火不慎容易酿成大祸,谨慎用火才能保证安全。所有用火人员都必须严格按照规程操作,用火设施在任何时候都必须处于良好状态。涉火人员要时刻保持高度的安全防范意识,随时检查维修用火设施,否则就容易酿成大祸。

职业能力训练

1. A

2. BCD

3.(1)喷水灭火器　二氧化碳灭火器　卤化灭火器　干粉灭火器化学药品灭火器

（2）喷水灭火系统　二氧化碳和干化学剂灭火系统

观念应用训练

【案例解析】（1）在客房区域配置完整的防火设施设备。

（2）房内安全须知中应有防火要点及与人配合的具体要求。

（3）安全通道处不准堆放任何物品,不准用锁关闭,保证通道畅通。

（4）配合保安部定期检查防火、灭火装置及用具,训练客房部员工掌握灭火设备的使用方法和技巧。

情景模拟训练

【案例解析】1. 略。

2. 全时控、全员额、全过程的严格管理,是防止酒店火灾的必需,是消除火灾隐患的根本大计。搞好酒店消防,首先酒店要加强对员工的消防知识培训,增强员工的防火意识,让员工了解火灾的危害性。使员工能够熟悉火灾报警方法、熟悉岗位职责、熟悉疏散逃生路线。要定期组织应急疏散演习,加强消防实战演练,完善应急处置预案,确保突发情况下能够及时有效进行处置。其次是强化对客人消防安全的提示。要加强对住店客人消防安全提示,要设置禁止卧床吸烟和禁止扔烟头、火源入废纸篓的标志;要告知客人消防紧急出口和疏散通道的位置;要提醒住店客人加强对同行的未成年人和残疾人的监护,防止其不慎引发安全事故。再次是酒店硬件设施按有关规定建设完善消防设施。酒店客房内所有装饰、装修材料均应符合消防的相关规定。要设置火灾自动报警系统、消火栓系统、自动喷水灭火系统、防烟排烟系统等各类消防设施，并设专人操作维护，定期进行维修保养。要按照规范要求设置防火、防烟分区、疏散通道及安全出口。安全出口的数量，疏散通道的长度、宽度及疏散楼梯等设施的设置，必须符合规定，严禁占用、阻塞疏散通道和疏散楼梯间，严禁在疏散楼梯间及其通道上设置其他用房和堆放物资。最后对重点区域的检查和监控。酒店消防安全责任人和楼层服务员要加强日常巡视，发现火灾隐患及时采取措施。餐厅应建立健全用火、用电、用气管理制度和操作规范，厨房内燃气燃油管道、仪表、阀门必须定期检查，抽烟罩应及时擦洗，烟道每半年应清洗一次。厨房内除配置常用的灭火器外，还应配置灭火毯，以便扑灭油锅起火的火灾。火灾虽然是无情的，但是也是有规律可循的，只要我们加强防范，严格管理也是可以避免灾难的发生的。

思维拓展训练

【案例解析】（1）消防法制观念淡薄，违规违章现象严重。金泉大酒店从开业前装修到开业都没有向消防机构报批，存在许多先天性火灾隐患。在其开业后，湘潭市消防支队和雨湖区消防大队及街道办事处、居委会、派出所数十次前去检查，共下发《消防检查意见书》7份，《重大火灾隐患整改通知书》1份，《停业整改通知书》1份，但金泉大酒店的法定代表人存有侥幸心理，对整改意见拒不执行，使火灾隐患久拖不改。

（2）消防安全制度不健全，管理混乱。金泉大酒店自开业以来，一直没有明确专人负责消防工作，也没有及时制止承租户段缘明在酒店内随意改造和装修。1月9日，火灾发生前，金泉大酒店的管理人员发现使用电暖气烘烤毛巾时长时间离人，没有及时提醒和制止。发生火灾后又没有及时组织抢救和疏散人员，以致造成重大人员伤亡。

（3）消防安全培训不到位，从业人员素质差。金泉大酒店对员工及承租户未进行相应的消防培训，从总经理到职工普遍缺乏消防安全意识。发生火灾后不知道及时组织扑救和疏散人员。

任务二

引导案例

【案例解析】本案中盗窃犯"北川太郎"在酒店的行骗手法并不高明，可以说破绽百出，暴露无遗。然而，他居然能在酒店蒙混一关又一关，"潇洒走一回"，原因何在呢？这里有两条教训值得吸取：

第一，酒店服务人员绝不能为了赚钱怕得罪有钱的主顾，而放松了对钻空子的坏人的警惕。总之服务员小黄因为罪犯一派日本贵族的豪华装束，就不顾他浑身臭气，甚至不懂日语、英语，"只要能给钱就行"，为他放行；餐厅服务员也不管罪犯不光顾日本风味餐厅，而尝遍中国菜肴，却因其只用信用卡，出手阔绰，而对他益发虔敬，无不说明正是这种错误意识在头脑里作祟，造成了对罪犯的放纵。

第二，要搞好酒店的案例保卫，全员重视，全员关心，全员投入，是至关重要的。该酒店员工在各个环节上的疏漏，给了罪犯以可乘之机。试想，总台服务员小黄为什么不能从罪犯日本贵族的豪华装束与其不懂日语、东北土味的强烈反差中发现问题？餐厅服务员为什么不能从其不吃日本菜而大吃中国餐的反常习惯中看出破绽，揭露其真面目？客房服务员小白为什么不能从"日本贵宾"竟从别的饭店带来一次性拖鞋的幼稚行为中寻根究底，抓住罪犯的狐狸尾巴？最难以叫人原谅的是，那位保安部朴经理，接到上级部门的通缉令，竟无动于衷，让罪犯从自己眼皮底下溜走！全员缺乏自觉的保卫意识，不能全身心地投入，故而罪犯来此"潇洒走一回"也就难以避免。

应用案例

【案例解析】第一，小含作为一名保安员，肩负着保卫酒店安全的重任，他有着高度的职业敏感，体现了员工可贵的基本素质。他从替人登记的细微现象中发现疑点，抓住不良分子的蛛丝马迹，顺藤摸瓜，穷追猛打，终于揭露出不良分子的欺诈真相，保卫了酒店的安全。

第二，小含在与不良分子的斗争中善用智谋，灵活机动，攻心为上，这是他克敌制胜的重要原因。他抓住不良分子做贼心虚的致命弱点，时而单刀直入，时而一针见血，时而又转移目标，终于击败对手，胜券在握。这种机智巧妙的斗争艺术，也是酒店保安员应该掌握的。

职业能力训练

1.（1）C　（2）A

2. ACD

3. 电视监控系统　安全报警装置　自动灭火系统　通信联络系统　钥匙系统

观念应用训练

【案例解析】（1）配备必要的设施设备。

（2）加强对客人的管理。

（3）健全客房部员工管理制度。

（4）防止外来人员偷盗。

情景模拟训练

【案例解析】服务员用工作车堵住房门是防止盗窃的有效方法，可防止小偷和闲杂人员乘机潜入。

思维拓展训练

【案例解析】冒名顶替是坏人在宾馆犯罪作案的惯用伎俩。相比之下，本案中的这位犯罪青年的诈骗手法实在很不高明。总台服务员只要提高警惕，严格按规章制度办，罪犯的骗局完全是可以防范的。

首先，按酒店通常规定，为了保障入住客人的安全，其住处对外严格保密，即使是了解其姓名等情况的朋友、熟人，要打听其入住房号，总台服务员也应谢绝。变通的办法可为来访或来电者拨通客人房间的电话，由客人与来访或来电者直接通话；如客人不在，可让来访者留条或留电话，由总台负责转送或转达给客人，这样既遵守了酒店的规章制度，保护了客人的安全，又沟通了客人与其朋友、熟人的联系。本案例中打电话者连朋友的姓名都叫不出，令人生疑，总台服务员更应谢绝要求。

其次，"美籍华人"电话要总台让其"侄子"领了钥匙进房等候，这个要求也是完全不能接受的。因为按酒店规定，任何人只有凭住宿证方能领取钥匙入房。凭一个来路不明的电话

"委托"，如何证明来访者的合法性？总台服务员仅根据一个电话便轻易答应别人的"委托"，明显违反了服务规程，是很不应该的。总台若能把好这第二关，犯罪的诈骗阴谋仍然来得及制止。

资料汇编：酒店 VIP 服务

VIP 即 Very Important Person。关于酒店的 VIP 服务与管理，其实不同的酒店在具体的操作程序和标准、接待服务内容上存在很大的差异，同样是 ABCD 四级的 VIP，在不同酒店所享受到的服务是不同的，同样的级别 VIP 客人的规定也不尽相同。

VIP 服务提供翔实的酒店信息，反映酒店接待的艺术与技巧。

VIP 是酒店给予在政治、经济以及社会各领域有一定成就、影响力和号召力的人士的荣誉，是酒店完善、标准的接待规格服务对象。VIP 是酒店优质服务体系的集中体现。

VIP 接待总流程：

- 集团、酒店高层管理者获得信息。
- 酒店各部门管理人员建议信息。
- 酒店公关销售部掌握信息。
- 公关营销部汇总信息、确认。
- 拟订接待标准、计划，向总经理、驻店经理申请。
- 公关营销部向各部门发出接待通知。
- 各部门完成接待。
- 所有接待资料存档记录。

酒店 VIP（贵宾）接待标准

一、VIP 等级

1. A 等

主要包括：①国家元首，政府首脑，皇室成员，国会和军界要员以及有杰出影响的政治家；②世界著名财团、企业的总裁、董事长或总经理；③前任党政军首脑；④在世界上有重要影响的其他人物。

2. B 等

主要包括：①部长级政府官员，各国驻华大使；②国内外著名旅行社总裁、总经理；③酒店集团首脑人物；④社会名流；⑤其他应该属于 B 等的人物。

3. C 等

主要包括：①各地企业界、金融界人士、商人、名流等；②各省市领导人；③各地旅游局长、旅行社总经理、酒店董事长及总经理；④其他应该属于 C 等的人物。

4. D 等

主要包括：①前任党政军领导人（退休干部）；②特邀的名演员、名教师；③协约消费大户的负责人、执法工作人员；④其他应该属于 D 等的人物。

二、接待 D 等 VIP 标准

（1）前厅部准备高楼层、向阳的标准间或套房，将房号提供给销售部；

（2）销售部下 VIP 接待单至相关部门，接待单详细列出 VIP 介绍、行程以及各部应布置的工作等相关内容；

（3）楼层领班及主管检查房间设施设备良好状况及客房卫生清洁状况；

（4）客房部准备中档鲜花一束，附带总经理名片一张于 VIP 到店前一小时配入客房；

（5）餐饮部准备水果篮一个，同时附带口布、水果刀、洗手盅若干于 VIP 到店前一小时配入客房；

（6）前厅部准备小欢迎席签于 VIP 到店前一小时配入客房；

（7）前厅于 VIP 到店前一小时制作好欢迎卡与房卡，准备好登记单；

（8）大堂经理在 VIP 到达前一小时检查客房状况、鲜花、水果篮、口布、水果刀、洗手盅、总经理名片、欢迎席签、欢迎卡、房卡、登记单等的到位或准备情况，及时将发现的问题通知前厅部经理；

（9）VIP 到达前半小时大堂经理通知行李员、前广场保安员到位；

（10）VIP 到达前半小时大堂经理通知销售部经理、前厅部经理到大堂迎候；

（11）大堂经理引领 VIP 到房间，查看客人有效证件，并请客人在接待单上签字；

（12）销售部经理通知总经理 VIP 已到。

三、接待 C 等 VIP 标准

（1）前厅部准备高楼层、向阳的套房，将房号提供给销售部；

（2）销售部下 VIP 接待单至相关部门，接待单详细列出 VIP 介绍、行程以及各部应布置的工作等相关内容；

（3）楼层领班及主管检查房间设施设备良好状况及客房卫生清洁状况；

（4）客房部准备中档鲜花一束，附带总经理名片一张于 VIP 到店前一小时配入客房；

（5）餐饮部准备水果篮一个，同时附带口布、水果刀、洗手盅若干于 VIP 到店前一小时配入客房；

（6）前厅部准备小欢迎席签于 VIP 到店前一小时配入客房；

（7）前厅于 VIP 到店前一小时制作好欢迎卡与房卡，准备好登记单；

（8）销售部做欢迎无字牌于 VIP 到店前一小时置于大堂；

（9）客房部于 VIP 到达之前一小时在大堂铺好红色欢迎地毯；

（10）大堂经理在 VIP 到达前一小时检查客房状况、鲜花、水果篮、口布、水果刀、洗手盅、总经理名片、欢迎席签、欢迎卡、房卡、登记单、无字牌、欢迎地毯等的到位或准备情况，及时将发现的问题通知前厅部经理；

（11）VIP 到达前半小时大堂经理通知行李员、前广场保安员到位；

（12）前厅部经理于 VIP 到达前半小时检查所有各部门应准备的事项；

（13）VIP 到达前半小时大堂经理通知销售部经理、前厅部经理到大堂迎候；

（14）大堂经理于 VIP 到达之前 15 分钟通知总经理到大堂迎候；

（15）大堂经理引领 VIP 到房间，查看客人有效证件，并请客人在接待单上签字。

四、接待 B 等 VIP

（1）前厅部准备高楼层、向阳的套房，将房号提供给销售部；

（2）销售部下 VIP 接待单至相关部门，接待单详细列出 VIP 介绍、行程以及各部应布置的工作等相关内容；

（3）楼层主管、前厅部经理检查房间设施设备良好状况及客房卫生清洁状况；

（4）客房部准备高档鲜花一束，附带总经理名片一张于 VIP 到店前一小时配入客房；

（5）餐饮部准备高档水果篮一个，同时附带口布、水果刀、洗手盅若干于 VIP 到店前一小时配入客房；

（6）前厅部准备小欢迎席签于 VIP 到店前一小时配入客房；

（7）前厅部于 VIP 到店前一小时制作好欢迎卡与房卡，准备好登记单；

（8）销售部做欢迎无字牌于 VIP 到店前一小时置于大堂；

（9）客房部于 VIP 到达之前一小时在大堂铺好红色欢迎地毯；

（10）销售部安排制作欢迎条幅于 VIP 到达前三小时悬挂于大堂；

（11）销售部安排摄影、摄像人员于 VIP 到店之前半小时到大堂等候；

（12）销售部安排迎宾人员至少 4 名于 VIP 到达之前半小时到大堂等候；

（13）前厅部准备鲜花一束由大堂经理当 VIP 到来时向 VIP 敬献；

（14）大堂经理在 VIP 到达前两小时检查欢迎条幅的到位情况；

（15）大堂经理在 VIP 到达前一小时检查客房状况、鲜花、水果篮、口布、水果刀、洗手盅、总经理名片、欢迎席签、欢迎卡、房卡、登记单、无字牌、欢迎地毯、前厅部鲜花等的到位或准备情况，于 VIP 到达前半小时督促摄影、摄像人员及迎宾人员的到位，及时将发现的问题通知前厅部经理；

（16）前厅部经理于 VIP 到达前半小时检查所有各部门应准备的事项；

（17）VIP 到达前半小时前厅部经理到大堂迎候；

（18）VIP 到达前半小时大堂经理通知行李员、前广场保安员到位；

（19）销售部经理于 VIP 到站前半小时到车站、机场或高速路口迎接；

（20）大堂经理于 VIP 到达前半小时通知总经理到大堂迎候；

（21）VIP 到店，大堂经理向客人献上鲜花；

（22）大堂经理引领 VIP 到房间，查看客人有效证件，并请客人在接待单上签字；

（23）客人离店时，销售部经理提前半小时通知各部门经理到大堂列队欢送。

五、接待 A 等 VIP

（1）前厅部准备高楼层、向阳的套房，将房号提供给销售部；

（2）销售部下 VIP 接待单至相关部门，接待单详细列出 VIP 介绍、行程以及各部应布置的工作等相关内容；

（3）楼层主管、前厅部经理检查房间设施设备良好状况及客房卫生清洁状况；

（4）客房部准备高档鲜花一束，附带总经理名片一张于 VIP 到店前一小时配入客房；

（5）餐饮部准备高档水果篮一个，同时附带口布、水果刀、洗手盅若干于 VIP 到店前一小时配入客房；

（6）前厅部准备小欢迎席签于 VIP 到店前一小时配入客房；

（7）前厅于 VIP 到店前一小时制作好欢迎卡与房卡，准备好登记单；

（8）销售部做欢迎无字牌于 VIP 到店前一小时置于大堂；

（9）客房部于 VIP 到达之前一小时在大堂铺好红色欢迎地毯；

（10）销售部安排制作欢迎条幅于 VIP 到达前三小时悬挂于大堂；

（11）销售部安排摄影、摄像人员于 VIP 到店之前半小时到大堂等候；

（12）销售部安排迎宾人员至少 4 名于 VIP 到达之前半小时到大堂等候；

（13）前厅部准备鲜花一束由大堂经理当 VIP 到来时向 VIP 敬献；

（14）大堂经理在 VIP 到达前三小时检查欢迎条幅的到位情况；

（15）大堂经理在 VIP 到达前一小时检查客房状况、鲜花、水果篮、口布、水果刀、洗手盅、总经理名片、欢迎席签、欢迎卡、房卡、登记单、无字牌、欢迎地毯、前厅部鲜花等的到位或准备情况，于 VIP 到达前半小时督促摄影、摄像人员及迎宾人员的到位，及时将发现的问题通知前厅部经理；

（16）前厅部经理于 VIP 到达前半小时检查所有各部门应准备的事项；

（17）VIP 到达前半小时前厅部经理、销售部经理到大堂迎候；

（18）VIP 到达前半小时大堂经理通知行李员、前广场保安员到位；

（19）总经理于 VIP 到站前半小时到车站、机场或高速路口迎接；

（20）VIP 到店，大堂经理向客人献上鲜花；

（21）大堂经理引领 VIP 到房间，查看客人有效证件，并请客人在接待单上签字；

（22）客人离店时，销售部经理提前半小时通知各部门经理随时到大堂欢送 VIP；

（23）应属接待 A 等 VIP 的其他内容。

六、酒店客房 VIP 散客接待流程

VIP 人士是酒店接待的重点，他们往往影响酒店的社会声誉和在同行业中的地位，所以酒店重要客人的接待是酒店接待的重要环节，为了规范其接待程序，特制定服务流程。

（一）流程解释

（1）房务中心接到前台关于 VIP 客人的预订通知，包括客人的具体情况，如民族、级别、信仰、一行几人、抵离店时间等。

（2）房务中心将接待信息传至各区域，尤其 VIP 客人的具体情况，各种活动安排。

（3）若 VIP 预订未到各区域则将信息反馈房务中心。按 VIP 服务要求对客服务，包括随时小整理、夜床服务及其他服务项目的 VIP 待遇。

（4）各区域配合相关人员处理好 VIP 的送客任务，包括整理行李、运送行李、查房、欢送仪式。

（二）注意事项

（1）熟记贵宾的人数、姓名、身份、在店时间、活动过程等内容。

（2）各级管理人员逐级检查下级准备工作完成情况，要求逐条落实；检查贵宾用房，确保设备使用无误。

（3）入住前 2 小时按等级标准摆设好鲜花和果篮。

（4）贵宾为外籍，应按照贵宾国籍送该国语言报纸，如没有，则送英文报纸；内宾送当日当地政府报纸。

（5）将电视调至贵宾母语频道。可能的话，显示中英文对照的欢迎词。

（6）贵宾抵店前 30 分钟，打开房门，开启室内照明灯、空调。

（7）服务中心在贵宾抵店时，立即电话通知相关部门。

（8）在各区域门口安排人员迎接引领，各区域主管、领班共同参加迎接。

（9）安排优秀的服务人员细心服务。

自然灾害逃生技巧

地震

地震逃生时，把握的原则就是躲在坚固的物体旁边，且注意保护头部。

从感到地面震动到房屋倒塌可以有几秒至十几秒的时间。在第一次震动后，如时间许可，则先关煤气、电源以避免火灾的发生；将门窗打开，以防其变形而影响逃生路线。一般来说，屋外的空地比较空阔，宽度有房屋高度的两倍以上，那么，选择逃出屋外躲避地震是上策。住

在底层的人应该快速逃到屋外空地去；如果街道狭窄，或在高层建筑内未及时逃出，最好是设法待在屋内的门口，靠近柱子，或者躲进跨度小的房间以及坚固的桌柜下面。阳台、屋檐和栏杆的牢固性最差，不是安全藏身之处；也千万不要躲到楼梯井去，因为那里也是最容易塌方的地方。不可乘坐电梯。此外，注意远离易燃易爆及有毒气体贮存的地域，远离高压电线和玻璃门窗。如果地震发生时在汽车内，只要行驶在宽阔平坦的公路上，一般是比较安全的，但要避开电线、路灯等，系好安全带、停在较空旷的地方。

万一被埋压，要增强生存意识，利用周围生存条件，耐心等待救援。为保存体力、不可大声呼救，可用石块等物敲击管道或其他物体，发出声音引导救援人员。保持胸部的空间，以便呼吸通畅。在可活动的空间尽力寻找食物和水，创造生存条件，争取获救。

水灾

水灾发生时除了因为溺水急性窒息致死外，很多人是由于遭受洪水浸泡或饥寒交迫、肌体抵抗力急剧下降，因此被冻死、饿死、累死。避难所一般应选择在距家最近、地势较高、交通较为方便处，卫生条件较好、最好有干净用水和能排污水的设施，与外界可保持良好的通信、交通联系。在城市中大多是高层建筑的平坦楼顶，地势较高或有牢固楼房的学校、医院，以及地势高、条件较好的公园等。在山区旅游时遇到暴雨，少则十几分钟、多则半小时，就有山洪暴发的可能。但要留神，经过浸泡之后的房屋、大树和堤岸都较容易发生倒塌或滑坡；被洪水卷走时，如有可能应抓住木板、树干等悬浮物，尽量不让身体下沉，等待救援；警惕和防范有毒蛇虫的咬伤以及倒塌电线的电击；准备好医药、取火等物品；保存好各种尚能使用的通信设施。

缺少经验的城里人往往在大雨来临后，还在沟里游玩、在河水中游泳、旅游车仍在危险地段行进，以致遭遇灾难。因此专家告诫，在山区遇雨，一定要马上寻找较高处避灾，一旦出现泥石流，不要顺沟向上或向下跑动，应沿着岩石和坡面转移到泥石流或山洪侵袭不到的地方。

地震海啸

地震发生时，身处不同场所就得根据实际情况而定，因为所有的自然灾害的发生都会有一定征兆，发现越早越能充分做好逃生准备。

在楼房住所发生地震时，应就地避震，应该飞速跑到承重墙墙角、卫生间等空间小、有支撑的房间，或根据房屋结构选择躲在结实的家具下，以及躲在结实的家具旁以低于家具的高度躲避。千万不能滞留在床上或站在房间中央，不能躲在窗户边，不能到阳台、楼梯或去乘电梯，更不能跳楼。因为阳台、楼梯是楼房建筑中拉力最弱的部位，而电梯在地震时则会被卡死、变形。

在学校或公共场所发生地震时，首先要做到听从老师或现场工作人员的指挥，千万不能慌乱、拥挤。应就地蹲在有支撑作用的物体旁，用手或其他东西保护头部，尽量避开吊灯、电扇等悬挂物。待地震过后，听从指挥，有组织地迅速撤离。

在野外发生地震时，要飞速避开水边，如河边、湖边，以防河岸坍塌而落水。还应避开山边的危险环境，如山脚下，陡崖边，以防山崩。不要在陡峭的山坡、山崖上，以防地裂滑坡。

如遇到山崩、滑坡，要向垂直于滚石前进的方向跑，切不可顺着滚石向下跑，也可躲在结实的障碍物下，或蹲在地沟，要保护好自己的头部。

一旦发生地震，如果找不到脱离险境的通道，尽量保存体力，用石块敲击能发出声响的物体，向外发出呼救信号，不要哭喊、急躁和盲目行动，这样会大量消耗精力和体力，尽可能控制自己的情绪或闭目休息，等待救援人员到来。如果受伤，要想法包扎，避免流血过多。

海啸与海底地震有关，可引发高达 30 米的巨浪，在沿海地带会造成巨大破坏。不是所有地震都引起海啸，但任何一种地震都可能引发海啸。当你感觉大地发生颤抖时，要抓紧时间尽快远离海滨，登上高处。不要去看海啸——如果你和海浪靠得太近，危险来临时就会无法逃脱。

通过收音机或电视等掌握信息，在没有解除海啸警报之前，不要靠近海岸。

洪水

洪涝灾害通常发生在 5~10 月，由于连续暴雨，在短期内造成水位迅速上涨，建筑物被淹，房屋或墙体倒塌。暴雨来临时，又往往夹着雷电、龙卷风等，因此，一旦发生洪涝灾害，容易发生塌方、溺水、雷伤、触电、毒蛇和毒虫咬蜇等多种危险。

在遇洪水时，首先应该迅速登上山冈、牢固的高层建筑避险，而后要与救援部门取得联系。同时，注意收集各种漂浮物，木盆、木桶都不失为逃离险境的好工具。洪水中必须注意的是，不了解水情一定要在安全地带等待救援。受到洪水威胁，如果时间充裕，应按照预订路线，有组织地向山坡、高地转移。

在城市应向高层建筑平坦楼顶等处转移；在措手不及，已经受到洪水包围的情况下，要尽可能利用船只、木排、门板、木床等，做水上转移。洪水来得太快，已经来不及转移时，要立即爬上屋顶、楼房高层、大树、高墙，做暂时避险，等待援救。不要单身游水转移。发现高压线铁塔倾倒、电线低垂或断折，要远离避险，不可触摸或接近，防止触电。

在山区，如果连降大雨，容易暴发山洪、山体滑坡、滚石和泥石流。一旦山洪暴发时，一定要保持冷静，迅速判断周边环境，尽快向山上或较高地方转移；如一时躲避不了，应选择一个相对安全的地方避洪。不要沿着行洪道方向跑，而要向两侧快速躲避。千万不要涉水过河，以防止被山洪冲走，还要注意防止山体滑坡、滚石、泥石流的伤害。

台风

台风来临时不但有强大的风暴，可能吹倒建筑物、高空设施，造成人员伤亡。还夹带暴雨，从而引起洪涝灾害。所以，一定要多听天气预报，在台风来临前，应准备好手电筒、收音机、食物、饮用水及常用药品等。

台风期间尽量不外出，关好门窗，在窗玻璃上用胶布贴成米字图形，以防窗玻璃破碎。

台风期间倘若不得不外出时，应弯腰将身体紧缩成一团，一定要穿上轻便防水的鞋子和颜色鲜艳、紧身合体的衣裤，把衣服扣好或用带子扎紧，以减少受风面积。行走时，应一步一步地慢慢走稳，顺风时绝对不能跑，否则就会停不下来，甚至有被刮走的危险；要尽可能抓住墙角、栅栏、柱子或其他稳固的固定物行走；在建筑物密集的街道行走时，要特别注意落下物或飞来物，以免砸伤；走到拐弯处，要停下来观察一下再走，贸然行走很可能被刮起的飞来物击伤；经过狭窄的桥或高处时，最好伏下身爬行，否则极易被刮倒或落水。如果台风期间夹着暴雨，要注意路上水深，看清路标。

强台风过后不久，一定要在房子里或原先的藏身处待着不动。因为台风的"风眼"在上空掠过后，地面会风平浪静一段时间，但绝不能以为风暴已经结束。通常，这种平静持续不到1个小时，风就会从相反的方向以雷霆万钧之势再度横扫过来，如果你是在户外躲避，那么此时就要转移到原来避风地的对侧。

在台风过后伴随而来的停电停水期间，要注意食物和饮水方面的卫生，以保证你的健康和安全。

雪崩、火山喷发

发生雪崩时，要马上远离雪崩的路线，并判断当时形势。出于本能，会直朝山下跑，但冰雪也向山下崩落。而且时速达到200公里。向下跑反而危险，可能被冰雪埋住。向旁边跑较为安全，这样可以避开雪崩，或跑到较高的地方。

抛弃身上所有笨重物件，如背包、滑雪板、滑雪杖等。带着这些物件，倘若陷在雪中，活动起来会显得更加困难。

切勿滑雪逃生。不过，如处于雪崩路线的边缘，则可疾驰逃出险境。

如果被因雪崩垮塌的雪浪赶上，无法摆脱，切记闭口屏息，以免冰雪涌入咽喉和肺部引起窒息。

抓紧山坡旁任何稳固的东西，如矗立的岩石之类。即使有一阵子陷入其中，但冰雪终究会泄完，那时便可脱险了。如果给冲下山坡，要尽力爬上雪堆表面，同时以俯泳、仰泳或狗爬法逆流而上，逃向雪流的边缘。逆流而上时，也许要用双手挡住石头和冰块，但一定要设法爬上雪堆表面。

前不久，冰岛刚刚发生了火山喷发。在火山的各种危害中，熔岩流可能对生命的威胁最小，因为人们能跑出熔岩流的路线。

如果从靠近火山喷发处逃离时，建筑工人使用的那种坚硬的头盔、摩托车手头盔或骑马者头盔将给予你一定的保护。在更广阔的区域，逃离也许没有必要。

对于火山灰，戴上护目镜、通气管面罩或滑雪镜能保护眼睛——但不是太阳镜。用一块湿布护住嘴和鼻子，或者如可能用工业防毒面具。到庇护所后，脱去衣服，彻底洗净暴露在外的皮肤，用干净水冲洗眼睛。

火山在喷发之前常常活动增加，伴有隆隆声和蒸气的溢出，硫磺味从当地河流中就可闻到。刺激性的酸雨、很大的隆隆声或从火山上冒出的缕缕绿蒸气等都是警告的信号。驾车逃离时要记住，火山灰可使路面打滑。不要走峡谷路线，它可能会变成火山泥流经过的道路。

对客服务项目的设置

客房部在设立对客服务项目时，要考虑诸多方面的因素，包括：

（一）国家和行业标准

国家和行业标准是评定某一饭店是否符合其星级要求的主要标准，也是各饭店客房部在设立服务项目时考虑的最主要因素。

（二）国际惯例

参照国际惯例设立服务项目是与国际同行业接轨的具体体现，而且饭店的客人也期望能享受到国际标准的服务。例如，对于遗留物品的保管、物品的租借等服务，大多数星级饭店的客人都有此需求。

（三）本饭店客源市场的需求

满足客人的需求始终应是饭店努力的方向。饭店的类型不同，客源市场也不同，不同的客源市场对客服务有不同的要求。

（四）其他因素

其他一些因素也会对客房服务项目的设立及其具体的服务内容有一定的影响。这些因素有饭店的类型、硬件条件、房价、成本费用及劳动力市场等。

1. 楼层动态观察与服务工作监控

内　容	要　求
观察客房楼层动态	（1）了解客人的动态，及时提醒服务人员做好客房清洁、小整理和访客服务等各项工作
	（2）发现挂有"请勿打扰"牌的客房，及时与客房服务人员联系沟通，并按规定的处理流程做好工作
	（3）形迹可疑人员严密监控，及时与保卫部联系；发现醉酒和有失常态的客人，及时联系救助
	（4）将观察的动态及时在客房情况记录表上做好登记
监控客房服务工作	观察客房清洁员和服务员的工作情况，及时提醒和纠正不足之处

2. 控制与电脑操作

（1）根据客房楼层主管或楼层领班经检查确认报来的"OK"房情况，及时在电脑中更改房态
（2）接到总台客人抵达或离店的通知时，及时在电脑中核对房态
（3）客房服务中心的早班服务员每小时核对一次房态
（4）接到楼层领班报来的维修房通知，及时汇报客房楼层主管，并经客房部经理认可后，及时书面通知工程部及总台，并在电脑中更改房态
（5）每天下午15:00在电脑显示的房态情况中，核对"DIRTY"房数，并提醒客房清洁员尽快打扫
（6）客房服务中心的中班文员在电脑房夜操作前，最后一次抄写当日"房态情况表"